臺灣歷史與文化 研究輯刊

八 編

第 25 冊

戰後台灣小說將軍書寫之研究

彭婉蕙 著

花木蘭文化出版社

國家圖書館出版品預行編目資料

戰後台灣小說將軍書寫之研究／彭婉蕙 著 -- 初版 -- 新北市：
花木蘭文化出版社，2015〔民104〕
目 2+234 面；19×26 公分
（臺灣歷史與文化研究輯刊 八編；第 25 冊）
ISBN 978-986-404-451-1（精裝）
1. 臺灣小說 2. 文學評論
733.08   104015147

ISBN- 978-986-404-451-1

9 789864 044511

臺灣歷史與文化研究輯刊
八 編 第二五冊   ISBN：978-986-404-451-1

戰後台灣小說將軍書寫之研究

作 　 者　彭婉蕙
總 編 輯　杜潔祥
副總編輯　楊嘉樂
編 　 輯　許郁翎
出 　 版　花木蘭文化出版社
社 　 長　高小娟
聯絡地址　235 新北市中和區中安街七二號十三樓
　　　　　電話：02-2923-1455 ／傳真：02-2923-1452
網 　 址　http://www.huamulan.tw 信箱 hml810518@gmail.com
印 　 刷　普羅文化出版廣告事業
初 　 版　2015 年 9 月
全書字數　219984 字
定 　 價　八編 29 冊（精裝）台幣 58,000 元

戰後台灣小說將軍書寫之研究

彭婉蕙　著

作者簡介

彭婉蕙，1974 年生，台灣台中人，中央大學中國文學系博士。著有《論魏晉士人的群我處境與生命衝突——以《世說新語》為中心的考察》（碩士論文，2002 年）、〈論《馬蘭的故事》之罪與罰——兼論潘人木小說中的母親身影〉（收入《臺灣現當代作家研究資料彙編.17，潘人木》，2012 年）等。研究專長：魏晉文學與文化、現代小說、編輯採訪，目前於大學開設編輯實務、文學與電影等課程。

提　　要

　　本論文乃探討戰後台灣小說以「將軍」為創作主體、內容涉及「將軍」題材與人物形象之研究。從革命建國、北伐、對日抗戰到國共內戰，身經百戰的「民國將軍」，在每一個歷史階段，除了實際參與的戰爭外，亦因掌握軍權進而涉入政治權力背後更為詭譎複雜的立場、路線、黨派等意識型態的「戰爭」中。這些「民國將軍」，一生擺盪於建國／叛國、殺敵／通敵、戰將／戰犯、回鄉／遷臺之間，形塑成充滿矛盾、辯證的複雜形象。

　　因此，小說中的將軍書寫必然涉及歷史紀實與虛構敘事兩個面向，將軍既是名留青史的人物，亦是小說中的角色與故事題材，歷史的將軍聯結國族認同、政治威權、階級意識等議題；小說中的將軍則衍生出小說家書寫主體與文學場域交錯的蛛網，越是遠離歷史紀實、越接近小說家虛構的將軍，更能呈現小說家對政治、歷史、戰爭等議題的反思。

　　本文擬以 1949 年後隨政府來臺的「民國將軍」為思考核心，考量小說家的身分背景和作品內容後，建構出「將軍書寫」的三個面向：一、以歷史為本塑造的將軍形象；二、將軍與作家交錯而成的生命書寫；三、將軍成為小說文本的象徵性符號，將軍視同為符碼。論文章節亦置於此三個範疇中：第一，將軍的戰役，探討戰場之於將軍的意義，觀察小說家以「歷史人物」、「歷史戰役」為素材塑造作品中的將軍形象；與此相關的章節是「戰後將軍書寫的開展」，討論的小說家有司馬桑敦、王文興與柏楊。第二，針對小說家將軍書寫的系列討論，小說家必須在創作脈絡中明顯具有將軍主題者，甚至透過將軍題材展現個人獨特的文學風格與生命隱喻，論文章節包含第三章「將軍的典範——朱西甯的文學見證」、第四章「將軍的身影——白先勇筆下的最後貴族」以及第五章「將軍的懺悔與救贖——李渝的隱喻書寫」。第三，呈現符號化的將軍，八〇年代後將軍成為一個存在於文本的符號，小說以將軍為喻，凸顯歷史、政治、戰爭甚至具有特定意識型態的寓意，此一階段的將軍，「不存在」於歷史，卻弔詭地因歷史而衍生，最後反過來「見證」歷史變貌，論文章節為第六章「符號化的將軍——八〇年代後民國將軍形象的轉變」，討論的小說家則有蘇偉貞、黃凡、張大春、林文義與郭松棻等。最後，第七章「結論」主要是歸納「民國將軍」在戰後台灣小說創作中呈現的脈絡，八〇年代後「將軍書寫」幾乎都聚焦在將軍退役、老年、臨終的主題上，小說界顯然已經準備好為「民國將軍」送終，迎接下一個世代對將軍的新詮釋。

目次

第一章　緒　論

　　二十世紀的「將軍」是個複雜的時代「產物」,「將軍」的涵意為何?由軍階、戰爭、歷史、政治,還是文學來決定?尤其在 1949 年兩岸分隔後,來台「將軍」一夕之間加上「渡海」與「戰敗」等文化與政治雙重意義的指涉,抗日名將變成擔負丟失國土與政權責任的敗陣之將,「將軍」之罪究竟是負罪還是替罪?此外,彼岸的歷史創傷未平,島上的新興權貴卻儼然成形,「將軍」涉及權貴——不論舊政權還是新政府——的角色毋寧是更加曖昧。

　　因此,本論文欲探究的是:渡海來台的「將軍」,在戰後台灣的小說書寫中呈現何種樣貌?足以成為一個小說類型嗎?「將軍」形象歷經時空嬗變、世代遞移,小說家的創作意圖在文化思潮多音交響下變成流動不居的喻象,於是五○年代見證歷史、形象單一的英雄,在解嚴後同時被解構。八○年代後的將軍形象無疑是一個變動、複數的面孔。此後,小說家在歷史裡汲取素材轉化為文本題材,從紀實擺盪到虛構,這樣的轉變又意味著什麼呢?選擇「將軍」這個涉及歷史與政治面向的人物、題材作為創作主體的小說家,必然意有所圖;其中隱藏的心迹卻是幽微曖昧,因之,本論文探討的途徑無法侷限在文本分析,小說家的身世與世代也必然有所關連,作者——作品——時代,遂形成「將軍」意義組構的元素,並使「將軍書寫」溢出了文本存在。緣此,小說文本中「將軍」的種種變貌,也同時見證台灣文學在歷史、政治、意識型態多方角力下,錯綜複雜的虛實對映。

第一節　問題意識與研究背景

　　傅柯說:「我們處於一部分對另一部分人的戰爭之中;戰鬥的前線穿越整

—1—

個社會，永無寧息之日，正是這條戰線把我們每一個人都放到這一個或那一個戰場上。沒有中立的主體，人必將是某個別人的對手。」〔註1〕在近現代的戰場上，個人的生長背景、知識認同甚至是血緣情感，都顯得相當模糊，戰爭之「線」被擁有發言權的人宣稱：「我們」擁有國家、種族的權利，進而決定該怎麼劃下戰場、敵人與「我們」由此而別，涉入其中之人一旦表明立場（不論主動或被迫），就成為日後歷史敘述上「你是誰」的依據。如同傅柯所言，這是一場普遍、永恆的戰鬥：「敘述歷史的人，尋找記憶和防止遺忘的人，他必然地處於這一邊或另一邊：他身處戰鬥，他有敵手，他為一次特定的勝利而工作……。但他所要求的和宣揚的是『他們』的權利──他說：『這是我們的權利』，特殊的權利，打上了所有權、征服、勝利和自然關係的烙印。」〔註2〕如此一來，當「戰爭」變成指涉經濟、社會、文化、國家與種族之間各種形式的對立或抗爭時，每個人都將因為來自不同的集團階級而被置入「戰場」中，無可逃脫。即使是在和平的時刻，依然會因為制度與社會的二個集團、二元對立（雙方的成員以參與討論、謊言、幻覺、遺忘、防止遺忘等方式加入）已然形成，並在和平中持續「戰爭」的狀態。

以此對照民國以來將軍的中國戰場以及戰後渡海來台的處境，其中特質正是「陣線」比「戰線」複雜，即使是敵人明確、戰爭理由再清楚不過的八年對日抗戰，都有「陣線」立場的問題，更何況是自己人捉對廝殺的戰爭。隨著國民黨在大陸失去政權來到台灣，戰爭之「線」不僅在臺海地圖上畫下一道清楚防線，中國人、台灣人、外省人、本省人更在國共意識型態的戰爭中繼續被畫「線」，甚至被這些一道道的「線」一再劃分，直到面目全非再也不識自己的來歷。緣此，本節擬以「民國將軍」含括此一特殊時空環境造就出來的將軍人物，他們作為小說家「將軍書寫」的歷史「文本」，實有不可忽略的重要性。

一、民國將軍

從清末民初的講武堂到廣州黃埔、國民革命軍，「民國將軍」歷經革命、北伐、對日抗戰、國共內戰與國民黨遷臺前的二二八事變、遷臺後的臺海大

〔註1〕 米歇爾・福柯（Michel Foucault）著、錢翰譯，《必須保衛社會》（上海：上海人民出版社，2010年，2版），頁36～37。

〔註2〕 米歇爾・福柯，《必須保衛社會》，頁37。

小戰役與 1958 年著名的八二三砲戰，身處民國的將軍，不僅參與對外對內的大小戰役，甚至在每一個歷史階段，因爲掌握軍權而涉入政治權力背後詭密複雜的立場、路線、黨派等意識型態的鬥爭中。同一期的將領，並肩抗日，重回國共戰場時卻殊途兩分敵我相對，這樣的例子歷史上所在多有。

考察陳予歡於《天子門生——黃埔一期全記錄》〔註3〕對黃埔軍一期生共706 人所作傳記，發現黃埔一期生絕大多數具有將軍身分，這些「民國將軍」的共同寫照是：橫跨清末與民國、縱橫南北局勢（東北軍／滇緬軍／北伐東征）、擺盪國共兩岸之間，一生戎馬參與戰役無數，然而，可歌可泣的戰爭經歷，並未能讓九死一生的將軍們都得以安享晚年，多數「民國將軍」戰死沙場、下落不明，或是被敵對一方「逮捕槍決」，戰勝慘烈的抗日，卻躲不過內戰詭譎多變的政局，例如：

朱炳熙（1895～1952）：

　　1947 年 1 月 7 日被國民政府軍事委員會銓敘廳頒令敘任陸軍少將。

　　1949 年後返回浙江，隱居溫州高公橋。中華人民共和國成立後，返回故鄉青田章旦鄉居住，後被當地政府控告逮捕，1952 年 3 月 17日在橫山村竹林處執行槍決。（《天子門生》，頁 113～114）

朱炳熙將軍的例子是一旦曾經入軍旅身爲將軍，將軍身分就是一個「終身職」，即使退役隱居也無法隱藏曾經是國民黨「高層黨員」的事實，最終難逃一死。

李玉堂（1899～1951）：

　　1935 年 4 月 13 日被國民政府軍事委員會銓敘廳頒令敘任陸軍少將。……1941 年 1 月 4 日取得了抗戰史上聞名中外的第三次長沙大捷。……率部參加豫中會戰、桂柳反擊戰，以堅守長沙、常德、衡陽城保衛戰著稱，其中所率第十軍堅守衡陽城 47 天，創抗戰我軍守城時間最長記錄，爲當時傳頌抗日名將。

　　1949 年 6 月 12 日袞州戰役中，所率六萬餘人被人民解放軍全殲，與整編第十二軍軍長霍守義同時被人民解放軍俘虜。被俘後因冒充士兵沒被發現，之後乘機脫逃……隨後在當地漁夫幫助下到臨城，繼而乘火車到徐州，才知道國防部已頒發「永不敘用」的撤察令。

〔註3〕　以下引述見於陳予歡：《天子門生——黃埔一期全記錄》（台北：知兵堂，2012年）者，皆於文後標註頁碼，不另註出處。

> 此後避居上海，後轉投薛岳部任高級參謀。……（1950 年）其率殘
> 部抵達台灣新竹，再次撤除軍職，繼又因夫人陳伯蘭與中共地下黨
> 有聯繫而被逮捕。1951 年 2 月 5 日與其夫人陳伯蘭同被押赴臺北碧
> 潭刑場執行死刑。（《天子門生》，頁 133～137）

在剿匪生死不明的慌亂年代，像李玉堂將軍的例子頗多，俘虜後即使被釋放，
還是難免有受降成爲間諜的疑慮。此外，受到孫立人、郭廷亮案牽連入罪的
新三十八師李鴻、陳鳴人、彭克立、曾長雲等將校級人物，也是因爲剿共期
間曾被俘虜，來台後即因匪諜案入獄，渡海來台之將，不因戰敗入罪，反而
陷入國民黨主導的詭異政局，從政治的戰場上敗陣下來。還有在大陸被俘虜
成爲階下囚，坐的是中華人民共和國的牢獄，例如，著作等身曾擔任華中剿
匪總司令（白崇禧）部副總司令的宋希廉（1907～1993）〔註4〕：

> 1936 年 10 月 5 日被國民政府軍事委員會銓敍廳頒令敍任陸軍中將。
>
> 1949 年 8 月程潛、陳明仁等長沙起義時，中共方面亦爲派人勸其起
> 義，宋以「事關重大」爲詞拒絕。……1949 年 12 月 19 日在四川沙
> 坪被人民解放軍俘虜。
>
> 中華人民共和國成立後，關押于戰犯管理所，1959 年 12 月 4 日獲
> 特赦釋放。1959 年 12 月 10 日安排任全國政協文史資料徵集研究委
> 員會專員，全國政協常委等職。……1993 年 2 月 14 日因病在美國
> 紐約逝世，其骨灰安葬在長沙唐人永久墓地的「名人區」。（《天子門
> 生》，頁 198～202）

宋希廉歷經十年戰犯生活，後來因成爲中共政協委員而得以在 1980 年旅居
美國直到亡故。此外，還有身爲戰俘一生充滿傳奇色彩的范漢傑（1896～
1976），他是黃埔軍一期生 706 人當中最早升任團長的三人之一（另兩人爲
孫元良〔註5〕、李呆），也是最早升任師長的黃埔一期生，其一生擺盪在國共

〔註4〕 根據《天子門生》記載，宋希廉在大陸出版的著作高達 36 種，記錄東征、討
　　　 伐、遠征軍、西南戰區、淮海戰役、南京守城等戰役，此外亦涉及蔣介石、
　　　 白崇禧、龍雲、李宗仁等人物。

〔註5〕 孫元良（1904～2007）一生和李玉堂頗爲相似，都曾被共軍俘虜。孫元良將
　　　 軍一生功勳彪炳，陸軍少將時被譽爲國民革命軍的「陸軍模範師」，後升任陸
　　　 軍中將，並於抗日戰爭中與名將謝晉死守四行倉庫。抗戰勝利後，卻因剿共
　　　 期間部眾於四川投共，不得不孤身逃脫輾轉從香港到台灣，和李玉堂這些曾
　　　 經被俘或是部眾投共的將軍（孫立人部屬李鴻亦是）相同的命運是，皆得到
　　　 「永不錄用」之令，孫元良從此結束統軍任官生涯，隱居高雄、北投。孫元

兩黨間，最後下場更是充滿戲劇性：

> 1927 年春「寧漢分裂」後，隨陳銘樞、蔣光鼐等去職，1927 年夏赴
> 南京，晉謁蔣介石並受到重用，……蔣介石重新上台後，奉派赴日
> 本考察政治、軍事，繼轉赴德國留學，先後在德國多所軍事學校學
> 習。……1931 年「九一八事件」爆發後回國。……1933 年參與發起
> 「福建事變」，後任由第十九路軍改編的人民革命軍第一方面軍總司
> 令（蔡亭鍇）部（參謀長鄧世增）副參謀長，兼任參謀處處長。因
> 其黃埔一期生身份，為中央軍分化與籠絡對象，被說服歸附國民政
> 府。
>
> 1945 年 3 月被國民政府軍事委員會銓敘廳頒令敘任陸軍中將。
>
> 抗日戰爭勝利後，1945 年 9 月隨胡宗南〔註6〕赴鄭州參與受降和接
> 收事宜。
>
> 1946 年 5 月 30 日任總參謀部（總長陳誠）參謀次長，……1947 年
> 6 月 10 日任第一兵團司令部司令官，兼任膠東兵團司令官，率部在
> 沂蒙地區對人民解放軍作戰。
>
> 1948 年 10 月 14 日在離錦州城東南陳家屯路上，被人民解放軍俘
> 虜。……中華人民共和國成立後，關押于戰犯管理所繼續改造。1960
> 年 11 月 28 日獲特赦釋放，分配在北京市郊紅星人民公社園藝隊果
> 樹組一年多。……1964 年任第四屆全國政協常委等職。1976 年 1
> 月 6 日因病在北京逝世。其骨灰留存八寶山革命公墓，後被其海外
> 子女取出一半，帶往台灣安葬。（《天子門生》，頁 426～431）

范漢傑將軍一生，備受蔣介石重用，當過人民革命軍，之後又重回國民革命
軍在抗日時建功，並一路擔任過黃杰〔註7〕、胡宗南、陳誠等人的參謀長，剿
共時率部眾與人民解放軍作戰，可說是昔日同僚今為敵我，被俘成為階下囚。

良即影視明星秦漢之父，根據陳予歡的調查，除了戰爭中下落不明的少數幾
人，孫元良亦是黃埔軍一期生最後一位辭世者。

〔註6〕胡宗南（1896～1962）亦黃埔一期生，曾與戴笠將軍組織「中華民族復興社」、
　　　「三民主義力行社」，時有「中央主力軍：陳（誠）、胡（宗南）、湯（恩伯）」
　　　之說（湯恩伯與陳儀有師生關係、情如父子，後向蔣介石告密陳儀投共之意：
　　　這段歷史亦被郭松棻改寫成〈今夜星光燦爛〉），抗戰末期，統領 20 軍 40 師
　　　高達 45 萬軍隊，是黃埔嫡系最龐大的軍事集團。逝世時追晉為陸軍一級上將。

〔註7〕黃杰（1902～1995），黃埔一期生，來台後擔任過國防部長、台灣省政府主席，
　　　後者任內實施九年國教，積功升任陸軍一級上將。

宋希廉晚年得到平反後,在人民共和國擔任官職,一生依違擺盪於國共兩邊。最富傳奇色彩的是,歿後骨灰竟是一半留在北京、一半由海外子女帶往台灣,「一半一半的骨灰﹝註8﹞」——身後的渡海,毋寧更像是小說意象,象徵將軍生前被分裂撕開、死後連「所在地」亦充滿爭議的情節,不論此岸或彼岸的墓園,這裡埋的、紀念的是一個曾經為國奉獻——「一半的」將軍。傳奇的骨灰,是將軍顛沛流離、恍惚不明的生命隱喻,不論生前或死後,去處歸處,從來都不由己。「民國將軍」,交錯在國共百年對峙跌宕的歷史中,呈現的儘是一幅幅徽章榮耀下曖昧迷離難掩不堪的身影。

以《天子門生》裡的黃埔軍一期生管窺「民國將軍」形象,實充滿了辯證與矛盾:建國/叛國、殺敵/通敵、戰將/戰犯、回鄉/渡海、革命/反革命、戰功勳章/負罪懺悔、見證/遺忘、少年得志/孤老以終……,將軍深陷民國以來的多場戰役,從革命建國到軍閥割據、從民族戰爭打到國共內戰,每一場戰爭中牽連的不僅是戰事輸贏,更是成敗論英雄下的名聲與歷史定位,而更詭譎的是瞬息萬變的民國政局,沒有人知道自己在當下是什麼樣的棋子,是領兵萬千的將軍、還是為人利用一場的過河卒子,端看戰事結果與歷史詮釋站在哪一邊。

二、將軍書寫及其涉及面向

將軍的歷史定位即便到了蓋棺尚不能論定,在歷史功過難明的情況下,致使小說書寫中的將軍形象,只能擺盪在真實與虛構的兩端,其中所顯現歷史與現在的相異時空,更是撲朔迷離。

緣此,以小說文本探討將軍主題所涉及的面向,有以下幾點:

一、就歷史層面來看,當小說虛構書寫遇上歷史的紀實描述時,文學是否真能成為「面對無法發聲的歷史的唯一見證」,﹝註9﹞由歷史的角度來看將軍,文學的見證對將軍所涉及的歷史、政治的真實性為何?或是小說家書寫的將軍、對於政治與歷史的反思,又有何影響與意義呢?

二、就小說主題與人物經營層面來看,這些渡海來台的「民國將軍」——在小說招魂術下再生的將軍形象、經過時間迷魅渲染演繹的將軍題材,在不同

﹝註8﹞ 「骨灰」是劉大任、白先勇、李渝等流亡第二代作品中經常出現的意象,更可視為小說中二代父子結構的象徵。

﹝註9﹞ 費修珊、勞德瑞（Shoshana Felman）著、劉裘蒂譯,《見證的危機:文學‧歷史與心理分析》（台北:麥田,1997 年）,頁 26。

世代小說家相異的書寫中，將軍們以不同的樣貌現身，而這些變貌、現身的方式，背後有何特殊意義？功勳彪炳的「民國將軍」一生皆在戰場，不論是寫實或虛構，在情節的敘述上必然與歷史、戰爭有所關連，甚至當渡海來台的將軍「失去戰場」轉而涉入政治開啟另一個「戰場」時，戰爭小說、歷史小說退場，繼之而起的是政治、新歷史主義甚至是女性政治小說書寫，那麼，從時代／世代變化的角度觀看「將軍書寫」的歷史脈絡，便可發現將軍文學化、符號化以及意義建構與解構的過程。此外，從小說人物的經營來看，情節與角色雖以將軍為主，其實亦涉及將軍的家眷、軍隊與幕僚，後者尤其關乎將軍半生戎馬的生命歷程，書寫將軍很難不聯繫到此類角色，而離開戰爭、軍隊回歸社會與家庭的將軍，還是將軍嗎？從女眷與兒女的眼中，將軍的身影毋寧是另一個「將軍書寫」的焦點，因為這些既主觀又旁觀的人物正是凸顯將軍人物特殊面向的關鍵角色。因此，將軍書寫的特色即在於小說家既寫將軍，亦透過軍官、軍隊、大兵、女眷、後代等角色烘托將軍，即使將軍未出現於文本中，當所有的故事情節都因將軍而起、將軍具有畫龍點睛的關鍵意義時，將軍因為「未曾現身」形成所謂「沒有將軍」的「將軍書寫」文本，這個結構設計本身即富有多重意涵，關乎小說家創作時的別有意圖、亦涉及將軍題材與其他類型小說的殊異，因此，除了需特別留意將軍概念與文本內涵的關聯性外，也希望能從這一類「將軍未現身」的文本管窺「將軍書寫」的樣貌。

　　三、就小說家之研究來看，由於將軍人物身分敏感且特殊，涉及歷史、政治、軍事與戰爭，非一般人能輕易接觸且可以深入了解，因此會以將軍為主要創作對象、故事題材的小說家，必然與將軍或歷史有特殊因緣，對小說家而言，「將軍書寫」的箇中意義為何？此外，當交錯於真實與虛構、歷史與想像的「將軍書寫」，成為戰後台灣小說一個特殊的符號與書寫類型時，以「將軍書寫」的角度，重新探討戰後台灣小說史中已成典範的小說家與作品，是否可以從作家的寫作脈絡中，找到一個新的觀察面向？以目前所見「將軍書寫」的小說家，可以分為四個類型：其一，小說家本身即具有軍人身分，是軍隊裡將領階級人物，或是可以接觸到將軍的中級軍官與幕僚，由其親身經歷所見所聞寫出將軍的戰爭，或是將軍私下形象與不為人知的故事，以寫作《將軍令》、《八二三注》的朱西甯為例，身為校級高階軍官、將軍幕僚的文職角色，使其在工作上得以親炙將軍，並將與戰爭有關的第一手資料發展成「將軍書寫」的素材；其二是記者、編輯，這一類作家通常亦有軍人身分、

或是在軍中文藝刊物擔任主編，藉由職務之便，能在多種場合近身觀察將軍，甚至透過採訪取得將軍對戰爭的回憶，以此作為小說創作的素材，例如司馬桑敦、柏楊等人，皆是從記者的角度觀察、書寫將軍；其三，身為將軍的第二代，亦是小說家寫作將軍題材的原因，這一類小說家擁有最貼近將軍真實面的視角，書寫將軍毋寧是更貼近自我書寫的部份，例如身為白崇禧將軍之子的白先勇，小說《臺北人》裡的將軍、幕僚、下女，有不少即是平素在白家活動的人物，不過，小說中唯獨不見將軍父親的身影，此一涉及小說家父子關係的討論，更是值得探究的面向，由此亦見作家對「民國將軍」的態度，同時也別有所寄地隱含個人對政治的觀感；最後一類作家，雖然不如前面三類與將軍有直接或間接關連，但是在成長背景中曾經間接涉入政治或軍事的小說家，例如郭松棻、李渝夫妻曾經名列海外黑名單，李渝更是因為溫州街的成長背景，使她得以透過教授、文人等知識分子的角度，以及參入個人對政治、二二八事件與白色恐怖的切身經驗，折射出獨特的將軍形象。此外，這一類小說家當中還有為數不少是對政治情有獨鍾、對歷史有獨特研究癖好，例如張大春、黃凡等八○年代受新歷史主義影響的小說家。如果將這四類小說家以「將軍」為圓心，就可輻射出一個將軍之於小說家由近而遠的親疏關係，同時也隱隱和小說家的世代、年齡若合符節。因此，從小說家研究範疇來思考，透過「將軍書寫」的視角，是否可以映照出什麼樣的政治、歷史關懷？透過對小說文本的細讀與分析，是否可為重疊於歷史和政治的光影下幽微曖昧的寫作意圖，尋思出不同的可能性。

　　以下，即以圖表形式，呈現以「民國將軍」為核心的論述脈絡：

民國將軍

將軍的戰場

將軍的身影

符號化的將軍

此圖表以同心圓形式展現，亦是「民國將軍」從歷史紀實向小說虛構範疇遞移的脈絡。

三、論述架構與章節安排

思考「將軍書寫」的特殊性，本論文嘗試在上述的三個取向——歷史取向、小說家取向、小說文本取向基礎上建構論述方法，三種取向亦含括「將軍書寫」的幾種類型。以下，將一一論述本論文嘗試建構的「將軍書寫」之內涵及章節安排。

（一）歷史取向

在歷史取向部分，首先是將軍以「本尊」現身，成為小說中的人物或題材，在歷史小說、戰爭小說中尤其常見這一類以真實歷史事件為材料、情節中加入作者想像的表現手法。在五〇年代延續到七〇年代的抗戰文學與反共小說中，將軍史實可以凸顯內容的真實，達到記錄抗戰歷史與宣揚反共信念的寫作意圖，讓讀者從「相信」到「認同」。

以歷史為本，作家略作虛構的寫法，最為獨特的例子是柏楊於 1961 年寫下的《異域》。柏楊在《自立晚報》擔任編輯時，根據地方記者每日傳來的探訪，將滇緬孤軍的故事加以改編，以《血戰異域十一年》之名在報上連載了二個月後，隨即以《異域》之名出版，並造成熱銷，多年來再版不斷。在寫作《異域》之前，柏楊並無滇緬孤軍戰爭現場的親身經歷，之後，為了一償宿願，柏楊於 1982 年在《中國時報》高信疆的企劃下，進入《異域》的「場景」並寫下報導文學作品《金三角・邊區・荒城》，距離《血戰異域十一年》已有二十一年，從六〇至八〇年代，柏楊「異域」一系列的書寫，不論是小說或是報導文學，都可視為「將軍書寫」的歷史取向中，一個值得深入探討的異數。

以歷史為本的「將軍書寫」中，還有一個表現手法是：只取歷史事件作為故事輪廓，將軍以「姑隱其名」的方式出現，並且在情節敘述中加入小說家個人的虛構，朱西甯的《八二三注》即是個例子。本作品以八二三砲戰為素材，小說中關於中級軍官與下級大兵的故事皆為虛構，唯獨將軍的部份皆有所本，是此類「將軍書寫」相當重要的作品。

將柏楊與朱西甯作為「以歷史為本的將軍書寫」的典範，乃是企圖呈現一個思考：兩者的表現素材雖然源自歷史真實，但是不同的寫作手法、以及

大相逕庭的結果（前者介於歷史與小說的模糊地帶、後者則無有疑義屬於小說〔註10〕），正是說明除了源於小說虛構的成份外，更重要的是作者寫作意圖與個人內在反思的過程。

（二）小說家取向

小說家取向的「將軍書寫」，乃源於書寫者獨特的個人成長背景與生命情性，因而對將軍人物發展出有別於前一類歷史取向的內容。「將軍書寫」對作家而言，毋寧更是自我書寫的一部分。和前一類「歷史取向」相較，柏楊的「將軍書寫」帶有「報人」的天職，對讀者有一定的責任與義務；「小說家取向」就是純粹以作家個人爲出發點，思考歷史對個人的意義，將軍與歷史的糾葛、背後呈現的意涵以及作家的自我反思，更是這一類「將軍書寫」中作家考量的重點。〔註11〕正因在這一類的「將軍書寫」中作者往往寄託更多個人心迹，因之，將軍是誰、歷史事件之始末，反而不是重點。觀察戰後台灣小說的「將軍書寫」，其中最爲特殊、無人能出其右者，是民國將軍白崇禧之子白先勇。白崇禧身爲國民革命軍一級上將，抗戰時期兵權僅次於李宗仁，爲當時國民黨內最大的地方軍事勢力，完成北伐後功高震主，與蔣介石幾度扞格，甚至與中央軍對峙。〔註12〕身爲將門之後，白先勇的家族本身就是一

〔註10〕張堂錡，〈從《異域》到《金三角‧荒城》——柏楊兩部異域題材作品的觀察〉，《柏楊的思想與文學》（台北：遠流，2000 年），頁 286～286。

〔註11〕張愛玲與少帥張學良一段未能有小說結果的「因緣」或許可爲參照。在符立中於《中國時報》發表的〈張愛玲與張學良〉一文中，描述到張愛玲去美之後一直有心寫一部和張少帥有關的小說，爲這位民國少帥造像，但是「她試圖從趙四或端納（《紐約先驅報》駐華記者）的眼光去寫少帥卻發現此路不通，卻又『not knowledgeable enough to write from any other viewpoint』（無足夠材料從其他觀點去寫）。終究這段歷史蒼茫，對她僅成爲一場『故都春夢』。她那『家世』與『國族』交錯的獨特經驗，要等到《雷峰塔》、《易經》和《小團圓》才得以呈現」。此外，張愛玲對張學良個人的「民國史」、坦承對少帥的「個人偏見」——「浮誇的自由主義者」，「令人不敢苟同」的興趣轉變，也是最後導致《少帥》一書無疾而終的原因。參見符中立，〈張愛玲與張學良〉，《中國時報》2012 年 2 月 12 日。關於張愛玲對張學良與中國近代史的愛好，可參見司馬新，《張愛玲與賴雅》（台北：大地，1996 年）；蘇偉貞，〈記張愛玲「悄然來台」〉，《印刻文學生活誌》創刊號（2003 年 9 月）；夏志清編注，《張愛玲給我的信件》（台北：聯合文學，2013 年）。

〔註12〕白崇禧（1893～1966），廣西臨桂人，1926 年北伐期間出任國民革命軍參謀長，抗戰期間指揮多次著名戰役：徐州會戰、武漢保衛戰、長沙會戰等，訂定抗日指導原則，博得「小諸葛」封號。相關史料參見白先勇《父親與民國——白崇禧將軍身影集》（台北：時報文化，2012 年）。

部中國近現代史／秘史；然而，看過多位民國將軍的白先勇，小說中的將軍畫像，卻儘是朦朧曖昧、刻意只取側影背影的殘卷，如同朱西甯的感嘆，「《將軍令》最應是白先勇來寫，其令翁家傳戶喻皆以小諸葛稱之，可見廣受民間崇敬，白氏以其家世，所識將軍何止十員二十員？且必識之甚深，卻何以不爲？」〔註13〕白先勇何以不爲？朱西甯以爲，此乃五四以後知識分子視官家、從政者爲封建特權而刻意不爲；然而，白先勇並非不爲，從《台北人》到《孽子》（王尙德將軍、傅副師長、團長、排長、老兵、新兵、伙夫與運輸兵，隱然浮現的一支小軍隊），將軍人物與形象，如魅影般蟄伏於小說中，晚近爲父親作傳的《父親與民國——白崇禧將軍身影集》，不啻是撩動另一場歷史迷魅。

以將軍爲喻，書寫個人生命的小說家，還有李渝。綜觀李渝的小說主題，從 1991 年《溫州街的故事》、2000 年《金絲猿的故事》到 2013 年的《九重葛與美少年》，李渝的小說創作中持續出現軍官與將軍的身影，或者是位居要職掌握過兵權的政治人物，更爲特別的是，李渝不斷書寫一個持續十多年不斷蔓延增生的軍官、將軍故事，不僅寫住在溫州街的將軍，也寫住在溫州街——旁觀將軍的我，「將軍書寫」成爲其個人的生命反思與自我觀照。如前所述，在這一類的「將軍書寫」中，將軍是誰並不重要，更不需覆案歷史去對號入座，小說家一寫再寫的理由，也許更像一種生命情結。

以「將軍書寫」探究小說家的寫作脈絡，可發現其已成爲作家的生命隱喻，而不再只是一個存在於歷史、小說的人物或題材。「將軍書寫」的小說家們，或多或少都與將軍有些淵源、特殊關係，以本論文涉及的作家爲例：柏楊宛如戰地記者收集相關史料的報導視角；朱西甯上校退役，受孫立人、王昇等人拔擢，可視爲將軍的門生；白先勇爲將門之後，李渝的將軍觀察其實來自於童年的成長經驗、溫州街獨特的人文背景以及海外生活歷程。如是觀之，研究「將軍書寫」的作家身分與背景，不僅可理解其以「將軍」爲喻的寫作意圖，更有助於釐清「將軍書寫」在不同時代的變貌。

（三）符碼取向

這一類型「將軍書寫」作品中，將軍即使是「有所本」的「民國將軍」，亦離歷史、民國戰役相當遙遠，如：黃凡〈將軍之淚〉（1983）、蘇偉貞〈高

〔註13〕朱西甯〈將軍令〉序，《將軍令》（台北：三三書坊，1980 年），頁 4。

處〉（1984）〈生涯〉（1984）、王璇（王孝廉）〈修羅的晚宴〉（1985）〔註14〕、
張大春〈將軍碑〉（1986）、林文義〈將軍之淚〉（1988）、郭松棻〈今夜星光
燦爛〉（1997）和舞鶴的〈將軍的臨終〉（2006）等小說，甚至是陳映真沒有
「將軍」的〈將軍族〉，一切皆在象徵中不言而喻，在這些作品中將軍經過現
代主義、魔幻寫實、後現代等文學風潮的影響，改頭換面，將軍之指涉具有
多重意義，思考的角度亦更加開放。如果「將軍書寫」的兩端是歷史寫實與
虛構紀事，那麼，這一類的「將軍書寫」是虛構、悖離歷史的一端，「將軍」
在台灣小說書寫中逐漸變成一個文本的符號。

　　從小說討論將軍，必然涉及歷史紀實與虛構敘事兩個面向，將軍，同時
是歷史／小說中的角色與題材，前者，聯結國族認同、政治威權、階級意識
等台灣特殊歷史因緣造成的複雜議題；後者則延展出小說家書寫主體與文學
場域的交錯，文學潮流、文化氛圍、書寫的傳播與接受等，使得「將軍書寫」
更加錯綜複雜，而遠離歷史紀實、小說家虛構的將軍，更呈現小說家對政治、
歷史、戰爭等議題的反思。

　　因此，在文本蒐集、論述架構與章節安排上，除了注意小說的人物——
將軍，為實寫／貼近歷史、還是虛寫／符號象徵外，同時考量將軍人物與小
說題材的關聯。此外，作者的寫作意圖，以及「將軍書寫」置入作家整體創
作脈絡中呈現的意義，亦是相當重要的一環，因此，整體而言「將軍書寫」
是呈現一個文本、作家、歷史三方交錯的狀態。

（四）章節安排

　　最後，擬以1949年後隨政府來臺的「民國將軍」為思考核心，考量小說
家的身分背景和作品內容後，建構出「將軍書寫」的三個面向：：歷史取向、
小說家取向、符碼取向，進而發展出：以歷史為本塑造將軍形象、將軍與作
家個人的生命情結、將軍成為小說文本的象徵性符號，並依此將論述分為三
個層次：第一，將軍的戰場——探討戰場之於將軍的意義，觀察小說家以「歷
史人物」、「戰役現場」為素材塑造作品中的將軍形象；第二，乃針對小說家
將軍書寫系列的討論——在小說家的創作脈絡中明顯具有將軍主題的系列，
將軍題材甚至成為其個人文學風格與生命書寫的一部分，與第一層相較，將

〔註14〕本篇的主題相當特殊少見，是以日本元首、將軍以及他們的女人的角度形塑
　　　　將軍，切入中日戰爭。正由於視角獨特，本篇被選入亮軒編《七十四年短篇
　　　　小說選》（台北：爾雅，1986年）。

軍毋寧是離開歷史戰役現場，開始走入小說家獨特的文學心靈世界，並且具有個人特殊的隱喻內涵與生命情結；第三，符號化的「將軍書寫」——在八○年代後，將軍成為一個存在於文本的符號，小說以將軍為喻，凸顯歷史、政治、戰爭甚至具有特定意識型態的寓意，此一層次的將軍，「不存在」於歷史，卻弔詭地因歷史而衍生，最後反過來「見證」歷史變貌。

在此論述架構下，論文章節安排為：

第一章，緒論

第二章，戰後將軍書寫的開展

第三章，典範在夙昔——朱西甯的文學見證

第四章，將軍的身影－－白先勇筆下的最後貴族

第五章，將軍的懺悔與救贖——李渝的隱喻書寫

第六章，符號化的將軍——八○年代後民國將軍形象的轉變

第七章，結論

在第一章緒論中，首先提出「民國將軍」的概念，說明戰後台灣小說書寫中將軍人物的特殊性與歷史意義，其次以歷史取向、小說家取向和文本取向敘述論文架構與研究方法，最後透過文獻探討釐清「將軍書寫」與老兵文學、眷村文學的關係。

第二章「戰後將軍書寫的開展」，主要分析五、六○年代「將軍書寫」的開展及題材所涉及的面向，其中，司馬桑敦、柏楊與王文興是最早創作以將軍為主要題材的小說家，在政治戒嚴、文學上強調反共的時代，三位作家以迥異於當時文藝政策的態度書寫將軍人物，探試主政者的底線遊走於禁書的邊緣，可說是相當特殊、值得討論的例子。

從第三章到第五章，則是以個別小說家——朱西甯、白先勇與李渝的「將軍書寫」為探討核心，首先論述朱西甯延續三十年以上與戰爭題材有關的書寫，涉及的小說文本有《八二三注》與《將軍令》，其中出現的將軍皆有所本，朱西甯不僅以小說作為歷史的見證書寫，更視將軍、傳統儒將為其人格典範的象徵。第四章則分析白先勇從《臺北人》、《紐約客》到《孽子》一系列涉及將軍人物的小說，和朱西甯相較，兩位小說家創作「將軍書寫」的時間頗為接近，就朱西甯一系列以《八二三注》為素材的戰爭小說來看，寫於 1965 年的〈中士與將軍〉早於白先勇 1967 年的〈梁父吟〉，不過後者在文壇受人矚目的情況，顯然高於前者；然而，就歷史紀實與小說虛構的角度來看，朱

西甯的「將軍書寫」較白先勇筆下對將軍的虛構與描繪更貼近歷史面向，因此，本論文將朱西甯置於第三章、白先勇則於第四章論述。第五章則以李渝——一個女性在將軍題材上的自我折射、女性／他者觀點——分析「將軍書寫」中獨特的隱喻、懺悔與救贖。李渝從 1991 的《溫州街的故事》到 2000年的《金絲猿的故事》與之後不斷的文本互涉與改寫，她的「將軍書寫」亦是長達二十年以上的創作，其中的特殊意義與藝術成就絕不亞於前面兩位作家。

第六章「符號化的將軍」，主要論述八〇年代以後的「將軍書寫」，涉及的小說家與作品有：蘇偉貞〈生涯〉、〈高處〉與〈長年〉、黃凡〈將軍之淚〉、張大春〈將軍碑〉、林文義〈將軍之夜〉、郭松棻〈今夜星光燦爛〉等。在這一章中將分析「將軍書寫」從早期見證歷史、有所本的型態，逐漸演變成改寫歷史、甚至借歷史底色以完成小說虛構的情形，將軍遂變成一個與歷史脫鉤的小說符號。

在第七章的結論中，則是關注「將軍書寫」的獨特性與未來發展，尤其從小說主題的表現來看，五〇年代到八〇年代將軍形象不斷變異，渡海來台時，將軍一度是失去戰場的悲劇英雄，臺海危機解除後，西線無戰事將軍轉入幕僚文職工作，政治或家庭變成另一個特殊「戰場」，將軍打的是無聲、看不見敵人所在的戰役，戰爭既是過往榮耀的記憶，亦可能是潛意識裡「惘惘的威脅」。至於 2000 年以後，「民國將軍」垂垂老矣，渡海後新一代將軍則在退役後登上彼岸高唱兩邊黃埔一家親，不論是小說書寫或是現實景況，「民國將軍」都已走到「人生的邊上」，讓下個世代為其送終寫下另一篇國葬。

第二節　研究方法與文獻探討

一、研究方法

首先，關於文本取樣部分，由於「將軍書寫」涉及歷史紀實與小說虛構部分，前者為後者提供了需要的素材養分，後者則為前者勾繪出一幅幅橫跨時代、歷久而彌新的意義底蘊，因此，文本研究雖以小說為主要文類、分析的核心，論述焦點更是鎖定在戰後台灣小說的發展脈絡，然而，在必要時仍將參酌史料、傳記文本、回憶錄等相關文字，透過打破文類限制、跨界思考的方式，縱橫建構出「將軍書寫」的背景資料。以「將軍書寫」的展開為例，

大抵是先「歷史」後「小說」的書寫脈絡，從歷史經驗來看，戰爭向來是將士留名——成為每一個歷史戰役的代名詞，兵卒留命——成為一場戰役下來被犧牲的數字之一，戰場大兵幾乎不會以名聲功績形式留下記錄，所以，最早描述將軍乃因必須記錄一場場戰爭的過程、軍隊所屬的將官，之後才被寫入小說中成為傳奇。因此，「將軍書寫」會較其他相近主題如「老兵書寫」、「眷村書寫」等題材更側重歷史因緣與史料背景，質言之，小說中的老兵不具有任何影射的價值，反觀「將軍書寫」一旦出現「姑隱其名」的書寫狀態，那麼影射某某將軍的聯想往往不脛而走，既然將軍的歷史斑斑可考，小說的張力便從奪胎而裂變的縫隙中更加引人注目。從這個角度來看，歷史——正是構成「將軍書寫」與其近親「老兵書寫」不同之處。

　　對於小說與歷史的互文閱讀、相互參照，主要是參考海登・懷特在〈作為文學虛構的歷史文本〉中的論述，他以為歷史必須先是一個「故事」，甚至可用文學手法、小說敘事的「編織情節」來說明：

　　　　「編織情節」是指從時間的順序表中取出事實，然後把它們作為特殊情節結構而進行編碼，這同福萊所說的一般「虛構」的方式一模一樣。

　　　　已故的 R.G.柯林伍德（Collingwood）認為一個歷史學家首先是一個講故事者。他提議歷史學家的敏感性在於從一連串的「事實」中製造出一個可信的故事的能力之中，這些「事實」在其未經過篩選的形式中毫無意義。〔註15〕

歷史因為人物、時間順序與情節的敘事，開始朝向小說靠攏，賴之以區別的是「事實」、「可信」與「中立」。換言之，當故事的潛在成分是歷史事件，小說裡的故事一旦經過考證符合上述的幾個價值判斷時，小說與歷史便產生高度疊合。回到歷史部分，情況亦然：

　　　　如何組合一個歷史境遇取決於歷史學家如何把具體的情節結構和他所希望賦予某種意義的歷史事件相結合。這個作法從根本上說是文學操作，也就是說，是小說創造的運作。〔註16〕

於是，歷史「表述真實角色的原型」受到挑戰，最終呈現歷史學家所編碼故

〔註15〕海登・懷特（Hayden White），〈作為文學虛構的歷史文本〉，收入張京媛主編《新歷史主義與文學批評》（北京：北京大學，1993年），頁163。
〔註16〕海登・懷特，〈作為文學虛構的歷史文本〉，《新歷史主義與文學批評》，頁165。

事裡，「歷史文件不比文學批評者所研究的本文更加透明」、「歷史文件和文學本文均不是已知的」。

　　因而，必須更進一步以新的觀點看待歷史：

> 調和的功能使我們把歷史敘事看做是擴展了的隱喻。作為一個象徵結構，歷史敘事不「再現」（reproduce）其所形容的事件；它只告訴我們對這些事件應該朝什麼方向去思考，並在我們的思想裡充入不同的感情價值。歷史敘事並不「想像」它所指涉的事情；它使事情的形象浮現在人們的腦海裡，如同隱喻的功能一樣。

如此一來，作為與小說互涉、可互文閱讀的歷史文本，除了以「中立」、「不同的感情價值」取代單一「真實」的（顯然已不存在的）價值依據外，歷史與小說仍是分立——歷史追求具體事物而不對「可能性」感興趣，後者則是小說家尤其興味盎然的；但是，彼此之間可以鬆動、聚焦、乃至融合／疊合相映的情況是越來越明朗了，「我們體驗歷史作為闡釋的『虛構』力量，我們同樣也體驗到偉大小說是如何闡釋我們與作家共同生活的世界。在這兩種體驗裡，我們看到意識構成和征服世界所採取的模式」。〔註17〕

　　緣此，將軍——歷史的將軍與小說的將軍之分野，也就不再是真實與虛構的絕對二分，以今日的角度來看，依違擺盪、相互影響的情況更為明顯，柏楊的《異域》造成的評論現象——報導還是小說即為一例，甚至，引發報導文學的核心爭議——報導是否可以有虛構成分、虛構的底線在哪裡，皆是緣此而生的議題。同樣的，當朱西甯創作以歷史為本的《將軍令》、或是郭松棻以關於陳儀的一個念想觸動其寫下〈今夜星光燦爛〉時，便可同時觀察到歷史與小說虛構如何在一個文本中「視域交融」的痕跡。而這些亦是探究「將軍書寫」所以具備文學張力的原因。

　　其次，本論文選出朱西甯、白先勇以及李渝三位小說家，獨立成章論述小說家的「將軍書寫」文本，同時還涉及次要文本（例如：以軍官為主、或是主體並非將軍的小說文本）的分析，除了因為上一節所言具有論文架構、概念結構的考量外，更重要的是他們長期在不同時空下書寫的將軍文本，貫穿出有別於其他小說家對「將軍」題材的興趣與表現，多篇文本，甚至可自成「互文」。根據蒂費娜‧薩莫瓦約對「互文性」的研究，〔註18〕文中提到熱

〔註17〕海登‧懷特：〈作為文學虛構的歷史文本〉，《新歷史主義與文學批評》，頁178。
〔註18〕參見蒂費娜‧薩莫瓦約著、邵煒譯，《互文性研究》（天津：天津人民，2003年）。

奈特將過去容易混爲一談的「互文性」與「超文性」，在廣義的「互文」概念中區別開來：

> 他給互文性的定義是「一篇文本在另一篇文本中切實地出現」；在他看來，還有與之不同另一種關係：一篇文本從另一篇已然存在的文本中被派生出來關係，後一種關係更是一種模仿或戲擬，他把後者叫做「超文性」。〔註19〕

三位作家同時具有熱奈特所謂的互文性，使得將軍的形象以原型、或是派生的方式出現在小說家不同時期創作的將軍文本中，更形成一個內在自足的視域，彼此相互連結、擴充或模仿，以李渝的「將軍書寫」爲例，文本之間的連結、影響可以超過十年以上，小說家個人內在視界的改變、外在環境的變遷，對於看似相近的故事與敘述，「將軍」主體卻在不知不覺中裂變出相異的自我，例如前者呈現暴虐威權、後者卻隨著小說家變化／轉換／老去，最後派生出另一個不同的超文本。因之，獨立成章將有助於完整理解變異的脈絡，除了展現小說家「將軍書寫」的個人特色與成就外，亦讓「將軍書寫」呈現出在主題分類、或以時代歸納單一文本之外，較爲不同的意義層面。

二、文獻探討

（一）以「將軍」爲主體的論述

目前，國內學界對於以「將軍」爲主體的小說評論，尚屬於起步階段，多數論述皆散見於個別小說家以及單篇作品的研究。唯一以「將軍書寫」爲題、文本分析橫跨不同類型小說與各世代小說家者，爲陳榮彬〈戰後臺灣小說中「將軍書寫」初探〉單篇論文，〔註20〕論文主要分析王文興〈龍天樓〉、白先勇〈梁父吟〉與〈國葬〉、黃凡〈將軍之淚〉與張大春〈將軍碑〉四位作家的五篇作品，並旁及朱西甯的《將軍令》。不過，針對《將軍令》的書寫，論者以爲僅有少部分內容觸及「戰事」的描繪，作者「立意不在揭露轟轟烈烈的沙場功動，只寫將軍們待人接物，以及其言行部屬典範的平凡面貌與在道德上的感召力量」，因此並不符合論者欲聚焦在「戰爭、歷史、將軍」的論述脈絡上。另外，文中尚提到林文義〈將軍之夜〉、郭松棻〈今夜星光

〔註19〕蒂費娜・薩莫瓦約，《互文性研究》，頁19。

〔註20〕陳榮彬，〈戰後臺灣小說中「將軍書寫」初探〉，《臺灣文學研究集刊》第 11 期（2012 年 2 月）。

燦爛〉，論者以爲亦不適合置入，原因是：「兩篇文章中的將軍都被放置在二
二八事件（1947）的歷史脈絡去書寫，而本文主要談的是將軍與國共內戰的
關係；二來則是因爲兩者分別以彭孟緝（1908～1997）與陳儀（1883～1950）
爲主角，兩者都是眞實歷史人物」，就「歷史與書寫」的主題而言，和上面
五篇作品有不同的意義，無法一併論述。〔註21〕陳榮彬一文點出「將軍書寫」
在主題意識上的複雜性，因此論者以爲當從「主題、情節、角色塑造」等方
面爲「將軍書寫」建立可理解的脈絡。文本分析方面，本論文雖然欲把將軍
置於「戰爭、歷史、將軍」的範疇下討論，但是，論述時已是「理念先行」，
認爲五篇作品樣本基本上是「切合西方現代主義文學質疑英雄主義的題旨，
將軍的角色往往被塑造爲『反英雄』，進入後現代更是「呈現出一種比現代
主義更爲激進的史觀與英雄主義觀點（或可稱之爲反英雄主義觀點）」，因之
最後將五篇小說文本與「將軍書寫」歸結爲「臺灣戰後小說中的『將軍書寫』，
其實勾勒出了一個英雄在歷史中沉淪，最後消逝的過程」。〔註22〕

　　其餘散見於個別小說家以及單篇作品的研究論文，明確注意到「將軍」
作爲小說人物、從小說家整體創作脈絡分析將軍的主題或角色經營者，以本
論文涉及的小說家與作品文本來分述，重要的有：朱西甯部分，陳建忠〈朱
西甯文學研究綜述〉中提到：「在 1970 年代初退役後，朱西甯完成一批以戰
爭與軍事將領爲題材的作品。」〔註23〕並以「戰爭與軍事將領」論述朱西甯
的《八二三注》、《將軍令》中出現的高階軍官乃至將軍的角色，此外，張瀛
太有〈文學中的戰爭和偉人──論《八二三注》的寫作意義〉一文，以論述
蔣元帥／蔣元首爲主，旁及將軍則以「決策折衝的大人物」爲替代，此文爲
其博士論文《朱西甯小說研究》〔註24〕改寫而來，基本上仍是延續「將（蔣）、
兵對立」的模式來論述反共戰爭／敘述下「上下離心」的狀態。另外，較爲
特別的評論是，《六十二年度短篇小說選》選入朱西甯〈我與將軍〉，附註中

<hr>

〔註21〕陳榮彬，〈戰後臺灣小說中「將軍書寫」初探〉，《臺灣文學研究集刊》第 11
　　　　期，頁 66。
〔註22〕陳榮彬，〈戰後臺灣小說中「將軍書寫」初探〉，《臺灣文學研究集刊》第 11
　　　　期，頁 61。
〔註23〕陳建忠，〈朱西甯文學研究綜述〉，《臺灣現當代作家研究資料彙編・24，朱西
　　　　甯》（台南：臺灣文學館，2012 年），頁 93。
〔註24〕張瀛太，《朱西甯小說研究》（國立臺灣大學中國文學研究所博士論文，2001
　　　　年）；〈文學中的戰爭和偉人──論《八二三注》的寫作意義〉，《國文學誌》
　　　　第七期，彰化師範大學國文系（2003 年 12 月）。

編者論及〈我與將軍〉的藝術成就，兼及評論「將軍」的幾種典型：「古來將軍何止千萬。期間有名將、勇將、悍將、儒將、敗將、叛將、儒將、苦將等。……而 happy 王則是『性情中將』」、「忠貞不足者是爲叛將，毅力乏繼者是爲儒將，心智欠全者是爲庸將。然，敗軍之將未必眞敗，是以張巡、史可法之肝膽，萬古長存」，〔註25〕將軍典型關乎將軍個人的形象，將軍的成敗卻是歷史、政治以及當下時空各種元素的因緣際會，因此，文中進一步論述將軍的成敗與關鍵性：

> 所有一流名將，其忠貞、毅力、心智應該一致。所異者天時、地利、人和也，而這些多半來自政治因素。以今日而言，天時來自局勢潮流，地利來自經濟力量，人和則來自民心士氣，這些都不是一個將軍有能力獨爲之。尤其現令制度，可謂「鐵打的營盤，流水的兵」，非湘軍、楊家將，江東子弟之型態，這些尤需政治力量做全面的運籌。〔註26〕

這篇點評算是相當早觸及今日在台將軍的處境，包含政治因素、經濟力量、現令制度皆與過往不同，已非往昔部曲制度、家軍傳統可比擬，將軍尤須政治力量作爲依靠。篇幅雖然簡短，箇中意涵卻是直指朱西甯「將軍書寫」之「新」以及將軍背後的政治氛圍。

白先勇部分，有曾若涵〈將軍之死——白先勇〈國葬〉中的國族符碼〉〔註27〕一文以羅蘭巴特的結構、符碼理論，分述小說家的寫作策略、以及把「將軍」視爲國族隱喻進一步論述白先勇的國族認同。在白先勇的研究中出現「將軍」議題的並不少見，然而多數是針對《梁父吟》、《國葬》中涉及將軍喪禮場景的論述，焦點在於探討小說的藝術性、意象與美學經營等，論述主體並非「將軍」。

齊邦媛長期關注老兵文學、眷村文學、外省作家的小說關懷，論述朱西甯與白先勇的小說藝術時，明確點出他們幾篇作品形塑「將軍」的意圖，以及「將軍」對小說家個人內在意義的影響，例如朱西甯《將軍令》的探討，齊邦媛指出：

〔註25〕林柏燕編選，《六十二年度短篇小說選》（台北：爾雅，1984 年新二版）朱西甯〈我與將軍〉部分附註，頁 80。

〔註26〕林柏燕編選，《六十二年度短篇小說選》，頁 80。

〔註27〕曾若涵，〈將軍之死——白先勇〈國葬〉〉，《臺北大學中文學報》第 12 期（2012 年 9 月）。

(《將軍令》)爲十一位國軍將領造像。造像同時在序中也敍述了他
軍人情懷的形成……。其實朱西甯所選這些將軍都是具有現代思想
的儒將，才能與之結緣，才能在文采中溝通，才能彰顯出『中國人
獨有的尊貴的德行』，這無形中轉化了軍人的形象，而成了傳統美德
的化身了。這也說明了，長期以來，軍隊和眷村所遵從的仍是固有
的文化倫理，因此在整個社會急速趨向物質崇拜，個人自主權膨脹
的過程中，呈現一種基本的緊張。〔註28〕

文中最重要的是拈出朱西甯個人的「軍人情懷」，以及其所觀察的將軍乃「具
有現代思想的儒將」二個觀點，這部分尤其影響本論文在論述朱西甯的小說
時，特別注意到小說家視界的不同，例如柏楊、白先勇乃至郭松棻等人所書
寫的將軍基本上仍是本章提及的「民國將軍」之概念，不僅因爲這些將軍參
與了抗日、剿共的歷史，更因爲小說家所書寫的故事仍是停留在大陸時期、
或是與國共內戰歷史糾葛的將軍；至於朱西甯筆下的將軍，皆是已渡海來台、
放眼未來從軍事戰爭逐漸走向政治領導的將領，即齊邦媛明確點出的現代
性。因此，建構「將軍書寫」時便必須考量「渡海」不僅是將軍跨越了兩岸
的軍事中線，更是從傳統軍政走向現代文人幕僚政治的過程。至於白先勇部
分，其《父親與民國——白崇禧將軍身影集》出版時，齊邦媛在出席發表會、
以及受邀與白先勇的對談中〔註29〕，亦透露己身對將軍題材乃至中國近代戰
爭史（尤其是對日抗戰一段）的關注與焦慮，誠如《霧漸漸散的時候》論述
「一九九○年代文學的小成就」敍說的內容：

我心中也看到另一幅景象、一船船的兵和他們悽悽惶惶的家眷渡海
來到臺灣。五十年前，那些兵還不是老兵，剛從八年浴血抗戰、三
年剿共的敗仗中生還，狼狽襤褸，看慣了當年佔據臺灣的日本皇軍
和馬靴的本地人眼中，眞是一個大大的反高潮！……白先勇的《臺
北人》中甚少被評論的〈國葬〉較更接近那場大悲痛。但是在時代、
政治的迷霧中，匆匆短篇，還有太多可以深敍詳思！近幾年來，西
方小說大獎有許多跨國之作，其中甚多以二次大戰前後的史料爲素
材，臺灣以今日的文字技巧成熟程度而言，如有胸襟，該作鼓勵，

〔註28〕 齊邦媛，《霧漸漸散的時候》（台北：九歌，1998年），頁169。
〔註29〕 參見〈莫將成敗論英雄——齊邦媛vs.白先勇談父親與歷史〉，《印刻文學生活
　　　　誌》2012年5月號。

不只是眷村第二代，作為苦難的民族，當一切政治意識形態的大霧

漸漸消去的時候，當有大敘述的作品在醞釀中。〔註30〕

齊邦媛與白先勇的對話中，充滿焦慮、時不我予是有原因的。在齊邦媛 1988
年的論述後，十多年來關於白先勇〈國葬〉的論述已為豐碩，而且從早期的
懷舊思鄉、沒落的貴族等範疇，擴展到離散鄉愁、國族認同乃至「反英雄主
義」的論述成果，這一切未必契合齊邦媛的期待〔註31〕，因此，齊邦媛在 2009
年終於完成橫跨百年、兩岸歷史的《巨流河》傳記後，最為關注的就是白先
勇為父親白崇禧將軍寫作傳記的進展。齊邦媛《霧漸漸散的時候》一書，不
僅多處論及朱西甯、白先勇的小說及其「將軍」主題的表現，另外亦見王文
興〈龍天樓〉（以軍官為主，關師長則為將軍）、張大春〈將軍碑〉的論述，
雖然齊邦媛未曾以「將軍」為題專論台灣文學，但是上述論點都極具啟發性
與典範意義。

　　至於李渝部分，已出版的學位論文黃啟峰《河流裡的月印──郭松棻與
李渝小說綜論》〔註32〕裡，有一小節是透過「歷史符碼的意義」看李渝小說
中的軍官形象，該文著重於呈現余承堯的歷史背景，以及記述李渝小說中涉
及軍官作品的摘要，著重歷史背景與文本互讀。另外，單篇論文林怡君〈李
渝的生命關懷探析──以小說中的軍官為核心〉〔註33〕，則是側重「平反」
的角度，將李渝的軍官書寫與歷史事件（如二二八事件中國民黨的處理態度）
作比較，對論文以軍官作為問題意識部分，文中特別論及，八○年代末期的老
兵文學關注的焦點是低階退除役官兵，反而是看似社經地位較強勢的軍官─
─尤其是在政壇上不活躍的失勢軍官──成為文學中的弱勢，而李渝的軍官
書寫正是為這一群「明為贏家、實為輸家的軍官發聲」，論文著意凸顯「軍官」
與「老兵」的不同，此立意本身亦是「軍官」與「老兵」並列的思考前提與

〔註30〕齊邦媛，《霧漸漸散的時候》，頁 226～227。
〔註31〕尤其八○年代歷史「大敘述」全面崩解態勢已至為明確，解嚴前後更有多篇小
　　　　說早已預言將軍（如張大春〈將軍碑〉）形象歷經後現代、乃至新歷史主義的
　　　　挑戰後，一如〈國葬〉中的將軍一旦渡海來台，就已註定無法回頭重拾馳騁
　　　　沙場的英雄形象。關於「大敘述」的論述與演變，參見傅怡禎，《挑戰大敘述：
　　　　1979～1987 台灣政治小說研究》（中國文化大學文學院中國文學研究所博士論
　　　　文，2010 年）。
〔註32〕黃啟峰，《河流裡的月印──郭松棻與李渝小說綜論》（台北：秀威資訊科技，
　　　　2008 年）。
〔註33〕林怡君，〈李渝的生命關懷探析──以小說中的軍官為核心〉第八屆「生命實
　　　　踐學術研討會」論文，華梵大學 2009 年 11 月。

論述展現，將「軍官」還原爲「人」並給予應有的歷史地位，也是爲了突破「老兵書寫」範疇的用心。然而，此論述可用於李渝的單篇小說，卻無法同時擴及所有相關主題的小說，正因爲背後的將軍、軍官、統領兵政官僚的共相，不論在小說的主題關懷層面、其中涉及的政治論述、還是角色握有的權力與歷史地位，皆遠遠超出「軍官」的範疇內涵，不論將其還原「人的身分」探討軍官的人道精神，軍官「會害怕、會後悔、會受傷、跟平民百姓一樣的『人』」，或是以此突破軍官「刻板印象中的『武夫』、『執政的幫凶』、『加害者』」的用意，恐怕亦會同樣失去將軍這一特殊歷史人物背後的權力論述。因此，作者點出李渝創作中對「軍官」人物的用心，卻也在論述中凸顯「軍官」無法涵涉「將軍」的困境，尤其當低階軍官與老兵文學重疊，高階軍官則又可涉及將軍時，便會出現將軍與老兵並列而論的窘況。

最後，在本論文第六章「符號化的將軍」部分，引發最多評論的是郭松棻的〈今夜星光燦爛〉，獨特的文體與現代主義的意象經營，使得小說中出現的將軍「陳儀」，在小說敘述中更加曖昧、撲朔迷離，評論者不僅分析文本中將軍的歷史虛實，更從此挑起針對小說家本人左翼路線傾斜程度的熱烈討論。回到「將軍書寫」的主體意識，諸多論文中，南方朔〔註34〕從歷史語境來看，以爲郭松棻對陳儀的重新評價，將喚起「那樣的時代的一種悲憐」並且爲歷史的陳儀尋求救贖的可能，關於陳儀／郭松棻在歷史與小說的交融、對立、矛盾與牴牾的論述方興未艾之際，南方朔〈廢墟中的陳儀：評郭松棻〈今夜星光燦爛〉〉確實引發後來學者對陳儀歷史定位的高度興趣。〔註35〕

（二）老兵文學中的「將軍」論述

這部份主要是老兵文學中出現的「將軍」，何以如此，乃因論者將「老兵」取廣義敘述、擴及所有1949年遷臺軍人時，將軍本身亦是兵、軍人，因而被列入討論。前述林怡君〈李渝的生命關懷探析——以小說中的軍官爲核心〉一文，已見類似的取義過程，爲了突顯李渝小說中將領軍官的角色身分，論者特別以分離將軍、軍官與兵的立場作爲分析方法。此外，在錢弘捷碩士論

〔註34〕南方朔，〈廢墟中的陳儀：評郭松棻〈今夜星光燦爛〉〉，《中外文學》第25卷第10期（1997年3月）。

〔註35〕評論〈今夜星光燦爛〉，無一例外，皆需同時關注陳儀、小說與陳儀傳記的互文性。黃錦樹在〈詩，歷史病體與母性——論郭松棻〉文中即以「從魔還原爲人」來形容郭松棻對形塑陳儀歷史意義的敘述意圖，參見氏著《文與魂與體：論現代中國性》（台北：麥田，2006年）。

文《戰後台灣小說中老兵書寫的離散思維》〔註36〕中，有幾處涉及小說題材中的將軍描述，例如分析白先勇時其中一個標題即爲「《台北人》中的老兵野史與將軍傳奇」，把「軍人」明確分殊爲老兵野史、將軍傳奇的上下階級對比，例如：

> 白先勇筆下的退伍老兵，在《台北人》系列文章中，呈現強烈的『中國屬性』的脈絡思考，偏向文化的、民族的整體命運，而忽略了老兵在眞實社會中的低階從屬地位，而少數高階的將官普遍（外省權貴）則過著脫離『台灣現實』的上層生活，因爲太過重視『中國屬性』的思考，相對擠壓了台灣主體性發言的空間，造成文化含混情形產生的困難與被本土論者批評對於台灣人的刻板印象與對土地的疏離。這群老兵在台灣這塊土地上演中國式的『野史』或傳奇，缺少對具體生命更敏銳的感受〔註37〕。

> 本省籍男女在小說的發言權是缺乏的，大多數外省中下階層的人也是缺乏權力……，即使移居到新的家園，也難以融入而成爲邊緣人。但是我們也可以看到那群已失去家鄉故國，卻仍能夠在台灣這土地掌握權力的少數外省權貴，他們卻可以繼續掌握發言，其實這就是一種強勢文化的展現，展現爲一股濃厚的抒情與懷舊的漂泊離散經驗，但兩者相比，卻有天南地北的差異〔註38〕。

當此論述確立後，白先勇、王文興與陳映眞小說中涉及老兵（低階層）／將軍（高階層）的作品，一旦放在「中國屬性」與「台灣屬性」的天平，老兵可以在「中國屬性」與「台灣屬性」之間依違擺盪，將軍則是上流權貴的代表，對「中國屬性」高度認同並且在台灣繼續以懷舊複製中國想像。由此觀之，不論此三人的小說風格與主題如何相異，在《戰後台灣小說中老兵書寫的離散思維》強調文化認同與屬性認同的框架底下，將軍與老兵的天平反而讓三人的小說都被歸爲服膺「中國屬性」、失去現實感或是故事題材不符合台灣社會現實時空的一類。此中徵顯出，「將軍」與「老兵」在涉及離散敘述、體現中國文化、民族整體命運時，兩者基本上是二爲一的群體；但是，一旦觸及社會經濟、階級問題的時候，將軍的位居社會上層以及經濟優越，就被

〔註36〕錢弘捷，《戰後台灣小說中老兵書寫的離散思維》（國立成功大學台灣文學研究所碩士論文，2005 年），頁 68。

〔註37〕錢弘捷，《戰後台灣小說中老兵書寫的離散思維》，頁 108～109。

〔註38〕錢弘捷，《戰後台灣小說中老兵書寫的離散思維》，頁 86。

自動歸為「中國屬性」而和老兵的「台灣屬性」（因為居於社會下層，與台灣現實——普遍貧苦同調）相離異，從經濟權力決定文化屬性，反而滑失將軍與老兵的本質殊異。

　　此外，以「離散思維」討論老兵書寫，除了確實切中老兵的性質外，書寫老兵主題、角色的作家，如果本身即是第一代軍中作家或外省移民，基本上人生處境與筆下的老兵都是交融在「離散」的狀態，形成作家與書寫主題的和諧關係；反觀「將軍書寫」，即使是軍中作家書寫將軍題材，都未見得是採取正面、肯定的態度，尤其將軍在歷史上功過鮮明，小說家取材的過程、如何組織故事情節，甚至把已知的歷史顛覆之、或穿插敘述時強調荒謬性，往往就在這些衝突矛盾中，愈見戲劇張力的展現。因此，更加呈顯書寫將軍者，都是別有意圖的小說家，這些意圖更在每一個不同的將軍人物、形態中南轅北轍、大相逕庭。如果說「老兵書寫」之調可殊途同歸在「離散」，那麼，「將軍書寫」就是小說家各談各的調，各說各的歷史。藉由「將軍書寫」及其近親「老兵書寫」的參照對比，將可從中確認「將軍書寫」的特性、及其無法以單一論述歸納的原因。

第二章　戰後將軍書寫的開展

　　戰後「將軍書寫」的開展，與 1949 年國民黨戰敗、失去大陸江山有關。歷經北伐、抗日的「民國將軍」，在大陸戰場的最後一役、關鍵性的國共內戰中不僅輸掉了戰爭，更失去疆土與百姓，最後僅帶著百來萬人民與號稱的「六十萬大軍」來到台灣，以蔣介石為首的「民國將軍」全成了名符其實的敗戰之將，先前的革命大業、對抗軍閥強權或是戰勝日本強國都已一筆勾銷，歷史早在內戰期間國民軍一連串教人不敢置信的全面潰敗中改寫。「將軍書寫」遂從將軍的戰敗展開，小說家意圖透過小說書寫面對國共歷史，探討國軍戰敗的原因，更進一步關注失去戰場敗軍之將的處境。

　　緣此，本章將以二節論述戰後將軍書寫的開展。在第一節「失去戰場的將軍」將討論兩篇小說：司馬桑敦〈山洪暴發的時候〉（1953）及王文興〈龍天樓〉（1965）。五○年代初，當國府積極以各種方式（戰鬥文藝、文化清潔運動等）重建國軍形象，甚至以「山西王」閻錫山將軍、山西代省長梁化之為核心虛構「太原五百完人」的神話時，曾經身為東北游擊隊、來台後任職聯合報的司馬桑敦，卻於 1953 年在《自由中國》發表了〈山洪暴發的時候〉，小說描述一個敗戰將軍來台後隱居山林不安寂寞的故事，並藉由將軍夫人的角度觀看將軍在失去戰場後呈現的虛無與懦弱。司馬桑敦的這篇作品，一反當時強調國軍英勇形象的反共書寫模式（例如，反共小說中常出現的「愛情公式」：女青年落入愛人匪軍的陷阱備受凌虐，最後為國民黨高級將官解救，脫離苦海／赤色大陸，來到台灣重獲自由），直接質疑將軍之為「將軍」的意義指涉，甚至赤裸裸呈現來台將軍在失去戰場──無戰可打的情況下，追逐名利，終至戰場、商場、情場皆一敗塗地的窘況。司馬桑敦〈山洪暴發的時

候〉出現於反共文學火如荼進行的五〇年代，不啻是個異數。司馬桑敦的小說書寫，如其自言，旨在面對歷史的眞相，以小說反省「這段紅潮瀰漫的中國歷史」。只是，有違五、六〇年代文藝政策的小說表現，亦使他的作品未能如其他遷臺第一代小說家、軍中作家受到文壇青睞。王文興完成於 1966 年的〈龍天樓〉，亦是一篇以敗戰之將作爲小說主題的作品，小說家特別在序言中提到其「迥異於五〇年代盛行的反共戰鬥文藝」，凸顯作品中刻意爲之的象徵手法。由於小說內容涉及國軍將官在內戰中遭受共軍凌虐、部屬背叛、從治軍領導到指揮作戰一一挫敗的過程，題材到內容皆遊走於禁忌的邊緣，挑戰戒嚴的底線，作品未入禁書之列亦是「異數」。

　　第二節「域外戰場的將軍」，則是從柏楊的《異域》探究小說家嘗試以小說虛構形式、報導書寫內容達到歷史見證的目的，並大膽地藉由大眾媒體向黨政軍扣問敗戰之將的歷史罪責。柏楊於 1961 年開始於《自立晚報》連載〈血戰異域十一年〉，其關注的是國共內戰中最後失守的雲南戰役，以及一度被黨政軍主導下的歷史敘述遺忘／否認的域外戰場。柏楊以紀實之筆嘗試見證《異域》裡敗將殘兵的反共，更在敵我／正邪／將兵的分立中探討孤軍之「孤」，以及眾多將軍依違在歷史紀實與小說虛構中的形象。另一方面，柏楊《異域》融合雜文、小說與報導的書寫，引發的討論是：《異域》究竟是虛構的小說、還是見證歷史的報導文學？

　　整體來看，戰後台灣小說的「將軍書寫」是從戰敗展開，題材聚焦在 1949 年以後國軍失去戰場、將軍輾轉遷台的過程，人物部分更是以敗戰之將爲主。同時，藉由小說的虛構敘事嘗試面對歷史、扣問眞相：將軍——要不要對戰爭結果負責？如何承擔罪咎？

第一節　失去戰場的將軍

　　1949 年展開的「將軍書寫」，首先面臨的就是斷裂的歷史和失去整個大陸戰場的景況。「戰場」對小兵而言，決定個人生死、存亡榮辱的意義大過於其他，對將軍來說，除了上述的意涵，更是一個隱含政治意義、個人身分指涉、具有社會意義的空間，戰場——是將軍權力運作之場域。因此，1949 年失去戰場的將軍，意味著戰敗與離開，將軍無法指涉自我的一種內在處境。緣此，本節擬從「失去戰場的將軍」作爲論述「將軍書寫」的起點，並以司馬桑敦

的〈山洪暴發的時候〉探究小說家筆下 1949 年以後將軍的處境，以及當將軍與戰爭脫鈎、與歷史戰役再無關係時，其生命內在是如何的樣貌？

其次，王文興〈龍天樓〉指涉的是一個「歷史戰場」——太原戰役〔註1〕，這場戰役國共雙方皆死傷慘重，雖然山西最後被共軍攻陷，然而國軍慘烈死守多位高級將領殉職的故事，卻演變成遷臺後國府為了挽救軍紀渙散、以及二二八事件中重創的國軍形象，「加碼演出」——自殺人數從 46 人虛編至 500 人的一幕「太原五百完人」記，此神話一直到九〇年代對岸史料與相關人物背景調查結果浮現才被戳破。王文興於 1966 年刊出〈龍天樓〉時，「太原五百完人」的神話、反共復國的戰鬥文藝書寫仍在進行中，此篇小說可說是既在時代的框架裡書寫反共意識、亦同時質疑官方的歷史敘述，因之，在本節的第二部分，主要探究的內容是：小說家究竟如何看待將軍、作品中充滿暴虐的戰爭場面究竟是何意圖？

一、司馬桑敦〈山洪暴發的時候〉

司馬桑敦（1918～1981）〔註2〕，本名王光逖，大陸時期曾參與東北游擊隊、《大北新報》〔註3〕副刊主編，並從事「左翼文學小組」活動，1941 年因「抗日思想」入獄，坐偽滿州國的牢，直到 1945 年光復才獲得自由。1948 年來台，並擔任海軍官校政治教官（少校教官），後調到《軍總報》工作兩年。之後，司馬桑敦擔任《聯合報》駐日特派員，直到 1977 年退休。著有《山洪暴發的時候》（1966）、《野馬傳》〔註4〕（1967）、《愛荷華秋深了》（1971）、《張

〔註1〕　太原戰役，國共內戰中相當重要的一役，雙方戰火從 1948 年 10 月開始，直到 1949 年 4 月山西省會太原淪陷為止。國共情勢迅速逆轉，國軍更是潰不成軍。相關史料參見王本立《國共內戰在西北》（國立臺灣大學歷史學研究所博士論文，2006 年）、陳聖文《國共戰爭中的閻錫山（1945～1949）》（國立中正大學歷史研究所碩士論文，2012 年）。

〔註2〕　生平事蹟與文學撰述，參見周勵（司馬桑敦之女），《回望故土——尋找與解讀司馬桑敦》（台北：傳記文學，2009 年）。

〔註3〕　《大北新報》為日本人所開創的報社，司馬桑敦利用報社，與幾個中國記者創辦文藝副刊《大北風》，宣傳左翼運動。參見藤田梨那〈體驗東瀛風土，審視異域文化——司馬桑敦與日本文學〉，《回望故土——尋找與解讀司馬桑敦》，頁 224。

〔註4〕　《野馬傳》動筆於 1953 年，與〈山洪暴發的時候〉屬同一時期的作品，1954 年寫出前五章，之後的內容於日本求學期間完成。1966 年先出版《山洪暴發的時候》（台北：文星，1996 年），1967 年自費出版《野馬集》、1968 年《野

學良評傳》（1974）等作品。

1953 年，司馬桑敦於《自由中國》刊登一篇相當特別的作品〈山洪暴發的時候〉，內容主要敘述將軍爲了私情不惜放棄所有聲名、地位，與年輕的夫人選擇在泰耶爾族（泰雅族）山地裡過著退隱的生活；然而，將軍夫人卻在發現失去戰場的老將軍內在其實空虛且懦弱後，先是將原來對將軍英雄形象的孺慕之情，投射於帶有原始粗獷力量的年輕山民身上，待遇見進入山裡開闢公路的工程師時，將軍夫人遂在一次山洪暴發後，決定與工程師私奔。

小說分爲兩個部分，第一部分由小說敘事者「我」描述麥將軍於花甲之年，拋下妻室子女娶了兒子小麥的大學同學，麥將軍一家幾代單傳，小麥痛失情人幾度自殺未果，麥將軍亦因爲這件情事不僅沒有家庭，更斷送了政治上、社會上的聲譽。小說中敘述者「我」，身爲麥將軍的部屬、年輕麥夫人早幾屆的同學（學長），介入其中，也遭受了不少批評。然而，當麥夫人與將軍一起隱居山中「終日廝守著她傾心的英雄」時，卻發生了麥夫人不久後失蹤的消息。直到「我」接獲麥夫人寄來的山中日記，一切眞相才浮現。小說的第二部分即以麥夫人的日記形式，揭露將軍夫人從傾心於將軍，到將軍失去戰場後、英雄形象開始幻滅的過程。英雄幻滅，卻是另一個女性自覺的開始。「山洪暴發」不僅是一次大自然的災難，更是全篇重要的象徵，既描述將軍與夫人所偕隱的山莊在一夕暴雨中暴露危險，同時更凸顯將軍的懦弱、和夫人看似平靜的歲月下壓抑的情慾。

小說中，司馬桑敦主要是透過將軍夫人的視角與女性覺悟來描述將軍的形象。其中，將軍夫人在日記裡寫下對將軍退隱生活的觀察：

> 將軍之爲將軍，是離不開將軍的環境的。否則，將軍蹲居山莊裏面，
> 這又和普通人有什麼區別？可是，從另一個角度上來看，假若將軍
> 離開了那些屬於將軍的襯托，諸如：一群歸他指揮的士兵和一些爲
> 他喝采的群眾，以及什麼名譽、地位、社交上的互捧、名媛、名士
> 的追逐唱和，等等，將軍又眞的何有別於普通人？
>
> 難道我所愛的將軍，是一個這麼抽象的存在嗎？
>
> 今天早晨他又托詞頭痛不去看瀑布了。我懷疑眞的一個人除去他在

馬集》發賣，不到半年即接獲中國國民黨第四組內政部以五點理由查禁《野馬集》。參見金仲達〈司馬桑敦浮生霞蔚〉，《回望故土——尋找與解讀司馬桑敦》，頁 313～328。

群居生活以外，他就沒有屬於他自己的孤獨的自然的生活嗎？

難道說我所愛的人，除了寄生於庸俗的社會裏面，戴著一個虛幻的英雄的頭銜而外，他就沒有他自己獨立的人格了嗎？看他沉悶無聊的樣子，我想不到在眞實自然之前，他會顯得這樣空虛！〔註5〕

與名士、名媛交遊唱和，競逐名利聲譽，這些活躍於上海、北京、廣州等地的「民國將軍」，其實還可以看到一些舊時大軍閥遺留的風流，如同司馬桑敦對張學良的評點，〈山洪暴發的時候〉裡的將軍亦是帶有大少爺的貴族習氣。脫離戰場的將軍，彷彿一旦走出軍隊便無法定位自己的存在，將軍夫人亦無法指認將軍這個「抽象的存在」，「將軍」變成一個「虛幻的英雄的頭銜」。將軍開始對著山民講述自己過去的戰史，在敘述中沉緬於記憶再三回味，司馬桑敦寫出了一個對聲名、權勢、軍階充滿戀棧的將軍，看在夫人眼底儘是失望，「將軍，我親愛的老孩子，你知道當我發覺你是陶醉在那些往事的敘述上，你是在空虛的回憶上找尋你人生的樂趣的時候，我是感到何等的失望」、「一個英雄，當他脫掉了英雄的外衣，他就眞的一無所有了嗎」，〔註6〕將軍夫人眼前的人物不再是英雄，而是個離不了群眾／斷不了奶（軍隊、戰場的奶水）的老孩子。軍隊、戰場才是將軍存在意義的所在。

既然戰場不再，無法再擁有「將軍的襯托」以確認自己生存的價值，將軍遂轉向民政方面「活動活動」，回到城裡與幾個失意同僚投資「金融合作社」，追求另一種價值。當所有的資金都被經理人員捲逃時，將軍夫人的日記裡寫著：「眞的，將軍，你可以休矣！」將軍夫人已經提前為將軍的個人私史「蓋棺論定」了。

司馬桑敦以小說揣摩將軍的私領域，是歷史、戰爭之外的將軍形象，將軍一生戎馬，最終反而無法面對自我與孤寂，將軍的種種頹唐，對比將軍夫人的愛情自覺與女性獨立，在「將軍書寫」這個主題上，司馬桑敦可說是相當早嘗試書寫「民國將軍」——尤其是來台後的「民國將軍」——內在底蘊的小說家。

小說最為特別的是，在故事中安排三個性情各異、背景懸殊的男人，同時圍繞在將軍夫人身邊，除了來自大陸的麥將軍，還有台灣原住民泰雅族山

〔註5〕　王光逖（司馬桑敦），〈山洪暴發的時候〉，本文引自同名小說集《山洪暴發的時候》（台北：愛眉文藝，1970年），頁6。原文則刊於《自由中國》第9卷第7期（1953年10月1日）。
〔註6〕　司馬桑敦，〈山洪暴發的時候〉，《山洪暴發的時候》，頁8。

民阿木拉望,以及青年才俊的工程師,形構出微妙的作品視野。遷臺的將軍
在年齡、體力或生活智能上,都遠不如年輕樸實、無所畏懼的阿木拉望;在
知識、意志力等精神層面,將軍亦不如工程師,司馬桑敦刻意將麥將軍與工
程師對比,形構出:將軍脫掉英雄外衣一無所有、工程師高傲的神氣裡埋伏
一個有力的靈魂;將軍必須依靠歷史大書特書才能呈顯價值、工程師獨立完
成浩大複雜的山路工程;將軍是個自以為是的野心家/工程師是個擁有自我
意志完整人格的自由人。兩相對照,將軍節節敗退,處處落得下風,當麥夫
人決定委身工程師時,將軍終於一敗塗地,如同小說最後一段的描述:

> 幾個月以後,我和將軍駕車又去遊覽了一下那段曾經山洪暴發的盤
> 山公路,它像一條巨蟒蜿蜒盤旋在陡崖山澗之間。山下奔流怒吼,
> 氣勢雄宏。就憑這個工程的氣魄,我已暗暗對麥夫人的那位愛人心
> 折了。將軍一直緘默無語。歸途,當我駕車從陡坡一直衝馳而下,
> 我突然發現他兩鬢的蕭蕭白髮,應著山風在那支撐著斗擻著,頓時
> 我覺得我的心頭越發沉重了。〔註7〕

風燭殘年的將軍側影,對比泰雅族、盤山公路、陡崖山澗、山下奔流怒吼,
氣勢雄宏,形成一個老態龍鍾與青年氣盛的對應。在充滿台灣、中橫公路的
意象中,麥將軍與阿木拉望形成大陸、台灣的對應,甚至更清楚指出台灣的
力量是來自原住民而非新移民;麥將軍與工程師,則是舊勢力與新權力的對
比,麥將軍一路從軍職、民政活動到金融領域兵敗如山倒,不禁教人聯想到
麥將軍在大陸輾轉飄蓬、一路戰敗渡海來台的經歷,如同工程師第一次見到
將軍時說的話:「這段山路,要歸我開闢的!恐怕沒有你將軍的份了。」將
軍,你可以休矣!麥夫人與工程師,雙雙預示著:將軍——在來台的那一刻,
就已失去戰場了,同時暗指將軍仍停留在大陸時期的人事貪腐、金融亂象,
而台灣則是現代化、充滿建設工程的新時代思維。

司馬桑敦把將軍與歷史、戰場、政治脫鉤,缺乏見證(歷史)能力的將
軍,不再指涉某場戰役,甚至無法指認自己的存在價值,毋寧是戰爭史下的
悲劇人物,如果說戰場裡兵士的悲哀是無名地死去,那麼將軍的悲哀無疑是
無名地活著,英雄垂暮更是滄桑。

這篇小說寫於五○年代提倡戰鬥文藝之際,無疑是特例。當時大量反共主
題的小說皆以重建軍人形象為要,甚至以強調抗日將領的英勇事蹟,彌補戰

〔註7〕 司馬桑敦,〈山洪暴發的時候〉,《山洪暴發的時候》,頁29。

敗遷臺後軍紀渙散、逃兵擾民的種種負面形象；然而，司馬桑敦這篇作品，正如篇名的隱喻——「山洪暴發」——隱含的爆發力，在一片反共當道、期待戰爭英雄神話中，創作出一個「非主流」、安靜卻充滿「破壞力」的將軍形象。在面對大自然的反撲、山洪暴發時，司馬桑敦透過小說表明，一個看似身經百戰其實虛有其表的將軍，遠遠不如一個嚮往愛情與靈魂自由的弱女子。〔註8〕

司馬桑敦曾在抗日期間參與東北游擊戰，一生從事的工作也都與編輯、記者有若干關係，在日本攻讀博士期間，論文寫的便是張作霖、張學良父子形象，探討少帥與東北歷史的關聯。他在 1973 年開始動筆寫《張學良評傳》，司馬桑敦卒於 1981 年，最後由金仲達根據連載於《中華月報》的文稿與修訂，整理後交由傳記文學出版。〔註9〕由此可見，司馬桑敦的「將軍書寫」絕非偶然，張學良、將軍人物，更可視爲其對民國史、國共內戰的歷史思考。〔註10〕

二、王文興〈龍天樓〉

〈龍天樓〉（1966）爲王文興早期的中篇小說，內容描述國共內戰中國軍在太原一役慘敗的情形，王文興寫出國軍將官遭到部屬背叛、同袍拋棄等種種戰敗的處境，並用文字展示／演練各種受到共匪施暴的身體與靈魂。隱地曾經評論這篇小說是「有點太戲劇化，無形中就缺少眞實感」、〔註11〕朱西甯以爲缺乏實際經驗因此讓作品變成是「不可以爲而爲」的反共之作，〔註12〕饒博榮（Steven L. Riep）則從小說藝術成就與反共題旨兩方面來看，認爲「作

〔註8〕 在司馬桑敦的書寫中，女性常展現出超過男性的意志力，甚至是承擔歷史重擔與悲劇的角色，例如在《野馬集》中，一個民族、時代的悲劇，最後全落在像「野馬」般擁有堅強毅力、情欲自主的梨園女子牟小霞身上，讓其擔負整個民族的原罪。其最後一篇 1981 年 1 月刊登於《幼獅文藝》的小說〈玫瑰大姐〉，描述一個女大學生與未婚夫一同參加游擊隊的故事，最後當未婚夫被昔日土匪頭（因帶兵歸降國民黨晉升少將）殺掉時，玫瑰甚至懷著一支槍隻身復仇。

〔註9〕 參見金仲達《張學良評傳》編後記（台北：傳記文學，1989 年）。

〔註10〕 司馬桑敦於《野馬傳》自序中提到：「我一路南逃，一路想著這場歷史的災難，想著爲什麼我們失敗……歷史巨流中每個人的反省，對於一個歷史的答案，卻未必毫無所補。」他的書寫，旨在面對歷史的眞相，以小說反省「這段紅潮瀰漫的中國歷史」。

〔註11〕 柯青華，《隱地看小說》，台北：爾雅，1981 年。

〔註12〕 參見應鳳凰〈朱西甯的反共文學論述〉，王德威等人編著《紀念朱西甯先生文學研討會論文集》（台北：聯合文學，2003 年），頁 53。

家藏身小說和藝術技巧的屏障後，可以無懼國民黨政府的反控，發掘另類歷史」、「王文興自絕於反共文學成規之外，並發現了內戰戰敗前夕國民黨軍隊失落的歷史」，[註13] 弔詭的是，另類的歷史、失落的歷史，竟是從「缺少」的「真實感」中「想像」出來，最後更撼動了官方歷史的真實性與可信度。

〈龍天樓〉以四個故事組合而成，前後有楔子與尾聲。四個故事之間有一個外部共相與內部關連，外部共相是四個將官——關師長、魯團長、秦團長與查旅長，這四人都歷經殘酷慘烈的國共內戰，在山西太原戰役慘敗後輾轉逃到臺灣，此一共相正是從大陸來台軍民在內戰中失去家鄉、族裔離散甚至親人罹難的集體戰爭經驗。故事的內部關連則是，四人在戰場上的過去與未來都與「崇善寺」有關，甚至更深一層來看，四人內在都有一個與「崇善寺」相關的宗教啟悟。

以下，先從「戰爭敘事」與「宗教啟悟」兩個面向分析〈龍天樓〉的內容與敘述技巧。

（一）戰爭敘事

在〈龍天樓〉中出現的戰爭書寫，主要有關師長被俘、魯團長孤軍突圍、秦團長治城、守城與棄城的過程，以及查旅長的部隊被解散後渡船回家的情形。

四個故事當中，關師長是唯一的將軍。首先，當太原城破時，他帶領的軍隊是一營兵員，身為將軍，撤退的過程尚有司機、副營長和兩個連長陪同在旁，當他被自己最信任、也是最後的一營兵叛變時，關師長的反應是「我在四周的人羣裡尋找營長，和第三連連長，他們都是我帶了十多年的老部下，希望他們閃出來幫我敉平這叛變」；[註14] 相較之下，身為團長的魯、秦兩位，在突圍的過程中，他們都只有少數的兵力，魯團長先分出半連兵交給拜把兄弟，以兵分二路的方式爭取逃脫的機會，在遭逢義弟同袍貪生怕死的背叛後，與匪軍激戰下來，最後僅三人存活；對秦團長夜晚突圍出城的安排，更僅剩三十人，而且並非正規的作戰部隊，而是夾雜數名和尚的逃難隊伍；最後一

〔註13〕饒博榮（Steven L. Riep），〈〈龍天樓〉情文兼茂，不是敗筆——王文興對官方歷史與反共文學的批判（節譯）〉，《中外文學》第 30 卷第 6 期（2001 年 11 月），頁 98。

〔註14〕王文興，〈龍天樓〉，《十五篇小說》（台北：洪範，1992 年 7 印），頁 200。〈龍天樓〉最早收入同名小說集《龍天樓》（台北：大林，1969 年），以下引用版本，皆出自洪範版《十五篇小說》。

位查旅長，僅剩一人，軍隊根本已經解散。從一個作戰場景的描寫來看，四人的故事，從將軍到團長旅長，呈現的是軍隊人數遞減，並且從作戰演變成撤退、突圍，乃至於棄城逃難與回家。

其次，四個故事當中，還是以關師長的篇幅最多，對細節的描述最為深刻。關師長的戰爭敘事、被俘以後的種種情節，都是圍繞著軍階而來，例如：

> 我一路押解時，因為我是將官，身邊有兩個匪兵守看著，和大隊的俘虜隔開一些。
>
> 一個匪軍幹部走我跟前經過，忽然又返轉來，瞪住我問：「你是將官嗎？立正！」然後刷的一聲，他擄下我的肩章，接著連出手幾下，擄下我的勳章，領章，青天白日帽徽。
>
> 我先被編到一隊三五個人的列子裡，我看著他們，掛的階級都是將校，我便知道我們這一群將受不同的處理。但一會我聽到又點我的名字，我被叫出去到另外一列裡。……於是我知道我在混亂情況下已被他們完全混錯了。我看看我編的這隊，階級都是尉官，我心裡掩埋已久的生的希望又悄悄抬頭起來，我暗想不定這回逃得過生死大關。〔註15〕

戰爭時期，不論戰勝或失敗，軍階幾乎可以決定一個軍人／族裔的生死命運，關師長便是在這樣的處境下歷經了生生死死的各種可能，小說在描述關師長進入「崇善寺」大悲殿的「大牢」後，便開始進入「人間煉獄」的屠殺細節，之後的種種過程，便與戰爭敘事無關，而是進入到人／非人的抉擇。從將軍乃至團長的排序中，到了第三個故事的秦團長部分，已非純粹的軍隊，因秦團長乃為青城縣長，王文興不寫治軍，反而詳細描述治城、組織百姓與婦女保衛隊等民兵的行動，秦團長儼然是地方霸主。至於最後一位查旅長，太原城破時，他的軍隊已經解散，查旅長遂換上農夫的妝束，踏上返鄉尋親的路途。在四個人當中，他可說是唯一未遇上匪軍、參與作戰的，和前面的三位軍人比較起來，查旅長是家恨（妻小全死在匪軍凌虐下）多於國仇。

以「戰爭敘事」觀看〈龍天樓〉裡四位將官的故事，對於戰事的描述，可說是依次遞減，關師長／將軍顯然是四人當中軍階最高、對戰爭而言最為重要、同時也是身體心靈受害最深者。關師長死罪可免——因其「不是」將軍，但是極不人道的活罪「宮刑」卻是難以逃脫，以「不完整的人」屈辱將

〔註15〕王文興，〈龍天樓〉，《十五篇小說》，頁 201～202。

軍，王文興可說是以最極端的方式達到「去英雄」、破除神話的目的，將軍已不是「完人」矣。

（二）宗教啟悟

如果說戰爭情節的鋪排設計，是隨著軍階高低依序遞減，那麼，在「宗教啓悟」方面則是以遞增的方式進行。宗教與戰爭，遂成爲兩個逆向發展的故事脈絡。

首先，關師長是被「關」在「崇善寺」的將領，然而，當「崇善寺」以「地獄」的形態演敘宗教內容時，小說家無疑是先以否定的態度面對宗教啓悟的可能。例如，崇善寺大悲殿裡的佛像，是歪斜的、俘虜上吊的地方，「巨佛膩膩的噁心微笑著」，〔註16〕當囚犯面對屠刀在大殿裡倉皇奔逃時，「佛像給他的眼色並不比屍體的活潑多少」，〔註17〕關師長最後在「崇善寺」被處以宮刑，代替死刑，「崇善」卻是「惡」的極致。王文興透過事後眾人聽其故事時給予的安慰，表達關師長的求生意志。他的求生不是來自於崇善寺受刑當下，而是在日後的逃難過程體會「生比死要崇高得多，便是最低下的生，像牛馬一樣的生，也應當保存它，放棄是德行不足的表現」。〔註18〕其次，魯團長與「崇善寺」的關係，是他與結拜兄弟鄭桂芳退守到寺廟時，兩人在「大悲殿臺下急急商議撤退方略」，〔註19〕廟已是人去樓空的建築物，團長鄭桂芳習慣焦土政策，建議一把火燒掉「崇善寺」，魯團長自敘當時的情景：「我望著莊嚴典麗的廟殿坐在陽光下。我說『算了。怕沒有時間，快走罷。』」〔註20〕這一抹陽光的出現猶如一次神祕的宗教贖光，「崇善寺」被保留下來，成爲向關師長演說地獄現形的契機。

小說轉入第三個故事後，開始進入宗教型態的象徵書寫。秦團長收留「崇善寺」逃難的和尚，身爲一方之霸，王文興刻意將其塑造成土霸王的草莽形象，並使其面對宗教時，先是視其爲假（匪軍混作的假和尚），繼之嘲笑和尚給八路趕出廟門，菩薩亦難自保，最後甚至差一點逼迫和尚飲酒食肉開葷戒。然而，故事最後秦團長卻是帶著「殘存的和尚」與親信一起突圍，爲「崇善寺」保全了根基。當親三弟爲了引開匪軍攻擊犧牲自己時，他砍下手足的

〔註16〕王文興，〈龍天樓〉，《十五篇小說》，頁207。
〔註17〕王文興，〈龍天樓〉，《十五篇小說》，頁210。
〔註18〕王文興，〈龍天樓〉，《十五篇小說》，頁211。
〔註19〕王文興，〈龍天樓〉，《十五篇小說》，頁213。
〔註20〕王文興，〈龍天樓〉，《十五篇小說》，頁213。

頭顱帶著「他」逃離戰場，小說最後描述到：

> 我雙手捧三弟頭，輕輕放進穴中。我撥下積土，將坑覆滿，我掩平
> 坑面的土。那青年比丘站在一側勾頭唸著經。
>
> 我領眾屬續征向前路。我於下山道中數度回顧山上的那株孤松。我
> 上另座山前，再度回望已不見松樹，但見皓皓的白雲遮斷了山頭。
> 〔註21〕

和尚油光的頭、三弟的斷頭、被白雲遮斷的山頭，以及秦團長在「龍天樓」
裡說完故事的形象：「秦團長大量的飲食面前的酒飯，彷彿現在『喫』是他生
命一切中首要的事。他抽一下油光的頭，衝一個悶嗝」，被問及三弟剩下的遺
體，他「搖著他的光腦袋，本想說不知，但連續的悶嗝咽住了他」，〔註22〕一
連串的暗喻將反共、戰爭場面，逐漸轉入宗教歸屬的範疇。

　　第四個查旅長的故事，已經與戰爭無關，而是進入更為抽象的宗教象徵
書寫。主角查旅長──其實亦近於「解甲歸田」的狀態，化身為農夫，不再
是軍人。他的第一次渡河是為了儘快趕回家，再次渡河卻是家破人亡萬念俱
灰，欲往「崇善寺」出家。擺渡的船伕，昔日是十六年前被其趕出軍隊斷送
前途的老部屬，今時卻變成「渡化」查旅長的角色，王文興甚至讓其以櫓槳
「棒喝」查旅長，並吐出一段耐人尋味的「登岸」之語：

> 你莫讓一時的悲哀欺騙了你，你該照你真願望的指示活下去。你應
> 該想，用你的餘生在反共復仇的大務上。這裡一帶兵少，你若由這
> 裡上岸，進入那柳林，直向西去，半天光景可達陝東中央區。由陝
> 東你可飛往臺灣。海外一島，經之業之，庶幾將來可興舊邦。一時
> 失敗不足介，十年二十年後仍可捲土重來。您就這處登岸罷！〔註23〕

查旅長欲往「崇善（寺）」不得，最後卻是「從善」，依著江霧裡、雪花旋飛
之際神祕來去的船伕指點迷津之語，渡河登岸，越過海峽來到台灣。不論是
船伕的角色塑造、江面場景的安排或是脫離現實性的現代對白，在在顯示宗
教啓悟，將故事從戰爭的殺伐濺血、泯滅人性，逐步導向宗教救贖。

　　不論是將〈龍天樓〉與「太原五百完人」的神話連結，〔註24〕或是將〈龍

〔註21〕　王文興，〈龍天樓〉，《十五篇小說》，頁232。
〔註22〕　王文興，〈龍天樓〉，《十五篇小說》，頁232。
〔註23〕　王文興，〈龍天樓〉，《十五篇小說》，頁248。
〔註24〕　參見楊昌賓《王文興與國共內戰：論《龍天樓》》（國立中央大學中國文學系
　　　　碩士論文，2012年）。

天樓〉置入整個時代的反共、造神歷史中，〔註25〕從本文所述的兩個面向「戰爭敘事」與「宗教啓悟」來看，前者可說是以四人的求生欲望戳破太原五百完人求死、視死如歸的神話，後者則是以宗教救贖、國共內戰的悲劇以及戰爭的暴虐爲主。四個故事、四個人物對照來看，「將軍」是戰爭的代名詞，「英雄」更是慘烈戰役下的產物，唯有解甲的一介凡夫才能貼近宗教，得到救贖／贖回「完整」的生命。

最後，回到本節「將軍書寫」的議題上，探究司馬桑敦〈山洪暴發的時候〉與王文興〈龍天樓〉兩者的相似處是，在五、六〇年代孤身迎向「時代的浪頭」，在反共當道、歷史由官方單一製造統一發聲時，透過虛構文本質疑／挑戰歷史的眞實敘述，呈現官方歷史未曾面對、無法書寫的「民國將軍」在台歷史。尤其，這些歷史皆以個人私史的形態呈現，司馬桑敦筆下衰老失勢的麥將軍、王文興塑造的關師長悲劇，皆是凸顯「將軍」戰敗、失去戰場後無法言說的處境，揭去「將軍」的英雄面具，在大陸顯赫一時的「民國將軍」，來台後不過是虛構的形象。

兩位小說家的書寫，還有一個共同的特點，兩部小說在出版當時皆未得到應有的迴響，論者對〈龍天樓〉的評價毀譽參半，部分原因與反共文藝政策有關，另一部分則是牽涉小說中過於殘暴、有失現實感的描寫；司馬桑敦則受累於《野馬集》甫出版旋即列入禁書，他的書寫雖然反共，卻是有違五、六〇年代文藝政策的反共，這亦使他的作品未能如其他遷臺第一代小說家、軍中作家受到文壇青睞。

第二節　域外戰場的將軍——柏楊《異域》的歷史見證

在戰後「將軍書寫」的開展中，除了描述大陸時期抗戰、剿共的將軍，以及帶領軍隊渡海遷臺的將軍外，最特別的是柏楊《異域》的「域外將軍」。柏楊於 1961 年在《自立晚報》連載〈血戰異域十一年〉，描述以李彌將軍爲首的國軍於 1949 年底進入滇緬地區，並在異域建立反共基地等待反攻復國的機會。柏楊當時乃依照報社駐板橋記者馬俊良每日訪問一、二位泰北撤退

〔註25〕參見鮑博榮（Steven L. Riep）〈〈龍天樓〉情文兼茂，不是敗筆——王文興對官方歷史與反共文學的批判（節譯）〉、陳義芝〈借象徵的方式：王文興短篇小說人物分析〉，《淡江中文學報》第 21 期（2009 年 12 月）。

孤軍的採訪資料來寫，〔註26〕加以小說虛構筆法增添血肉後以「鄧克保」的名字刊載，很長一段時間讀者皆以為〈血戰異域十一年〉乃孤軍「鄧克保」來自異域的第一手報導。〈血戰異域十一年〉刊出後一時洛陽紙貴，連載完畢隨即改以《異域》之名出版，依然熱銷不斷，即使柏楊入獄，仍有以「異域」為名的作品持續問世。《異域》引發的熱潮，根據柏楊文章的說明與張堂錡的研究，之後「至少有七種與《異域》同內容的書籍在香港和台北出版。馬克騰（姜穆〔註27〕，1929～）的《異域下集》、卓元相（姜穆）的《異域烽火》上下集、于衡〔註28〕的《滇緬邊區游擊隊》以及胡慶蓉的《滇緬游擊史話》、李利國編著的《從異域到台灣》等書，都可以視為《異域》一書的變形、延伸或補充。」〔註29〕

　　1977 年，出獄後的柏楊甚至特別撰寫〈鄧克保《異域》重印校稿後記〉一文澄清自己只寫過一部《異域》，〔註30〕在這篇文章中柏楊仍以「鄧克保」之名寫作，內文寫道「我想到遙遠的叢林，在那叢林中，有我的愛妻愛子，和生死與共的夥伴們的墳墓……我耳邊似乎也一直響著『殺敵！殺敵』的吶喊」，〔註31〕虛構的情節使這篇相隔十六年的文章成為《異域》的最終章，除了再次撩撥讀者的《異域》想像外，還留下一筆懸念：「我可能再寫，但最快也在兩三個月之後。……假使我不能寫，那麼，《異域》就只前六年為止，後五年的往事，讓他去吧。像任何一個英雄垂幕時的往事一樣，讓他去吧。」〔註32〕

　　1982 年，原初寫作《異域》時未有實地採訪經驗的柏楊，在《中國時報》高信疆的推動下進入泰北，並寫《金三角・邊區・荒城》專欄，連載月餘，

〔註26〕柏楊口述、周碧瑟執筆，《柏楊回憶錄》（台北：遠流，1996 年），頁 246～247。

〔註27〕姜穆（1929～2003），陸軍少校退役。軍中時期曾主編《青年戰士報》、《文藝月刊》、《今日中國》，退役後擔任黎明文化公司編輯部主任。

〔註28〕于衡（1921～2005），山東人，來台後擔任《廣州中正日報》駐台北特派員、《聯合報》採訪主任、副總編輯等。著有《烽火十五年》（台北：皇冠，1984年）、《聯合報二十年》（台北：聯合報，1971 年）等書。

〔註29〕張堂錡，〈從《異域》到《金三角・荒城》——柏楊兩部異域題材作品的觀察〉，收入香港中文大學亞洲研究中心主辦「柏楊思想與文學國際學術研討會」論文集《柏楊的思想與文學》（台北：遠流，2000 年），頁 269。

〔註30〕柏楊，〈鄧克保《異域》重印校稿後記〉，原載於 1977 年 11 月 3 日《中國時報》，後收入《異域》遠流版（台北：遠流，2000 年）附錄。本章所引述《異域》內容，皆以此版本為主。

〔註31〕柏楊，〈鄧克保《異域》重印校稿後記〉，《異域》，頁 190。

〔註32〕柏楊，〈鄧克保《異域》重印校稿後記〉，《異域》，頁 191。

引發另一波異域話題。1988 年導演朱延平買下《異域》的電影版權，〔註33〕
並於 1990 年 8 月上映，創出賣座佳績，讓低迷許久的台灣國片重新燃起希望。
從 1961 年到 1990 年，將近三十年的《異域》創造出另類的小說表現方式，
並從小說到報導文學、乃至影視文化的跨界演出。

　　在學界的討論中，《異域》受到最多關注的是，在反共文學當道的六〇年
代初期，柏楊一方面寫孤軍在滇緬異域持續反共的艱苦戰鬥，另一方面則是
揭露國民黨敗將殘兵的歷史真相，後者尤其觸動了許多遷臺軍人心中難言的
隱痛。異域「殘兵」教人同情，「敗將」牽動的卻是對國共歷史的記述、甚至
涉及史家與小說家對故事的組織與再現。前者讓《異域》至今熱銷數百萬冊
形成一股橫跨大眾閱讀與文學評論的「異域現象」，此外，史家論及 1949 年
後的滇緬反共歷史亦得提及本書，《異域》即使並非歷史撰述，卻因當年少見
的報導書寫意外成為歷史的見證文本；後者則是讓柏楊飽受來自黨、軍的壓
力，《異域》更一度列入禁書之列，如同呂正惠對本書的評價，「這是一本既
反共，又反台灣當權者的『孤軍』血戰史，凡是政治上持這種『孤軍』態度
的（雙方都反，不是『孤軍』是什麼），多少都會對這本書表同情」。〔註34〕
顯然，「敗將殘兵」不再是故事中人物角色的形象，其涉及的面向更從歷史與
小說的分界、將軍形象的重現／重建、擴及報導式小說書寫對以類似手法寫
作戰爭者的影響。因此，本節欲討論的是《異域》所涉及的面向：究竟是報
導文學還是小說、還是「新新聞體」等文類爭議，背後與「將軍書寫」有關
的思考是——小說如何見證歷史、見證對「將軍書寫」於戰後的開展又有何
重要性？

一、《異域》的將軍形象

　　王德威論反共文學時，特別提到柏楊《異域》的成就，其言：

　　　　鄧克保的《異域》敘述大陸淪陷後，自黔滇撤退至緬北的一批孤軍，
　　　　如何在窮山惡水的異域裏，繼續抗爭求存的經過。退此一步，即無

〔註33〕朱延平導演向來以喜劇、動作片為主，買下《異域》版權，根據當時報紙刊載，
　　　　朱延平表示，「他過去在陸軍官校期間，曾讀過《異域》，深受感動」，顯然還是
　　　　與軍校背景有所關連。參見〈名作〔異域〕搬上銀幕——一九八八・九・十五・
　　　　台北〔聯合報〕〉，柏楊日編委會《歷史走廊》（台北：太川，1993 年），頁 53。
〔註34〕呂正惠，〈解析『異域』神話〉，《戰後台灣文學經驗》（台北：新地文學，1992
　　　　年），頁 293～294。

死所，此書所展現的孤絕情境，扣人心弦；而部分角色知其不可為
而為之的悲劇意識，比起彼時一片鼓吹反攻必勝的作品，誠屬異數。
在反共文學式微之後，此書仍能暢銷不輟，除了得力於討好的戰爭
場面及異鄉風情外，恐怕也正因其觸動了一輩讀者難言的隱痛吧？
〔註35〕

《異域》的「異數」、難言的隱痛，在於敷陳出反共是一件明知「不可為而為
之」的事，反共終將變成一場悲劇、無效之舉，正是這一點觸動了黨政軍敏
感的神經，此外，從邊區到整個內戰的結果，何以致此，在柏楊《異域》中
描述的將領種種形象，已見作者的心證。從《柏楊回憶錄》來看，當年柏楊
入獄的導火線雖是 1968 年 1 月 2 日於《中華日報》刊登「大力水手」漫畫影
射蔣氏父子的政權，然而，早在《異域》連載時柏楊即已承受來自黨、軍各
種單位的施壓與監控，原因就在於《異域》中涉及的敗將有辱國軍形象，柏
楊說道：

> 很多當初在大陸誓言與某城共存亡的領袖，結果不但城亡人不亡，
> 拋棄了願為他們戰死的部下，甚至捲款潛逃到台北，藉著關係，竟
> 先後到國防部坐上高位。我委婉的把真象報導出來，使那些一臉忠
> 貞的傢伙大為憤怒，因此引起國防部對報社的強大壓力。〔註36〕

柏楊透過「報導」形式揭露當年將領的作為，即使柏楊的「報導」手法不如
後來定義的「報導文學」嚴謹，而且不少情節具有個人虛構成分（「鄧克保」
即是一例），衝擊了報導文學中「真實」的基礎；然而，根據歷史的後見之明，
當年牽動十幾位將軍升遷或生死的異域之戰，不少敗戰之將確實一度放棄了
整個軍隊只求自保，而且因為身在異域，許多訊息無法即時正確地傳送回台，
若非《異域》大膽披露從域外戰場撤退回台的孤軍說法，真相恐怕將永遠湮
滅不彰。

　　《異域》第一章即描述雲南失守事件，1949 年雲南主席盧漢在省政府的
軍政聯席會議中，挾持了李彌和余程萬〔註37〕兩位將軍迫使二人帶兵投共，

〔註35〕 王德威，〈五十年代反共小說新論〉，《四十年來中國文學》（台北：聯合文學，
　　　　1997 年），頁 74。
〔註36〕 柏楊，《柏楊回憶錄》，頁 247。
〔註37〕 余程萬（1902～1955），黃埔一期生，著名戰役為抗戰時期的「常德血戰」，創
　　　　下抗日以來守城時間最長、戰事最慘烈的紀錄，在抗戰期間辦報透過歷史素材
　　　　寫抗戰小說的張恨水，便以此為本寫下《虎賁萬歲》長篇小說。根據《天子門

因余程萬無心再戰，國軍圍攻昆明功敗垂成，李彌率第 8 軍進入滇緬邊境，余程萬則領麾下第 26 軍進入越南。上述史實，亦出現在《異域》，不過，柏楊按入一個虛構的角色「鄧克保」跟隨二位將軍一同被俘，並將故事轉入「鄧克保」遭受共軍刑求的過程，在此柏楊寫下「鄧克保」的處境與心情：

> 我哭了，一個中年人是不容易落淚的，但我竟忍受不住擺在眼前的生離死別。而在以後的十一年歲月中，我也常常哭，毫無羞恥之感的哭，在我們活在非人類所能活下去的中緬邊區那裏，只有眼淚才能灌溉出我們的力量，你要知道，我們是一群沒有人關心的棄兒，除了用自己的眼淚洗滌自己的創傷外，用自己的舌頭舔癒自己的創傷外，誰肯多看我們一眼？〔註38〕

「鄧克保」的處境，正是在無助中卻要繼續奮戰的殘兵心聲，一如王德威所言是「退此一步，即無死所」的孤絕，「無限江山，卻把我們這一群孤臣孽子，逼的無立足之地」、「我們真是要像一片枯葉一樣，竄身蠻荒，埋骨異域了」、〔註39〕「難道國家就只剩下我們這一千多人嗎？我們反攻，我們死，是義不容辭的，但我們覺得我們的擔子是太重了，不是我們挑得動的」、〔註40〕「我們這些營養不良的孤兒是挑不起來的」。〔註41〕這群孤軍必須面對眼前的共軍、緬軍、甚至是無法分辨敵友的荒山野人土著；然而，真正教孤軍心寒、不知如何面對的，是遠在千里外的四國會議、國際情勢與國府的反共政策，至於本該穩定軍心的將軍、如同父母的長官，卻在多次關鍵時刻拋棄他們。

　　《異域》中出現的國軍將軍近二十位，可能是歷來小說中將軍數量最多的，當滇緬邊境因為孤軍奮力抵抗共軍、緬軍勢力，一度呈現偏安狀態時，台灣國府方面發佈新的軍職命令，新派彭程、呂國銓、葉植南三位「空降」將軍，柏楊還對此提出「『將軍』大概是太多了」的看法。〔註42〕

　　多數將軍在《異域》第一章「元江絕地大軍潰敗」——描述大陸失守前

生》記載，余程萬在 1949 年剿共時跟隨盧漢投共，後雖被當時駐於昆明的第二十六軍軍長彭佐熙擋下，但是也就從此脫離部隊閒居香港，並於 1955 年寓所搶案中被刺身亡。當時香港雜誌《新聞天地》第 394 期還以「余程萬積財千萬死於一旦」為題報導。參見《天子門生——黃埔一期全記錄》，頁230～231。

〔註38〕 柏楊，《異域》，頁 14。
〔註39〕 柏楊，《異域》，頁 55。
〔註40〕 柏楊，《異域》，頁 95。
〔註41〕 柏楊，《異域》，頁 1。
〔註42〕 柏楊，《異域》，頁 86。

的最後一戰中出現，並且對整個孤軍的故事／史實具有關鍵性的影響：李彌、
余程萬兩位將軍被俘，顧祝同（陸軍總司令）、湯堯（陸軍副總司令）、胡宗
南、石建中幾位將軍出現在昆明反攻、西康作戰的敘述中，曹天戈、李國輝
則是率領李彌部眾成功逃脫共軍夾擊。在元江一役撲朔迷離的混戰後，浮現
的結果是：李彌、顧祝同、胡宗南等人飛往台灣，余程萬無心再戰率 26 軍離
開戰場，曹天戈與湯堯在元江鐵橋被俘，石建中、李國輝後來從團長晉升將
軍，成為《異域》故事中領導孤軍進入滇緬建立反共基地的要角。

　　《異域》中的兩位忠將——石建中和李國輝，前者，「石將軍是在我們全
軍覆沒時自殺的，他是大陸最後一戰中唯一的一位壯烈成仁的將領」；〔註 43〕
後者則是「全部中緬邊區的戰史離不開他，他的部屬不僅沒有被繳械，反而
打出另一個比台灣大三倍的天地，遍插青天白日旗幟，使聯合國大為震驚」。
〔註 44〕至於元江鐵橋被俘的曹天戈與湯堯，則在一年後於昆明被共軍處決。
這四位《異域》裡指揮作戰、帶兵衝鋒陷陣的忠將，一位死於戰爭、二位被
敵人處決，李國輝則在來到台灣後「養雞維生」，甚至在台灣吃上官司，經過
特赦才恢復自由身。這位被「投閒散置」的將軍，背後代表了《異域》將領
的處境：「這些用鮮血而不是用人事關係博得的官階，在他們回台灣之後不
久，部隊被編散，便不太算數了，少將成了中校，中校成了少校上尉，而且
有的壓麵條，有的為人當苦力磨豆腐，有的年老力衰，兒女成群，靠著哭泣
度日。」〔註 45〕

　　除了幾位忠義、壯烈犧牲的忠將以外，柏楊寫下更多將軍的叛逃、墮落
與沈淪。

　　元江一役，大陸的最後一戰，柏楊寫出兩個「叛」將——孫進賢與余程
萬〔註 46〕：

〔註 43〕柏楊，《異域》，頁 29。
〔註 44〕柏楊，《異域》，頁 41。
〔註 45〕柏楊，《異域》，頁 169～170。
〔註 46〕由於《異域》依違在歷史（報導）與小說的特殊寫作型態，在作品具有虛構
　　　　成分的考量下，余程萬、孫進賢兩人的「叛」蹟，只能從小說「將軍書寫」
　　　　的角度觀之，而無法討論歷史的真實與否，亦無此意圖。此外，李彌部眾與
　　　　滇緬國軍活動相關歷史，在「國家檔案法」（1999）未通過以前，受限於軍事
　　　　機密，官方檔案無法公開，因此，即使出獄後的柏楊有意探究這段錯綜複雜
　　　　的歷史，針對當時回台孤軍的說法做更嚴謹的考證，恐怕還是不得其門而入。
　　　　關於李彌部眾歷史與檔案解密，參見覃怡輝〈李彌部隊退入緬甸期間（1950
　　　　～1954）所引起的幾項國際事件〉，中央研究院中山社會科學研究所《人文及

> 誰都以為余將軍的恢復自由,是大局的轉捩點,是的,余將軍的恢
> 復自由,是大局的轉捩點,但那轉捩點卻使人昏眩,我們——包括
> 李將軍在內,都以為余程萬將軍將率領他的部下,繼續和第八軍並
> 肩作戰,攻克昆明,連上帝都想不到余將軍脫險後,卻悄悄的率二
> 十六軍向滇南撤退了。〔註47〕

> 孫錦賢將軍是一位最恭順,最得長官歡喜和欣賞的將領,否則的話,
> 不會派他單獨負擔那麼大的任務的,但是,當他發現必須向另外的
> 主子恭順才可保全他的生命和榮華富貴時,他用同樣的手法照做
> 了,我卑視他,六萬人的血債都寫在他那卑鄙的靈魂上。〔註48〕

余程萬將軍第 26 軍曖昧不明的態度,使李彌部眾錯失先機、進退維谷,孫錦
賢將軍在「鄧克保」身入其中的孤軍到達元江之前,決定投共,並且炸掉元
江鐵橋,讓六萬人的部隊瞬間宛如困獸,在前後無援的情況下被敵軍輕易殲
滅,不僅雲南失守,連尚有實力可以反攻的國軍,亦因將軍們的一一叛逃終
於潰不成軍。一千多人的孤軍在雲南群山峻嶺中猶如枯葉、棄兒、孤兒,拋
棄他們的正是本當身先士卒一肩扛起成敗的將軍。對於叛逃將領,柏楊屢屢
希望歷史有所公斷,「戰史俱在,誰也逃不開歷史的審判」、「我們只希望將來
歷史家有一個公正的裁判,尤其是,余將軍已經死了,我們不能要求每一個
將軍都要死在沙場,各人有各人的際遇」,〔註49〕除了等待歷史公斷,如何讓
孤軍故事不被遺忘,更是柏楊當時不採用純粹的小說虛構,而是以「報導」
方式——柏楊始終以「報導文學」界定《異域》——寫作的原因。

在進入緬甸之際,孤軍逐漸變成一支以李彌部眾為主,參入其他軍團散
兵後由李國輝將軍帶領的新部隊,在整軍階段,柏楊寫下這支異域孤軍的成
軍狀態:

> 他們是二十六軍九十三師和二七八團的弟兄,在元江大軍潰敗後,
> 他們突圍的突圍,潛逃的潛逃,向滇西盲目的摸索,一路上,大家
> 稍稍的集合起來,可是,等到發現大局已不可收拾的時候,和他們
> 同時逃出來的高級將領,包括他們的師長、副師長、團長,統統的
> 走了,像一個父親在苦難時拋棄了他的親生兒女一樣,他們拋棄了

社會科學集刊》第 14 卷第 4 期（2002 年 12 月），頁 561～604。
〔註47〕 柏楊,《異域》,頁 21～22。
〔註48〕 柏楊,《異域》,頁 35。
〔註49〕 柏楊,《異域》,頁 22。

那些為他們流血效命的部下，輕騎走了。

「他們走到那裏去了呢？」

「到台灣去了，」傷兵們衰弱的答，「他們是不愁沒有官做的。」

〔註 50〕

異域（域外）與台灣（國內）形成一組強烈對比：戰士在異域、將軍則在台灣。將軍一旦「到台灣」，變成是有官可做、升官發財、晚年生活優渥的關鍵詞；至於留下來決定為自己反共的孤軍，一旦以撤退方式「回到台灣」，面臨的卻是截然不同的處境，「戰死沙場，固然淒苦，而一定要回到臺灣，老死窗牖，又有什麼光榮，只不過多一個治喪委員會罷了」，〔註 51〕如前所述，「部隊被編散，便不太算數了，少將成了中校，中校成了少校上尉」，軍階「節節敗退」，這竟是孤軍將領殘兵「回到台灣」的寫照，不啻是另一種「退此一步，即無死所」的處境。戰死沙場、還是老死窗牖，《異域》裡的戰士毋寧選擇前者以展現軍人的意志。

在《異域》吶喊、對天慟呼的話語中，反共變成一場精衛填海式的悲壯舉動，殘兵種種的慘烈遭遇，對照下卻是將軍的奢靡與私利：「身負重責大任的處長級軍官們都在曼谷」、〔註 52〕「兩棟新購的巨廈──左邊那一棟的主人是李彌將軍夫人的弟弟龍昌華，右邊那一棟的主人是李彌將軍夫人的姊丈熊伯谷，李彌將軍夫人就住在名義上是內弟龍昌華為主人的那棟富麗堂皇的巨廈裡」、〔註 53〕「我們所欽慕的老長官在台北那豪華如皇宮一樣，備有冷氣暖氣的巨廈裡，和窮苦的部下全部隔絕，而聽說他的夫人每次麻將都要輸掉使我們吃驚的數目」、〔註 54〕「我看到太多的將軍在生死關頭拋下他那相依為命的部下，倉促逃走，等到發現平安無事，再鑽營歸來，還厚顏的說他的走是奉有命令，他們都是有辦法的人，他們永遠是有官有勢，永遠領導我們的」。〔註 55〕對比共軍之惡，在《異域》的描述中，更大的罪惡其實是將軍的叛逃、遺棄同袍以及只求個人私利與榮辱。孤軍之「孤」，不只因為國府不願／不能正面承認其存在，更因將軍從軍隊內部直接的叛離與沈淪。

〔註 50〕柏楊，《異域》，頁 59。
〔註 51〕柏楊，《異域》，頁 60。
〔註 52〕柏楊，《異域》，頁 146。
〔註 53〕柏楊，《異域》，頁 144。
〔註 54〕柏楊，《異域》，頁 131。
〔註 55〕柏楊，《異域》，頁 117。

　　《異域》有別於當時一片反共樣板小說的原因，即在於柏楊寫出了1949年國共內戰下將軍的另一面，尤其以黨政軍領導的文藝政策希望重塑抗戰時期國軍英勇抗敵的形象以取代剿匪失利時，《異域》一方面寫出反共——為自己反共的孤軍意志，另一方面則是藉由報刊連載的形式，公開質疑與訴諸公眾，呼籲讀者重新思考這些敗戰將軍的歷史定位，以及整個中原戰場逐一失守的原因。1990年《異域》電影上映前，傳出新聞局有意修剪部分情節內容，柏楊為此公開發表意見，認為「國軍打敗仗不可以拍電影，殘兵敗將不許出現的時代，不應再繼續存在，保守實足以製造民怨」，〔註56〕九○年代重彈五、六○年代的老調，不僅不合時宜，更挑動了大家對於反共時期出版品檢查制度的潛在恐懼與厭惡。《異域》上映時一刀未剪，與柏楊的公開呼籲應有一定的關係。

　　從「將軍書寫」的角度來看，《異域》裡的將軍若非壯烈犧牲，就是必有「隱情」，例如小說中多次暗指李彌等將軍在兩軍對峙的情況下「飛返台灣」——這彷彿已變成將軍特權的象徵，乘著飛機目睹眼前、腳下發生的戰爭，因為飛機無法降落，最後便飛到台灣與其他將軍進行「紙上操演」，以李彌將軍為例，柏楊反覆敘說的是，這些拋下戰場而離開的將軍，其實亦與其他官僚體系無異，往往就是靠人事關係升官發財的官僚。至於地面上與敵軍肉搏的將領，多數是過去曾為團長、營長並且在這一場域外戰爭中臨危受命成為將軍，李國輝、曹天戈等人即是如此，他們看似貴為將軍，骨子裡卻是真正的軍人、戰士。

　　根據歷史記載，這場異域之戰，即使曾經以寡擊退火力強大的緬軍、成功牽制共軍在邊境的勢力、甚至一度獲得美國暗中支持，卻依然是一場沒有勝利的戰役，殘兵的反共目標最後因為聯合國的決議無疾而終。小說對這一段歷史的敘述，更加強調將軍若非壯烈犧牲、便是在台灣孤獨老死無人聞問兩種景況的無奈，李國輝將軍、張復生團長等被投閒置散、失去戰場的「憔悴英雄」，正是徵顯域外戰場才是這些將領的光榮所在，回到台灣的「將軍」——不論是榮華富貴的官僚、還是投閒置散的憔悴英雄，「將軍」儼然已是一個虛構且無用的概念了。

〔註56〕〈［異域］作者柏楊昨致邵玉銘公開信——一九九○・八・二三・台北〔中國時報］〉，柏楊日編委會《歷史走廊》（台北：太川，1993年），頁72。

二、《異域》的見證敘述及其影響

關於《異域》的文類屬性，學界討論成果豐碩斐然，張堂錡〈從《異域》到《金三角·荒城》——柏楊兩部異域題材作品的觀察〉一文更詳實梳理出《異域》從報導文學到小說的發展脈絡，以下摘引兩段論及《異域》文體類型的敘述：

> 而《異域》等書，作者柏楊與姜穆都沒有親歷現場採訪，採用的是史料彙整、資料剪輯的方式，在表現上當然無法有訪問者的身份，而必須虛構人物來進行敘述。因此，就寫作的方式而言，二者略有不同，但就其所呈現出來的形式而言，卻又相近，都屬於接近新聞體寫作的「非虛構小說」——雖是有人物、情節虛構的小說技巧，但內容、題材則求其忠於真實，這與以想像創作為寫作基礎的小說是不一樣的。在缺乏對報導客體、現場的親自採訪條件下，我們對《異域》一書的定性，也只能說它較接近於「新新聞學」的寫作方式，是一種「非虛構小說」，而難以逕稱其為「報導文學」作品。
>
> 《異域》的文學性表現在小說形式的發揮，《金三角·荒城》則偏重於雜文筆法的刻劃，它可以隨時宕開，補充資料或另起話頭，完全是順手拈來，揮灑自如，卻又不失主題的掌控。〔註57〕

張堂錡從柏楊兩部異域題材的作品，得到相互對比的天平，最後得出這樣的結論：「《異域》這部以真實素材為基礎的『非虛構小說』，在柏楊的性格與文學的雜文天平上，向小說傾斜，而《金三角·荒城》這部親臨現場的一手採訪，則是向報導文學傾斜。」〔註58〕不論是「非虛構小說」、「新新聞體」，還是以天平、「傾斜」為喻，皆是呈現《異域》介於報導文學與小說虛構兩端之間曖昧模糊的書寫狀態。

柏楊《異域》所引發的文學類型討論，和戰後台灣小說「將軍書寫」開展階段依違於歷史紀實與小說虛構的狀態實若合符節，柏楊不直接表露「鄧克保」的虛構身分，一來是欲借小說虛構筆法增加歷史的可看信、刺激報紙銷售量，同時讓讀者的情感與認同投射於特定人物身上才能使之持續關注，

〔註57〕張堂錡，〈從《異域》到《金三角·荒城》——柏楊兩部異域題材作品的觀察〉，《柏楊的思想與文學》，頁282～286。

〔註58〕張堂錡，〈從《異域》到《金三角·荒城》——柏楊兩部異域題材作品的觀察〉，《柏楊的思想與文學》，頁290。

二為當時的書寫氛圍強調寫實精神的展現，不論戰鬥文藝或反共小說，都被要求奠基於史實基礎，強調確實可信與歷史的見證，以凝聚群體的反共意識為要，這樣的氛圍一直延續到七〇年代才逐漸被鄉土寫實取代。《異域》的書寫策略，不僅印證此一時代發展脈絡，更影響之後同樣類型（在報刊雜誌上連載戰爭報導）作品的書寫。

（一）見證──「經驗的直接訴求」與「見證的見證」

從今日諸多研究成果來看，《異域》歸屬於小說類已無疑義（葉石濤、李瑞騰、應鳳凰），但是，其逼近於歷史真實的敘述，仍是不容忽視的獨特現象，尤其三十年後當年檔案陸續解密，比對相關歷史資料，柏楊的《異域》其實並未偏離史實，以當時的戒嚴氛圍、滇緬孤軍事件仍未完全塵埃落定，以及訊息封閉資料收集不易等情況來看，有此近於報導文學的表現已屬難得。因此，從新聞學角度觀之，將《異域》歸為「報導文學」範疇討論者亦有，如須文蔚在〈報導文學在台灣，1949～1994〉一文及提到《異域》的影響：

> 國民政府遷臺之后，對於報告文學有如驚弓之鳥，在民國六〇年代中葉之前，臺灣幾乎是聽不到這個名詞。……政治氣氛的壓縮以及官方對媒體的全面操控之下，報導文學在臺灣根本缺乏發展的條件，直到柏楊「異域」一書，在六〇年代初，普遍受到文化界的側目，算是首度挑釁了報導文學在文壇幾近三十年禁制。〔註59〕

須文蔚對報導文學的討論，是意圖藉由「鬆開」報導文學創作者的束縛──純淨新聞對真實的絕對要求，以還於此文類的原始面目。根據林家儀《台灣報導文學獎傳播現象研究（1970～2010）》一文指出：

> 從 1977 年柏楊《異域》的出版，到 1991 年藍博洲《幌馬車之歌》的問世，台灣報導文學的創作中不斷有作品在挑戰報導文學「虛構性」的極限，然而這兩本在台灣報導文學史上具有重要意義的作品，至今仍因虛構性的問題而處於報導文學的曖昧地帶，未能獲得完全的認可，但深究這當中的因素，究竟是這些作品本身「不是報導文學」、抑或是學界無法肯定「什麼是報導文學」？〔註60〕

〔註59〕 須文蔚，〈報導文學在台灣，1949～1994〉，《新聞學研究》第 51 集（1995 年 7 月），頁 122。

〔註60〕 林家儀，《台灣報導文學獎傳播現象研究（1970～2010）》（國立政治大學中國文學系碩士學位論文，2002 年），頁 106。

本論文將《異域》進一步定位在報導文學發展史中，具有重要意義的作品。有趣的是，上述兩段引文，前者以爲五、六〇年代根本不具備報導文學的發展條件，《異域》是首度「挑釁」之作；後者則是無法排除《異域》中「虛構」的成份，可以說明的是，《異域》因爲逼近歷史眞實而挑戰了小說虛構敘述的部分，同時又因爲虛構性而挑戰了報導文學的容忍度。

柏楊始終將《異域》定位在報導文學，〔註61〕他曾說過，《異域》融合新聞與報導紀實風格的寫作，他是開風氣之先：「在這本《異域》出現之前，我的國家文壇上甚至沒有『報導文學』這個名詞，自從《異域》問世，『報導文學』才埋下第一顆種籽。」〔註62〕套用張堂錡的比喻，柏楊毋寧選擇了向歷史眞相、見證歷史傾斜。見證歷史，正是爲了抵抗被歷史遺忘的焦慮，柏楊虛構了「鄧克保」作爲歷史的見證人，在《異域》中處處留下痕跡：孤軍確有其事、確有所本，並且透過報社編輯、讀者來函與回應等關目設計，表現出讀者當中有許多隱藏的見證人、目擊者，可以評斷、證明「鄧克保」／我所說的故事的眞實性。

值得進一步探究的是，見證歷史，亦是早期軍中文藝運動、戰鬥文藝政策下，特別強調的寫作意圖。爲了讓多數未曾參與過戰爭、不曾有過實際反共經驗的讀者（尤其針對台灣本省人〔註63〕），藉由見證敘述想像大陸曾經發生過的戰爭，以提升集體的反共戰鬥意識，因此，五〇至七〇年代具有黨政軍

〔註61〕 後期在《中國時報》連載的《金三角・荒城》，同樣引發不少爭議，和前期《異域》不同的是，八〇年代柏楊必須面臨的是右派、左派的問題，柏楊說道：「然而，我這種以人爲本位的報導方式，卻引發一場政治性爭論和干涉。首先，右派人物不滿我沒有大力頌揚他們的堅貞、神聖、英勇的反共立場；接著左派人物卻指責我的報導，有意掩飾國民黨殘餘武力利用鴉片毒害，遂行軍事野心。」右、左派倒是在柏楊的異域題材上，難得的殊途同歸意見一致。引文中提及「以人爲本位的報導方式」，以此反觀《異域》的寫作，亦可理解爲「以孤軍爲本位的書寫」，如此一來就可以解釋柏楊何以對眾將軍的描述都傾向於單一偏面，尤其在國共內戰詭譎多變的情勢中，傾向以正邪對立的簡單敘述來呈現將軍的面向。柏楊，〈報導文學與我〉，《臺灣現當代作家研究資料彙編.19，柏楊》（台南：臺灣文學館，2012年），頁175。

〔註62〕 柏楊，〈報導文學與我〉，原刊於香港《百姓》半月刊，1984年10月，後收入林淇瀁編《臺灣現當代作家研究資料彙編.19，柏楊》。

〔註63〕 例如鍾肇政提到：「你要我反共，我怎麼反呢？我從來沒有看過共產黨長得什麼樣子。他們殺人如麻啦等等，人家寫的我是看了一些，可是我沒有親眼看過，我怎麼寫呢？我要反也反不起來啊！」參見鍾肇政《台灣文學十講》之三（台北：前衛，2000年），頁71。

色彩的文藝刊物中,遂出現大量介於歷史紀實、小說敘事風格、報導文學、傳記專欄等文類界線模糊的戰爭書寫。「見證」,是飢餓、創傷、生離、死別——種種因戰爭而起的苦難狀態——的遺物。從戰場歸來的士兵,在書寫中讓自己從戰爭受害者轉變爲見證者,讀者則透過閱讀見證(歷史再現)瞭解戰爭、歷史與國家的苦難。戰後的文藝氛圍中,對於小說以故事的形態見證、「再現歷史」的期望相當深,一群身兼編輯、作者、往往亦是讀者與評論者的軍中作家集團,彼此亦以「眞實」、「親身經歷」、「爲苦難的國家寫史作註」〔註64〕相互提醒。

　　八〇年代,瘂弦在一篇評論尼洛文革小說的文章提到:

> 以民國三十八年鐵幕深垂以後大陸生活爲題材的作品,實在想不出幾部來。這一方面是因爲作家直接經驗的隔離;一方面是因隔離而帶來的不正確的觀念——認爲作家未曾親身體驗過共區的生活,就沒有寫這類作品的資格,即使寫出來也無法取信於讀者。這種錯誤的想法,使我國文壇在一段很長的時間以內,於大陸背景的小說方面,呈現空白的現象。……〔註65〕

一旦接觸大陸傷痕文學時,卻發現「它們有激勵人心的現實性,但卻沒有發人深省的哲學性」,瘂弦因此更進一步提出呼籲:

> 一定要擺脫沒有親身體驗就不該寫的錯誤看法,把表現大陸生活體驗的文學主題看做我們的第一主題,也是最急切要加以表達的主題。「文革」以後,從大陸流出來的書面資料和大陸逃出者的口述,足夠作家們去揣摩、表現了。〔註66〕

關於小說向歷史取材的方式,瘂弦以爲未必需要「親身經歷」,即使是「從大陸流出來的書面資料和大陸逃出者的口述」,亦是作家們可以揣摩、表現的材料,尼洛一系列描述文革的作品,便是最好的例子。瘂弦點出一個值得注意的現象,在戰爭文學、反共文學、傷痕文學等題材的小說裡,尤其涉及小說主角受到戰爭／政權體制迫害的題材時,當「見證」僅止於「作家直接經驗」

〔註64〕此乃借用姜穆爲文側寫司馬中原小說的標題,參見姜穆〈爲苦難的國家寫史作註——側寫司馬中原及其作品〉,《文訊月刊》第4期(1983年10月),頁178。

〔註65〕瘂弦,〈捲起袖子自己來——對尼洛大陸生活經驗作品的體會〉,《文訊月刊》第5期(1983年11月),頁134。

〔註66〕瘂弦,〈捲起袖子自己來——對尼洛大陸生活經驗作品的體會〉,《文訊月刊》第5期(1983年11月),頁134。

的訴求時，當時對題材眞實性、見證可信度的要求，反而會成爲小說藝術性的「限制」與寫作「困境」。

　　瘂弦的文章距離柏楊《異域》的寫作已相隔二十年以上，當年讀者對異域題材的陌生，猶如二十年後讀者對文革題材在兩岸隔絕下出現的隔閡，瘂弦以作家、編輯的身分，對台灣文壇缺乏文革作品、小說如何見證文革歷史的公開呼籲，可說是鬆開了柏楊當年虛構「鄧克保」以便符合見證——訴諸「作家直接經驗」要求的「束縛」。此意味著小說家在書寫近代歷史題材時，不再只是第一層直接的「見證者」、控訴者，而是「見證的見證」、甚至是心靈的見證。不論是對讀者或是作者，文字的「見證」毋寧具有更深一層生命，更接近費修珊、勞德瑞對「見證」的定義：「『親身見證』絕不是單純對個人生命的見證，而是作品與生命的交融觸擊——一種『文本見證』像眞實生命般地穿透我們。」〔註67〕

（二）軍中文藝雜誌之見證敘述與將軍書寫的關係

　　在檢索軍中文藝刊物、軍中作家的「將軍書寫」時，發現「將軍書寫」的展開乃因見證戰役而起，如前所述，每一個將軍的登場，背後都不免蘊含歷史的光暈，這個部分是軍官士兵這些戰場無名英雄所無法擁有的，因此，涉及將軍主體的書寫往往也在眞實與虛構之間，甚至包含了傳記、散文、小說與報導文學等多種體裁，是構成軍中文學「見證書寫」相當重要的一部分。

　　例如，載於《新文藝》的張景增〈光華門之戰〉，作品一開始先敘述「南京保衛戰」開打前夕，日本轟炸機裂空而過，已被烽火包圍的南京城更顯死寂，之後藉一場「最後的朝會」作者詳細描述了將軍的出場／出征：

> 清晨五點半，南京內城西郊的清涼山畔，響起一陣緊急的軍號聲，接著是全副武裝的憲兵部隊，一個連接一個連地往山上的大操場集合。……
>
> 這時站在司令臺兩邊的團長和營長，都看到那位青年將官的淚水浸濕著眼眶。他雖然淚流滿面，但沒有絲毫兒女態，他面色莊嚴，神態安詳。這位抱著文天祥和岳武穆心胸的青年將領，就是獨立挑起「南京保衛戰」大任的當時憲兵副司令兼南京警備司令的蕭山令將

〔註67〕費修珊、勞德瑞（Shoshana Felman）著、劉裘蒂譯，《見證的危機：文學・歷史與心理分析》（台北：麥田，1997年），頁31。

軍。〔註68〕

文章以相當長的篇幅描述朝會上將軍的精神講話以及臺下眾軍官、士兵的神態、情緒波動，中間還穿插眾士兵從山上目賭一架國軍飛機拖著煙尾企圖與停在長江邊的日艦同歸於盡的小故事，然後是一連串的戰略分析與戰爭場面的描寫。文章最後以史實作結：

> 蔣委員長聞悉他們的壯烈犧牲，特飭令憲兵司令部派出特高組人
> 員潛回南京，尋找蕭副司令的遺骸，卻沒有找到。蔣委員長曾爲
> 蕭將軍的殉國盡忠，含淚痛悼，追晉其爲陸軍中將，並入祀忠烈
> 祠。〔註69〕

全文以將軍的戰略分析、戰爭陣線布局以及雙方攻防等情節爲主，戰略紀實部分偏長，但是將軍的個人形象、英勇無比的表現，讓作品因爲英雄角色的塑造與讀者投射認同心理而有可看性，質言之，本篇作品中充滿小說戲劇說風格的筆調，使文本跨越了歷史紀實與小說虛構的界線。同樣類型的作品，在《新文藝》、《幼獅文藝》等刊物中頗爲常見，甚至以專欄、連載的方式呈現，例如海曲生的〈灤陽餘烈〉，〔註70〕作者特別在序文中提到以「報導文學之筆」務求真實的用意，又如〈英雄本色〉、〈惡有惡報〉、〈鐵臂將軍〉、〈鐵血雙雄〉等「抗戰勘匪游擊英雄故事」〔註71〕系列，亦是透過真實史料與加強故事張力的虛構想像，塑造將軍的英勇形象。

在《新文藝》連載的〈赤禍日寇話當年〉，是一篇來自走過戰場之上校的見證書寫。作者褚問鵑是國軍第一位女上校，其書寫橫跨歷史、文學與古典文學批評領域，晚年更將一生傳奇寫成《花落春猶在》〔註72〕。褚問鵑以雜文式的傳記體兼小說筆法，在《新文藝》上共連載七回〈赤禍日寇話當年〉，

〔註68〕 張景增，〈光華門之戰〉，《新文藝》236 期（1975 年 11 月），頁 9～20。

〔註69〕 張景增，〈光華門之戰〉，《新文藝》236 期，頁 20。

〔註70〕 連載於《新文藝》247～248 期，1976 年 10 月～11 月。

〔註71〕 連載於《新文藝》256～261 等期，1977 年 6 月～12 月。

〔註72〕 褚問鵑，《花落春猶在》（台北：中外圖書，1983 年）。根據黃守誠〈評「往事漫談」兼論傳記文學〉一文，可知在 1976 年以前褚問鵑即自行出版《往事漫談》一書（當時爲非賣品），黃氏文中敘述道：「故事起自滿清末年，作者降生，而迄於政府播遷來台後之民國五十九年元月。上下約七十年，中經五四運動、軍閥割據、西安事變、七七抗戰以及播遷來台。」以及褚問鵑於 1933年前往南昌，加入陸軍第十八軍（陳誠麾下）的情形，參見《新文藝》第 239期（1977 年 2 月），頁 114。

〔註73〕由於作者參與過大陸時期抗日剿匪等戰役，1933 年進入南昌陳誠指揮的十八軍時，更是擔任軍中刊物《偕行月刊》的工作，〔註74〕因此，「話當年」是以夾敘夾議之筆，既寫當年接觸到的幾位將軍如陳誠、羅卓英、柳際明等人的軍事作風，亦為讀者解析當時的情勢，甚至軍事部屬內容。其中，連載到第六、七回時，褚問鵑甚至以小說的筆法、大量的對話與情節設計（暗藏伏筆、添加懸疑等技巧）增加事件的戲劇張力，她以兩期的連載篇幅描述當年駐軍因喝下被投藥的井水，導致不少軍官士兵枉死的慘事，之後，則集中描述羅卓英將軍〔註75〕如何「審問」與「開導」暗自投藥的匪諜青年，最後並展現恩威並濟以德服人的氣度，安撫眼前的青年投誠。如果略去史實不論，單就這二回獨立來看，實為結構完整、充滿起承轉合等情節安排的短篇小說。連載過程中，褚問鵑還會同時透過註解文字向讀者——潛在的戰場同袍「對話」，例如，第三回「註五」寫道：「這裡包含著一則故事。如有十八軍同仁讀此文者，必知其詳，不必註解。」第七回的投誠匪軍青年，褚問鵑以「×××」標示，註解則寫道：「×××這一人和事，目前軍政界老一輩的同仁們，大概都是知道的。所以筆者不能不寫。以免被人說我疏漏。既已知道，那麼我又何必寫出他的真姓名來呢！是嗎？」〔註76〕這些註腳，將投射的對象指涉特定讀者，他們參與過共同的戰爭，是隱藏的見證人，見證〈赤禍日寇話當年〉的所言不虛。

　　以柏楊《異域》遊走於報導文學與小說虛構兩端為證，這一類作品不僅遊走於歷史紀實與小說敘事之間，文類方面，在散文與小說之間，展現散文為本兼具歷史記述與小說結構的特色，甚至如同柏楊《異域》的表現手法，

〔註73〕 連載於《新文藝》238～244 期（1976 年 1 月～7 月）。

〔註74〕 參見褚問鵑，〈我所知道的陳辭修先生——為陳故副總統逝世十周年作〉，《中外雜誌》第 17 卷第 5 期（1975 年 5 月）。

〔註75〕 羅卓英（1896～1961），陸軍上將，為陳誠派系的重要骨幹。抗日時期指揮過第一次、第三次長沙會戰，並於 1942 年受命為遠征軍第一路司令長官，掩護英軍撤退至印度，之後並擔任國軍駐印度總指揮部副指揮。羅卓英自幼進入受私塾教育，精通古文，從軍期間依然筆耕不輟，著有《呼江吸海樓詩集》、《正氣歌注》等詩集。褚問鵑在《往事漫談》和自傳《花落春猶在》書中，對十八軍與羅卓英將軍事蹟著墨尤深。相關資料參見邱春美〈大埔儒將羅卓英在屏東之耕讀探討〉，2009 年第 4 屆大埔客家文化學術研討會；黃守誠〈評「往事漫談」兼論傳記文學〉，《新文藝》239 期（1977 年 2 月）。

〔註76〕《新文藝》第 244 期（1976 年 7 月），頁 56。

以「專欄」、「連載」、雜文等形式，擴充書寫的自由度，藉由歷史素材增加內容——戰事慘烈、敵人殘暴的可信度，顯然作者書寫時即有取信於讀者的意圖，同時又以小說筆法對人物神態、戰爭場面的細膩描寫，吸引讀者對下一期月刊內容、故事進展的期待，藉以刺激銷售量。這種透過連載方式進行的歷史戰爭敘事，寫作過程中同時考量／預期讀者回應的情形，亦是軍中文藝的一個特色。將軍在這些文章中，絕大多數以可歌可泣的英雄形象登場，然而，正因爲有所本、旨在爲戰場上犧牲生命的將軍造像，「神話將軍」被「歷史將軍」所取代，讀者多數都是「見證人」，歌者、泣者自然所在多有。如此一來，在 1949 年以後歷經戰敗、倉皇渡海、來台後軍紀不佳帶兵不力，在二二八事件中遭受重創的將軍形象，終於在這些以黨政軍領導的軍中文藝政策下，有了「反轉」的機會。

綜上所論，柏楊《異域》不僅因爲背後的百萬銷售量而成爲文學的「異數」，它遊走於報導文學與小說虛構、多年來不論從哪一方面都具有討論意義這一點上來看，便足以說明柏楊雜文式書寫、雜文形式對文壇的影響。猶如柏楊自己所言，他所寫的小說就是「雜文小說」，「我想，雜文式的小說，即令不是我首創的，也是我把它發揚光大。它是可以把時空打碎、雜文體的小說，目的在表達某一種理念、觀點，或是某一種感情。」〔註77〕

柏楊以報導文學的精神、雜文小說的形式，形成《異域》中獨特的見證敘述，不僅寫出一群孤軍在域外戰場的處境，更因雜文形式（性格使然）而充滿批判力度，殘兵值得同情，敗將卻得看那些將軍是在域外戰場捐軀、還是在國外置產安頓，《異域》中的「將軍」遠比孤軍形象複雜太多。

第三節　小　結

綜上所論，五、六〇年代「將軍書寫」的開展，不論是司馬桑敦、王文興以小說虛構文本想像／質疑／補遺官方歷史缺漏、刻意隱藏的部份，還是如柏楊大膽以歷史見證、報導式書寫創作小說文本，共同關注的焦點都是戰敗將軍，「民國將軍」的歷史在小說書寫中遂發展成兩種向度：一是小說家意圖透過小說探討國軍戰敗的原因、關注失去戰場的將軍；另一方面則是從小說見證／重建歷史的角度試圖挽救軍隊／將軍形象，由於這一類作品內容往往

〔註77〕見鄭瑜雯採訪，〈情愛掙扎——柏楊談小說〉，收於《情愛掙扎：柏楊小說論析》（台北：漢光文化，1994 年），頁 151。

與五〇年代重建黨政軍形象、倡導戰鬥文藝精神的政策有所重疊，因此常見於反共文學、軍中文藝雜誌。值得注意的是，兩個向度的書寫都強調歷史與小說之間存在的「見證」意義，然而，卻發展出南轅北轍的結果。

關於軍中文藝與「將軍書寫」的關係，仍有幾個現象值得說明：

一、「將軍書寫」，由於受限於題材與人物較爲特殊，相較於以大兵、中下級軍官爲主體的創作，數量相對來說少得多。

從抗戰文學、反共文學到後期的老兵文學、眷村文學，凡是涉及軍旅生活的小說，班長、排長、連長最常出現在描述軍中同袍情誼、長官與部屬之間革命情感的故事中；至於將軍，在這一類刻畫戰爭或軍旅生活回憶的小說中，神龍見首不見尾，將軍出現時只有一聲軍令、軍事部屬，或者由小兵（通常是敘述者「我」）所屬軍隊點出身分——某師軍長麾下，之後的故事情節多半回到小兵或軍官角色上，將軍顯然並非主要角色。由於作品主體不是將軍，排除這些作品後，戰後涉及「將軍書寫」的作品，在量的表現上，比校尉級軍官、士官爲主的小說來得少；然而，在質方面卻因爲人物與題材的「限制」，反而有特殊的表現，在主題的表現上，尤其是上述軍官士兵爲主體的作品所沒有的。

在大量與軍隊、戰爭有關的作品中，將軍與大兵的歷史述說往往呈現不同的主題與視角。趙滋蕃論及八年抗戰時說道：「將軍有將軍的寫法，小兵有小兵的寫法，各人留下一生中只此一次，以後永遠不會再重複的回憶」、「必有一手持槍一手執筆的雙重戰士作大氣魄的揮灑，方能有名世之作流傳後世」，〔註78〕後者尤其點出這類主題乃軍中作家之擅場，原因無他，唯有軍人才有戰爭的眞實經驗、火線上死裡逃生的歷程。至於出自將軍還是小兵的槍桿與筆端，對戰爭而言槍桿其實沒有太大不同，筆桿卻是凸顯相異的觀看視角和對戰爭不同的領會。

〔註78〕趙滋蕃，〈這樣的創痛，還要沉默？〉，原文刊於 1979 年 7 月 7 日《中國時報》副刊，後收入李瑞騰編《抗戰文學概說》（台北：文訊雜誌社，1987 年），頁175〜178。相同的看法亦有吳東權，其在〈國軍文藝運動三十年〉中開宗明義地說：「古今中外，文士與武將、筆端與槍端，差不多都是涇渭分明，各司專責的，唯有最近這三十年來，中華民國的國軍打破了歷來的慣例，樹立了允文允武、執筆持槍的典型，……這種現象不僅在中國的歷史找不到前例，即使在世界各國，也查不出類似的例證。」參見吳東權，〈國軍文藝運動三十年〉，《當代中國新文學大系・史料與索引》（台北：天視出版，1981 年），頁443。

　　二、戰後「將軍書寫」的展開，除了少數幾位小說家與軍隊並無明確關連外（如王文興［註79］），與軍中作家、軍中文藝刊物的編輯或記者皆有密切關連。將軍——作爲小說題材和人物，其情節不論眞實或虛構，都必然牽連著抗日戰爭、國共內戰錯綜複雜的歷史背景，既然涉及歷史、軍事與戰爭，小說家未曾歷經戰爭、隨軍遷台的背景，實很難創作出以將軍爲主體的作品，因此，戰後「將軍書寫」的開展，和遷臺第一代軍中作家、軍事記者、軍中文藝刊物編輯等有密切關連。

　　以本章提及的幾位作家爲例，司馬桑敦、柏楊、褚問鵑等，都具有上述軍中作家集團的身分，柏楊雖非軍中作家，寫作《異域》時任職的《自立晚報》亦不具有軍政色彩；然而，從《柏楊回憶錄》的記載可知，其早年在大陸時期南北遷徙流亡的經驗，其實和國民政府、軍隊都脫離不了關係，此中因緣更影響他後來的性格發展。他在二十歲時，便曾莫名其妙地從國民黨中央黨部手上接過「組訓青年、對抗日本和共產黨的沉重任務」，因此，柏楊甚早體會到戰亂時期國民黨政府的黨、政、軍是怎麼一回事，進而有「我們不過是被犧牲的棋子，中央團部潦草塞責、隨隨便便的派遣，表示又成了一個分團，如此而已」、「很多青年被槍斃、被活埋、被丟入黃河，到死都不知道他們觸犯的是哪一方？和他們愛國到底犯了什麼罪？」［註80］種種體會宛如《異域》孤軍的筆調，句句扣問，更呈現柏楊一生從對蔣介石的極端崇拜，到質疑、信心動搖與完全崩潰的過程，柏楊最後甚至坐了蔣家班的政治牢獄進入火燒島，在在說明他對權威的思考、反叛力度，不全然是浪漫家革命性格使然，更非天生反骨，而是用一生種種挫敗、自我生命的實踐與不妥協一點一滴累積起來的。

　　三、軍中作家的「軍階」與小說視角往往有內在關連。1949 年隨著六十萬大軍遷臺的軍中作家，在五〇年代文壇形成主流，這些「在大陸上受過不完全的教育的流亡學生或軍中的文藝青年，來臺時的年齡大約多在十幾歲到

〔註79〕王文興身爲外省第二代小說家、學院派創作者、現代主義作家的背景，原來與軍隊、國軍並無直接關連；然而，根據楊昌賓《王文興與國共內戰：論《龍天樓》》論文裡的考察，《龍天樓》與另一篇短篇小說〈草原底盛夏〉（1965）皆和王文興在台中服兵役有關，《龍天樓》的醞釀時間更長，直到美國才將故事寫出來。這也印證了許多論者的看法，這兩篇作品有別於王文興其他的小說創作，必須獨立出來討論。從這個角度來看，可以更進一步說明書寫將軍題材者，確實與將軍、軍旅背景有所關連。

〔註80〕柏楊，《柏楊回憶錄》，頁 111～113。

二十九歲左右，他們與臺灣本土上相當年齡的學生或文藝青年匯聚成『過渡時代』的主流」〔註81〕，此一集團從作家、編輯、記者到讀者（軍人與眷屬），成員多數具有軍人身分、或是因爲工作性質與軍隊相繫，成爲一個成員特殊、封閉性相對高的交流圈，他們有共同的生活背景、生命經歷，甚至曾經待過相同的戰場、隸屬於同一個部隊或某將軍麾下，當這些共通的歷史記憶，轉成小說形式的個人書寫時，作家個人心態、軍職背景（包含軍階、軍種〔註82〕、駐戍地點等）、戰場遭遇、遷臺過程種種因素的交錯影響下，在形構「將軍書寫」的過程中必然有相同或相異的表現，這是「將軍書寫」命題的特殊性，亦是探討戰後「將軍書寫」的開展時，無法迴避軍中作家個人生涯背景與軍旅狀況的原因。

緣此，研究將軍書寫文本，甚至重新檢視軍中作家的「出身」——包含軍種、軍階、參與過的戰爭，背後隱含的思考是：作家的位置與視角，而文本裡描繪塑造的將軍形象（將軍的年代與戰場、將軍的氣節⋯⋯等），其實亦提供探索小說家的歷史與政治背景一條幽微而曲折的觀照方法。此外，更重要的是，當軍中作家退場後，便可看出繼之而起的小說家，在表現將軍主題乃至歷史詮釋與政治認知上，和前一代作家的不同，亦有助於論述不同世代作家在將軍主題上呈現的歷史詮釋與政治認知。

〔註81〕　羅青，〈理論與態度〉，《瘂弦自選集》附錄（台北：黎明，1977 年初版，2011 年 POD 版），頁 238。

〔註82〕　以「將軍作家」公孫嬿（1923～2007）爲例，曾任砲兵指揮官的公孫嬿，不僅小說中常見「砲」的描述，散文《倚砲集》更是以「砲」爲己作傳：「前線的砲聲除了殲滅敵人，兼可收振聾啓瞶的宏效。我們多難國家的民心，隨著砲聲沸騰了：砲——便是人類自由的保證，也就是別人對我們重新估價的憑證」、「砲：其實就是反攻的信號」、「那些生活在戰鬥中的金門當地人與來客，對於『砲』卻感到有說不出的親切」。魏子雲在《當代中國新文學大系・小說一集》對入選作品〈炮戰〉，亦以「現身說法」爲其作品作註腳。參見魏子雲，《當代中國新文學大系・小說一集》導言（台北：天視出版，1981 年）。

第三章　典範在夙昔
——朱西甯的文學見證

　　如第二章所述，戰後「將軍書寫」實是朝向兩個南轅北轍的方向展開：一是，意圖透過小說書寫探討、想像遷臺後將軍與國共內戰歷史的關係，小說故事同時對應歷史戰役，為「無法發聲的歷史」作見證；二是，在軍中文藝裡則是發展出以小說「記錄」戰爭歷史的訴求，視小說為歷史的直接見證，軍中作家都必須以手中的筆桿，擔負起歷史見證的責任。到了七〇年代，民國將軍開始逐漸走入提早退役、交出軍權或是淡出政治的路，另一方面即使是軍中作家亦少有人寫作將軍的歷史與戰役，因此，身為軍中作家、軍中文藝刊物主編的朱西甯，在憂心將軍典範無人為繼的情況下，加上工作性質得以親沐幾位民國將軍，一生受其影響，遂於六、七〇年代開始創作將軍或軍旅題材的小說。

　　緣此，本章將討論朱西甯的戰爭長篇《八二三注》、以及近乎「實錄」表現的小說《將軍令》，分析朱西甯長達三十多年對「將軍」乃至「軍官」等軍中人物持續不輟的創作，論述七〇年代第一代軍中作家／外省作家「將軍書寫」的樣貌。

　　本章擬先討論朱西甯以「八二三砲戰」（1958）為本的小說《八二三注》，再論之後創作的《將軍令》，除了考量二部作品的時間先後，依照順序論述以體現作家創作發展、維持一貫性以外，還有另一個考量是，《八二三注》主要以中階尉級軍官為主，往上發展出軍官與將領的互動，往下則敘及軍官與班長、大兵的生活，前者體現小說主角的人格特質與軍人典範的抽象思考，後者則是整個砲戰期間軍人在金門戰地生活與戰爭型態之敘述。由此觀之，《八

二三注》的軍官角色——朱西甯潛在的自我涉入、軍階與小說敘述視角的內在關連等，不只是《八二三注》的關鍵，更關係到朱西甯整個「將軍書寫」的視界。因此，本章乃將《八二三注》視爲朱西甯自我「軍人情懷」形構過程的展現，正因爲他的「軍人情懷」是建立在「將軍典範」的想像上，所以先探討《八二三注》裡軍官與將領互動的情節，才能進一步建構《將軍令》將「軍人情懷」轉爲「儒將典範」的過程。

最後，透過《八二三注》與《將軍令》的探討，本章將論述歸結於朱西甯嘗試建構的「止戈爲武」戰爭美學與人世風景，從這個角度論之，「將軍書寫」不僅是以小說形塑將軍的典範，更可理解爲小說家自我書寫的一部分，將軍對「我」的啓蒙，最後更點化爲亂世裡儒將典範與《華太平家傳》中太平世長者風範的綰合。

第一節　朱西甯小說創作與將軍書寫的關係

1949 年遷臺後的外省第一代小說家中，朱西甯成名甚早，五〇年代即以鳳山三劍客、軍中作家、反共作家等稱號名揚文壇，同時，多年擔任軍中文藝行政官、追隨多位將軍甚至受到孫立人將軍的相知提攜、退役前曾任職總統府以及官拜上校的經歷，在親身經歷幾位民國將領的行事作風、親炙將軍獨特的人格典範後，將過程寫入小說，透過文學勾勒出一幅民國將軍的共相。〔註 1〕從朱西甯六、七〇年代一系列涉及「將軍」題材如《八二三注》、甚至以將軍爲題名的〈將軍與我〉、《將軍令》等小說作品來看，朱西甯可說是遷台後作家中第一位以「將軍」人物典型爲書寫重點的小說家。

綜觀朱西甯的寫作歷程，五〇年代的創作主要以戰爭、反共題材爲主，如〈大火炬的愛〉、〈海燕〉等，1952 年多篇小說集結出版《大火炬的愛》。六〇年代朱西甯的創作明顯跳脫反共的框限，朝向兩個不同面向展開，一是陳芳明指出的「鐵漿時期」——《鐵漿》、《狼》、《破曉時分》，這一類作品主要涉及鄉野傳奇內容，論者多評爲「想像的鄉愁」，用以區別七、八〇年代

〔註 1〕　應鳳凰在〈朱西甯早期小說及其反共文學論述〉一文，特別點出朱西甯的軍職與工作性質對其文學觀、文壇角色與文學定位的影響，除了提供一個軍中藝文活動「推手」的思考角度外，亦呈現朱西甯的「反共文學」如何和「中華文化道統」畫上等號的論述脈絡。應鳳凰：〈朱西甯早期小說及其反共文學論述〉，收入陳建忠編選《臺灣現當代作家研究資料彙編．24，朱西甯》（台南：臺灣文學館，2012 年）。

以台灣土地為根據地的鄉土文學內容。而從六〇年代中期延續到七〇年代後，朱西甯的創作題材開始轉向都會化型人物以及對生活細節的描述，張大春首先提出以〈哭之過程〉、《現代幾點鐘》為里程碑的「新小說時期」，認為朱西甯用現代主義、新小說的嘗試，「早在六〇和七〇年代之間已悄然完成了他自己的小說革命」。〔註2〕七〇年代，朱西甯以八二三砲戰為素材，於1965年開始動筆展開《八二三注》的書寫工程，同年九月即在《自由青年》刊登〈中士與將軍〉，〔註3〕描述在蘆溝橋一役打響中日戰爭的七月將軍，死於金門八二三砲戰的情景，這段故事後來亦出現在《八二三注》中。〔註4〕《八二三注》出版當時，據說並未得到太多論者的青睞，關於此現象，張大春認為「二十世紀七〇年代的台灣文學界籠罩在一種『本土自覺』的氛圍下。『臺灣社會的諸般現實』非但是大量敘事性文學作品的真正主角，也成為各種不同意識形態的爭議焦點」，朱西甯在四十歲（1965年，正是《八二三注》動筆的時間）以後寫的作品，「就是在這樣一個氛圍之下被『遺忘』的」。〔註5〕八〇年代後，小說家進入長達十八年的「華太平家傳時期」，在歷經幾次文學高峰後，朱西甯開始以沉潛之姿、「被文壇遺忘地」默默進行人生另一次的高峰寫作──寫給上帝看。〔註6〕

　　然而，進一步從朱西甯的「文學年表」上細究其創作歷程，可發現正是論者逐漸「遺忘」朱西甯的一段時間裡，除了反共懷鄉、想像的鄉土，和現

〔註2〕　相關論述見於張大春〈那個現在幾點鐘──朱西甯的新小說初探〉，刊於《中央日報》1991年4月27—29日，後收入張大春《張大春的文學意見》（台北：遠流，1992年）。

〔註3〕　朱西甯，〈中士與將軍〉，《自由青年》34卷6期（1965年9月）。

〔註4〕　此外，1963年的短篇小說〈在離島上〉，主角是一隻戰時跟隨軍官夜巡的忠狗，軍官陣亡後忠狗繼續跟隨魅影巡島，這個短篇後來更寫進《八二三注》裡，成為一則軍官與老兵之間口耳相傳的故事鬼話。

〔註5〕　張大春，〈那個現在幾點鐘──朱西甯的新小說初探〉，《張大春的文學意見》，頁102～103。

〔註6〕　根據劉慕沙與朱天文的形容，朱西甯在八〇以降開始像《百年孤寂》裡埋首打造小金魚的奧瑞里亞諾‧布恩迪亞上校，打了二十年的仗，晚年最後重拾少年技藝／記憶，以此忘卻戰場的失意／得意。或者是像聆聽者，聆聽孫女天真奇拔的童語與書寫中妻子偶然相伴的教會練唱聲。關於《華太平家傳》近二十年的寫作情形，2002年2月聯合文學出版的《華太平家傳》書中收有朱天心〈《華太平家傳》的作者與我〉、〈我們今生是這樣的相聚〉，朱天文〈揮別的手勢〉、〈做小金魚的人〉，以及2004年麥田出版《現在幾點鐘：朱西甯短篇小說精選》的劉慕沙代序〈背後的風景〉等文章，可為參照。

代主義小說的嘗試之外，另一個寫作系列——以將軍為主要對象的書寫已然成形，並具有不容忽視的意義。

　　七○年代後，1973 年 3 月發表的〈將軍與我〉，可視為 1978 年 4 月陸續發表的一系列〈將軍令〉的前聲。從 1976 年《八二三注》連載完畢，到 1980 年投入《華太平家傳》寫作，這幾年之間，朱西甯根據自己軍職生涯親炙多位將軍的過程為底本，完成〈將軍令之一〉至〈將軍令之十〉系列共十篇，並於 1980 年 1 月集結出版《將軍令》，在寫作這一系列將軍主題小說同時，亦發表多篇與《八二三注》、「反共文學」、「戰爭文學」、「政治文學」等議題相關的文章。〔註7〕這一系列的書寫其實正橫跨朱西甯「鐵將時期」、「新小說時期」，並且連接到「華太平家傳時期」。陳建忠於〈朱西甯文學研究綜述〉一文提到：

> 在 1970 年代初退役後，朱西甯完成一批以戰爭與軍事將領為題材的作品。陸續出版的《將軍與我》（1976）、《八二三注》（1979）、《將軍令》（1980）等，可說是其戰爭小說的系列之作。至於屬於較早期完成之反共文學作品，也在稍晚結集成《海燕》（1980）出版。可以說，至少在過去 30 年間，朱西甯寫反共或戰爭的題材，實為其創作的一大重點。〔註8〕

陳建忠以「戰爭與軍事將領」題材歸納出朱西甯長達三十年與反共、戰爭題材相關的書寫，這一系列作品在小說家創作生涯中確有不可等閒視之的重要意義，同時也為朱西甯的小說成就——在反共懷鄉、現代主義風格的寫作之外，加入第三個重要的指標類型：「戰爭與軍事將領」題材，亦即本論文所欲討論的「將軍書寫」範疇。

　　綜上所論，朱西甯的「將軍書寫」獨特之處，不僅在於寫作時間前後長達三十年以上，更在於其從歷史、紀實的角度出發，最後歸結於小說藝術的

〔註7〕　《《八二三注》後記》，《幼獅文藝》第 276 期（1976 年 12 月）；〈我們的政治文學在哪裡？談中國的政治文學兼論當前的文藝政策〉；〈論反共文學〉，《中華文化復興月刊》第 10 卷第 9 期（1977 年 9 月）；〈論戰鬥文藝〉，《國魂》第 388 期（1978 年 3 月），耕莘文教院文學講座主講「朱西甯談戰爭文學」（1980 年 10 月 12 日）；〈大遺小補——紀念八二三之役的一點小記〉，《聯合報》副刊 1982 年 8 月 22 日。以上資料，主要參見《臺灣現當代作家研究資料彙編・24，朱西甯》之「文學年表」。

〔註8〕　陳建忠，〈朱西甯文學研究綜述〉，《臺灣現當代作家研究資料彙編・24，朱西甯》，頁 93。

書寫型態。此外，如果從廣義的、不限於小說作品的「將軍書寫」定義來看，在朱西甯的寫作歷程與 1994 年寫出的〈豈與夏蟲語冰？〉〔註9〕自我告白文中可以看到另一個特殊現象，在七○年代以前其實已經隱隱浮現和「將軍」有關的幾篇小說，背後涉及的意義，甚至溢出單一小說文本，關涉的是小說家從六○年代乃至九○年代之間對國家、蔣家乃至軍系幽微且錯綜複雜的思考。

　　以 1962 年的小說〈白墳〉為例，故事從一個孩童的角度描述民國初年大家族中兄弟不相見容的情節，小說從童蒙純真之眼凸顯二叔的真性情，以父親為首之族裔鄉民亦無法體察的生命氣節，最後藉二叔的死哀悼正義不彰。小說並未出現任何與將軍有關的情節，二叔死後以國軍英雄典範身分覆以軍旗入葬，算是唯一與軍隊有關的敘述，因此，整體來說並非「將軍書寫」的內容；然而，饒富興味的是，根據〈豈與夏蟲語冰？〉一文中小說家的自我表白顯示，本篇小說竟是隱射孫立人將軍一案，並以二叔之死、父母親等族裔短視近利不能容納異己的情節，「直指家天下的不得善終」，曾為孫立人部屬的朱西甯，似乎意圖在九○年代孫立人事件終於解密、可以公開論述的氣氛下，藉小說以言志。此外，1961 年的〈狼〉在小說家的自述心跡下，亦是「直指執迷於嫡系己出之愚」，〈鐵漿〉更是蔣家政權「家天下」、禍延子孫的隱喻，這幾篇向來被歸類為鄉野情調、懷鄉小說的作品，背後不僅涉及二位「將軍」：一是二級上將孫立人、一是中華民國史上唯一的一位五星上將蔣介石，小說家更選擇在九○年代詮釋／破解六○年代的作品內涵，並對蔣家政權留下以小說為名的註腳。只是，這樣的詮釋邏輯，背後究竟有何參照證據？朱西甯特殊的軍人身分、軍職生涯──既是蔣經國左右手王昇將軍的重要幕僚、又曾受孫立人青睞意欲培育的將官人才，可以窺知在五、六○年代孫立人一案於軍中沸沸揚揚時，朱西甯必是依違在蔣、孫之間，在「國家／蔣氏政權」（維繫台灣的群體存亡）與「將軍／孫立人軍系」（朱西甯的個人理念與私人情感）之間充滿矛盾掙扎。

　　朱西甯的掙扎與抉擇，在五○年代最早涉及將軍主體的小說〈父子兵〉〔註10〕中可見端倪，本篇小說的故事主角沈將軍，歷經大小國共內戰，專

〔註9〕 1994 年 1 月 3 日，發表〈豈與夏蟲語冰〉於《中國時報・人間副刊》；同年 11 月收入楊澤主編《從四○年代到九○年代：兩岸三邊華文小說研討會論文集》（台北：時報文化，1994 年），2012 年收入《臺灣現當代作家研究資料彙編・24，朱西甯》。

〔註10〕 朱西甯〈父子兵〉一作，根據《臺灣現當代作家研究資料彙編．24，朱西甯》

打硬仗的部隊卻在撤退時幾乎被瓦解。沈將軍搭的船因為機械故障在海上飄泊了六天五夜才獲救，下船時不僅他的一整個師全倒了，連同將軍的「倔強與信念，已然隨著大陸的淪喪而受到嚴重的打擊，就像一棵從土生土長的泥土裡移植到另一個時令水土完全不合的異地，暫時萎黃了，垂謝了」，將軍開始陷入長達三個月半昏迷的狀態：

> 他的情感，風趣，達觀，在一組長長的惡夢裡破碎得四處飄散。在將軍癡呆的眼神裡，有繁雜顛亂無盡無窮的幻象：被撤棄的壯士們向他伸出哀傷的手，憤怒的拳，斥責的指頭；黑洞洞的砲口，是無數隻怒視的眼球；千百個人，千百件物，車轉輪飛的墮進船舷下的海浪裡去。飛濺的浪花裡，屢屢的，屢屢的，現出妻女兒子們的血淚滿面。……一切殘破了，一切殘破了，在他內心最幽閉的深處，他的靈魂晝夜不停的如此呼號：「一切殘破了！一切殘破了！」〔註11〕

一場大撤退讓將軍幾乎陷入絕望的深淵，同袍的呼喊、妻兒的血淚，變成戰爭底下真正難熬的夢魘。撤軍、遷臺，如果以一個社會集團的集體移動觀看軍隊的撤離行為，一次又一次的「奉命轉進」、三千里不駐足的撤退，從徐蚌、皖南、浙贛、閩省南北最後到了廈門，在長距離的移動中，空間迅速變遷，所有的感知系統遭受到前所未有的挑戰，軍隊結構不斷遭受空間的考驗，直到登船的半天，整個師因為登陸艇的不足，軍隊被難民沖散，「啟碇之後，在擠塞雜亂的登陸艇上，由於建制完全破壞了，費了三個多鐘點，才把人數點查清楚，他知道，以人數來講，他只配做一個有兩百名空缺的團長了」，〔註12〕將軍已然失去之所以存在、被指涉為「將軍」的集團了。

之後，朱西甯筆鋒一轉，描述將軍夫人攜兒逃出鐵幕，一家人團聚的時刻，國軍更在十年後從九三砲戰、八二三砲戰中奠下不敗戰蹟，不堪回首的屈辱與罪惡逐漸變成將軍生命的「一滴墨污」，將軍書房裡更是「他的戎裝，

（台南：臺灣文學館，2012 年）整理的文學年表，原作乃刊於 1955 年的《戰鬥青年》，不過，由於收入短篇小說集《奔向太陽》（台北：陸軍出版社，1971 年）中的〈父子兵〉，內容出現 1958 年的八二三砲戰，若非小說經過修改，便是文學年表上的創作時間有誤，此點仍有待查證。本章引述之文本，乃出自朱西甯《奔向太陽》（台北：陸軍出版社，1971 年）一書。〈父子兵〉後亦收入《海燕》（台北：中國文化學院出版部，1980 年）。

〔註11〕 朱西甯，〈父子兵〉，《奔向太陽》，頁 85～86。
〔註12〕 朱西甯，〈父子兵〉，《奔向太陽》，頁 85。

他的將星，他的勳章，他的三十年來從校長而總司令，而委員長，而主席、而 總統的影印油畫像」，將軍在國家由衰而盛、「對國民革命軍之父的崇敬和信仰」（蔣介石）中重新找到自己的意義——「上陣還須父子兵，父父子子，子子孫孫，千秋萬世成為一個家族系列的偉大戰績」〔註13〕。

　　在父傳子的信念中重建自我的將軍，卻發現就讀軍校的幼子受不了愛情的誘惑，打算以「學校勒令退學」的強烈手段退出軍隊行伍，小說中將軍的「戰爭」這才真的浮現，原來是家庭風暴、兒子的愛情革命。最後，將軍成功以諜對諜的心理戰突破兒子心防，再祭出上陣父子兵、父父子子的傳承：「爸對國家最多也只能再報效十年了，這就要你們從爸手裡把接力棒接過去」、「再說，咱們爺兒四個，算起來都是整個大家庭裡的一分子，誰能單獨退出這個家？」〔註14〕將軍之子最終還是「回到大家庭去」——回歸軍隊／國家正是這篇小說最重要的意旨。

　　值得注意的是，小說中軍隊遷移渡海的過程，亦是將軍心境與生活的轉折，小說更是從「渡海」時刻即被分割成兩個部分：大陸時期的戰敗屈辱、軍隊的艱辛破敗、將軍的愴痛與情感離散；渡海來台後則是將軍身心修補家庭破鏡重圓的開始。父業子承、上陣父子兵的理念在台灣「重拾」／重建起來，將軍的長子是打靶冠軍，將軍對兒子的訓練也是在台灣安定的環境下訓練起來的，在在強調國軍以十年的時間接連贏得砲戰勝利。從戰敗屈辱到戰勝安定的轉折，凸顯國家安定奠基在「上陣父子兵」的理念基礎上。不論是戰場還是國家，「將」與「兵」形同父子家人，從宋代「岳家軍」乃至清代「湘軍」、民國之「直系」、「奉系」、「黃埔軍」皆是如此，所以，〈父子兵〉不僅是小說中的主角父子，更直指「上陣父子兵」的軍隊型態，誠如小說所述：「上陣還須父子兵，父父子子，子子孫孫，千秋萬世成為一個家族系列的偉大戰績。」「軍系」正是「家族系列的偉大戰績」背後的核心價值。此一軍系型態，是五〇年代孫立人「新一軍」引領台灣軍隊現代化與精良訓練的寫照，亦是當時台灣得以整頓於「蔣委員長」、「蔣總統」黨政軍麾下所憑藉的力量。

　　從〈白墳〉、〈狼〉、〈鐵漿〉等作品，再參照〈父子兵〉裡的「上陣父子兵」，朱西甯的小說不斷試探碰觸父子關係、親族嫡系等中國傳統觀念下家業承繼的內涵，放大到國家意義的觀察，蔣家的父子政權、軍人體系下的「孫

〔註13〕朱西甯，〈父子兵〉，《奔向太陽》，頁87。
〔註14〕朱西甯，〈父子兵〉，《奔向太陽》，頁95。

系」子弟兵，都含涉在「族」——民族、國族、家族的觀念下，蔣氏政權或有值得非議、教人詬病之處，但是另一方面從國家的立場來看，〈父子兵〉中沈將軍對兒子的說詞：「咱們爺兒四個，算起來都是整個大家庭裡的一分子，誰能單獨退出這個家」，此一「大家庭」是軍隊、更是國家，尤其還是以蔣家父子爲首、黨政軍合一的政權。朱西甯雖然在九○年代後自述心跡，以小說質疑、批判蔣家政權「家天下」的合理性；但是，著重承繼的軍系傳統、加上身爲王昇將軍幕僚的軍職背景，朱西甯於六、七○年代的處境並非寫作〈豈與夏蟲語冰？〉時可比擬，[註15] 此外，從〈父子兵〉中對「蔣委員長」、「蔣總統」的肯定，至少說明了小說家確實曾在不同時空條件下歷經認知轉變的過程，因此，思考朱西甯的「將軍書寫」、尤其當小說家以歷史作爲將軍人物的參照時，對軍系乃至二蔣政權的態度，都可能影響文本的解讀，緣此，本章在進一步探究小說文本意旨、論述朱西甯的「將軍書寫」、及其所欲建立的將軍典範時，首先將釐清的部份即是朱西甯在《八二三注》乃至《將軍令》作品中，究竟如何看待「將軍」、和其他軍官士兵相較又何有不同意義。

第二節　《八二三注》的軍人群像

　　《八二三注》涉及的軍人頗多，從五星上將蔣介石、中將、少將，到尉級軍官與排長大兵，根據楊照的估計，全書角色近百人，而且全都依照軍隊架構有著井然有序的組織關係，最重要的是以兩個朱西甯的「另我化身」統理貫串這些軍人，[註16] 不論是上級將軍還是排長以下的部屬，都是圍繞著這二個人物形成時而平行、時而交錯的兩條故事線，因此本節的論述亦將以這兩個軍官的角度，分析《八二三注》的軍人群像與將軍形象之建構，以疏理朱西甯的「軍人情懷」所指爲何。

　　此外，在分析朱西甯《八二三注》的將軍形象與內容時，首先必須釐清朱西甯的小說寫作意圖，尤其這裡涉及對八二三砲戰史實的認知、對此戰役

〔註15〕朱西甯小說影射蔣介石與孫立人的「對壘」，必須到了九○年代朱西甯的自我詮釋，才發現兩者是一組私與公、家（天下）與國的對照。如果純粹從文本的觀點來看，不僅〈白墳〉、〈狼〉、〈鐵漿〉等作品並無蔣家政權家天下、禍延子孫的詮釋線索，即使是〈父子兵〉亦是肯定「上陣父子兵」、軍系子弟兵的價值。

〔註16〕參見楊照〈壯麗而人性的戰爭生活——重讀朱西甯的《八二三注》〉，收入《八二三注》（台北：印刻文學，2003年）。

的定位以及三次提到的老先生（蔣介石）出現的場景，究竟小說家是抱持什麼態度書寫「蔣將軍」與「八二三砲戰」，此前提不確立，則本章所欲討論的「將軍書寫」將無法開展。

一、由軍官形象引發的《八二三注》詮釋迷途

《八二三注》不僅寫作本身充滿「傳奇」，連同後來的小說評論都是奇特的一頁。〔註17〕

國立臺灣文學館出版的《臺灣現當代作家研究資料彙編·24，朱西甯》是目前可見小說家研究資料目錄彙編中最為詳實的一份，細究其中的「評論資料目錄——分論、單行本作品」，發現一個現象：關於《八二三注》的專文論述，扣除重複收入其他書籍者，高達十八筆資料（僅次於《華太平家傳》的二十筆，亦是小說單行本中數量第二高的），此中還未包含學位論文與多部作品合論者，數字或許無法衡盱質與量的情況，但是從另一個角度思考，如果多數論者以為《八二三注》並不是朱西甯最好的作品，那麼它得到的論者

〔註17〕關於朱西甯的寫作傳奇：在其人生後期三十年的寫作歷程中，出現兩部字數超過五十萬字、寫作時間長達十年以上，並且皆幾度易稿重起爐灶的長篇小說——《八二三注》與《華太平家傳》，兩部小說前後相距不到四年，因此，可以說朱西甯人生超過三分之一的時間都投入了關乎民族歷史、國家命運與人性底蘊的撰寫工程中，成為臺灣小說史上少見的傳奇。這部份內容也成為後來論者評價朱西甯時必得提及的一筆。《八二三注》的寫作過程，除了多數論者所引述的資料〈後記〉與〈大遺小補——第八版序〉外，尚有一篇由朱天文寫下的近身旁觀〈素讀八二三注〉較少為人論及，猶如朱天文〈做小金魚的人——讀《華太平家傳》〉之於《華太平家傳》，本文也應該與《八二三注》並讀，不論是朱天文的祈願：「如果父親的八二三注已是一個極致，我則私下期許自己在不久的將來能夠寫出一部長篇，廣闊而真實的寫出八二三那一個時代的深流，那一個對於淪陷的故土之思一般民間並無浮辭，甚至似一種對當前事件的不介意的茫然，最令我感興了。我希望可以寫得出這個，敢冒大不韙名之曰『注八二三注』乎？！」或是一筆童年記憶：「那時開始寫八二三注。三百字稿紙不打草稿，很少改，整潔得似謄清的稿子。所有這些底稿全部推翻之後，厚厚高高的一大落，也不留存，背面的空白我們抓來訂成一本做計算、畫娃娃頭，……上課無聊了，我常把計算本翻過來讀原稿，沒頭沒尾也看得意味盎然，回到家就去翻那上下文看……八二三砲戰亦就是事後想起來真不可思議。」這些來自朱天文個人的主觀書寫中，或許，亦能窺見朱西甯寫作《八二三注》時一些「什麼」的蛛絲馬跡。〈素讀八二三注〉，三三集刊《戰太平》（台北：三三書坊，1981年），頁45～53。後來收入朱天文、朱天心、朱天衣著《三姊妹》（台北：皇冠，1985年初版、1996年二版）。

青睞，何以幾乎與其再造巔峰之遺作《華太平家傳》並列（而不是一般論者提到的《鐵漿》、《旱魃》甚至是標誌現代性轉折的《現代幾點鐘》）？此外，評論《八二三注》中不乏是「再論」、「重讀」者，一讀再讀、論之再論，根據朱天文在 2003 年「紀念朱西甯先生文學研討會」中的發言，當年胡蘭成對《八二三注》亦是「再讀再評三讀三評」，〔註18〕一部由八二三砲戰史實寫入小說的作品，何以能引起如此廣大的評論漩渦？

對應朱西甯《八二三注》的創作時間與評論產生的時空、文學氛圍，可以發現小說本身寫於以台灣本土意識為主流的鄉土文學時期，發表時亦正值鄉土文學論戰方興未艾時刻，因此，不受主流批評家青睞，可想而知，另一方面即便引發討論，也多是針對八二三砲戰與朱西甯反共作家身分、軍中文學、戰爭文學作品再添一筆而來。從資料上看，倒是文學界以外眾聲喧嘩，根據《朱西甯小說精品》書後的「作家簡介」描述：「在《幼獅文藝》的連載期間，屢遭檢舉謂其醜化政工，引起有關方面再三審查。」以及《八二三注》第八版序文〈大遺小補〉中朱西甯的自述：「尤有許多署名愛國者，憤然檢舉告發，美新處的干預亦是其一。」〔註19〕顯然，在 1974 年連載當時並非就是一致好評，尤其小說中「邵家聖」的政戰角色並非典型的戰爭英雄形象，他一身的不正經、自封團花的丑角形象，以及戰事發生時不帶槍炮卻帶女學生回家，引來當年「醜化政工」的非議，不難理解。

1987 年，距《八二三注》出版時間近十年後，因電影《八二三炮戰》的拍攝，導演丁善璽被小說家指控抄襲《八二三注》，丁則在雜誌上以「朱西甯放下你的面具」和「假戰鬥文藝」回應。丁善璽認為小說中邵家聖與黃炎的角色塑造，一個將「八二三」當「八三一」（軍中妓院）、戰火中一邊躲砲戰一邊卻是差點強暴了女生；另一個則是始終不了解何謂戰爭、最後還坐軍機回台灣，這兩個角色既不符合戰史片應有的主角形象，也污衊了國軍在八二三砲戰中的英勇事蹟，至於小說中丁善璽唯一推崇的軍人形象——魏仲和，卻因為出任務才一上對岸就被匪軍擊斃，放進電影中更是不符合「光輝十月展」的電影訴求，丁善璽以此提出自己並不認同《八二三注》的內容，以駁

〔註18〕 見「座談二」許正平記錄整理「小說家們談朱西甯」，《紀念朱西甯先生文學研討會論文集》（台北：聯合文學，2003 年），頁 239。

〔註19〕 《八二三注》，頁 27。本文原以〈大遺小補——紀念八二三之役的一點小記〉發表於 1982 年 8 月 22 日《聯合報》副刊，之後以〈大遺小補——第八版序〉收於《八二三注》書前序。

斥小說家所謂的電影抄襲事件，並直陳小說家乃「假戰鬥文藝」。〔註20〕這場爭議雖然沒有文藝詮釋作為論述基礎，但卻廣受注意，並見於多篇研究《八二三注》的論文。〔註21〕其中，值得注意的評論現象是，張瀛太引述丁善璽對小說的看法後，以為丁善璽乃以個人當時的「政治正確」和「道德準確」質疑朱西甯的「小說正確」；然而，丁善璽對邵家聖愛女色、不正經的角色設定，以及魏仲和英雄出征壯志未酬身先死的「反感」，二段「反感」內容，亦是後來論者「質疑」《八二三注》寫作可能別有寓意、明褒暗貶、陽奉陰違的重要論述例證。

　　1991年4月朱西甯發表的〈被告辯白〉與1994年的〈豈與夏蟲語冰？〉，由小說家本人正式拋出寫作意圖與反共詮釋的討論序幕。其中，〈被告辯白〉一文提及兩個關乎小說家創作意圖的重要線索：第一，在解嚴後面對當年的白色恐怖與創作空間，朱西甯以為政策管制確實造成許多題材無法碰觸，而檢舉密報、與情治單位掛勾貪功圖利的風氣，對於自己「自由度本來就甚低的軍人」身分來說，才是「身受其擾而不勝其干擾」的主因。但是，三十年後回頭檢視這段歷程，朱西甯卻是重申「家國意志堅毅強大，共體時艱的德性自然生發憂患意識的認同和共濟，克己以赴，秉持常道對應變局」的重要，以及個人「出於自由意志的從軍報國，個人自由也早即犧牲」的無怨無悔寬容欣然；然而，小說家卻也同時覺悟出另一層道理，唯有創作自由才可以「為天下家國謀，非為個人謀」，顯然，五、六○年代的寫作困境在此，而非後來論者多數只引述其一的寫作箝制、白色恐怖與思想噤聲。如何解決？朱西甯從中體悟出「必要之惡的道理」，他說：

　　　　譬如反共，反無產階級專政，就要破除階級而以全民主政。如此，
　　　　即就須反共的自身先行反家天下、反黨天下、反階級特權與專制。

〔註20〕丁善璽，〈朱西甯放下你的面具〉，《獨家報導》十、十一期（1987年2月16日、3月4日）。

〔註21〕例如張瀛太《朱西甯小說研究》（國立臺灣大學中國文學研究所博士論文，2001年）第五章、和作者以本章為主改寫的〈文學中的戰爭和偉人——論《八二三注》的寫作意義〉，《國文學誌》第七期（2003年12月）：吳達芸，〈在君父的城邦——朱西甯《八二三注》的書寫策略〉，《臺靜農先生百歲冥誕學術研討會論文集》（台北：臺灣大學中國文學系，2001年），後收入《臺灣現當代作家研究資料彙編・24，朱西甯》、〈書寫在異鄉——再讀朱西甯及《八二三注》〉，《紀念朱西甯先生文學研討會論文集》（台北：聯合文學，2003年）：陳建忠，〈朱西甯文學研究綜論〉，《臺灣現當代作家研究資料彙編・24，朱西甯》。

然而這在 1950、1960 年代，能碰麼？之所以不能碰，即在於半是被
管制，半是良知克制。只有涉身其間的那一代的作家們，深知那個
年代的非常時期之必須非常對應。於是家天下、黨天下、階級特權
與專制，皆成爲非常弔詭的「必要之惡」。「必要」，至關生存，必得
維護；「惡」，必要的負面，非常態，須得縮短其過渡，儘快減低其
惡業而終須消滅之。〈狼〉與〈鐵漿〉兩集子所收諸篇，便都不外乎
「維護必要，終滅其惡」此一思想意念。而如何經營，則本《紅樓
夢》開宗明義的小說論：眞事隱去以表達，假語村話以表現。其實
也就是美學的時空與距離即是美。寫實主義者不解風情，將我早期
作品定位於懷舊文學，當年我也唯有竊笑而不表異議，一揭底牌如
今倒是此其時也。〔註22〕

將蔣氏「家天下」、「黨天下」視爲「非常弔詭的『必要之惡』」，對此現象甚
至有「至關生存，必得維護」的體悟，因此，眞事、假語，遂成寫作內容與
形式如何符應變化的問題，「如何越限便貴乎變化技巧，也就是意味著限制愈
緊，變化愈大；由是可證，表現技巧反而需要一定程度的不自由，方使得有
磨練與造就」。〔註23〕因爲限制帶來突破與變化，政治迫害卻是增進寫作技藝
最大的推手。朱西甯的這篇告白文，一面重申堅定的國家信仰與士人／軍人
的使命，另一面卻是將家天下、黨天下、蔣氏政權的隱喻與自己的小說創作
聯結出一條形式與內容之間弔詭的辯證關係。〔註24〕

〔註22〕朱西甯，〈被告辯白〉，《臺灣現當代作家研究資料彙編‧24，朱西甯》（原文
發表於《中央日報》，1991 年 4 月 12 日 16 版），頁 114～115。

〔註23〕朱西甯，〈被告辯白〉，《臺灣現當代作家研究資料彙編‧24，朱西甯》，頁 115。

〔註24〕2003 年黃錦樹的〈隱藏的教誨或釋意的迷途──朱西甯小說的詮釋問題〉一
文，亦是因「夏蟲」而起，是相距近十年後的餘波盪漾。文中提出幾點關於
詮釋上的問題：一、當朱西甯大膽告白〈鐵漿〉直指「家天下」的蔣家政權
的不得善終禍延子孫時，問題是「那樣的詮釋如何可能？應該調動怎樣的參
照系才可能是那樣的（政治諷喻甚至影射），而又是合理（符合詮釋學的基本
規範）的解釋」；二、政治迫害是促成文學技藝複雜化的主因之一，複雜化、
不可明說卻是造成讀者難以聯通朱西甯心中的「終極所指」的原因；三、小
說敘事具有參與建構國族想像共同體的意義，但必須建立在共同體的集體記
憶、共同感知上，然而，隨著地域、族群、世代的多元分歧，從而造成經驗
上的隔膜，以致讀者無法對某類作品產生敘事認同，只能玩味技術。因此，
閱讀朱西甯小說的讀者似乎註定也只能是「夏蟲式的閱讀」，「更難免於用當
代的閱讀儲備倒過來讀朱先生的作品」。最後，黃錦樹合理懷疑「作品早已背
叛了它的作者，走向它們自己多重可能的未來？」不論是背叛作者、或是作

　　1994 年朱西甯發表〈豈與夏蟲語冰？〉，重申三年前的告白外，更加入「孫立人將軍」與自己反共、從軍、寫作型態的關聯。王德威據此而寫〈一隻夏蟲的告白〉，以爲朱西甯的小說是：「他的反共信念是別有寄託的反共信念，他的懷鄉故事是『不得已』的懷鄉故事，他的軍事小說是失去了英雄的軍事小說。」〔註25〕王德威以爲朱西甯的小說成就往往在於他的不揭露謎底，「對謎面的不斷延伸與體悟」，而這一段詮釋迷途／圖（1974～2003），引發後來重評朱西甯小說的論述潮流，其中，《八二三注》更呈現從小說策略、寫作意圖、到小說情節與軍人形象、反共書寫與戰爭文學本質等面向不同程度的論述翻轉。在 2003 年一場紀念研討會中黃錦樹的發言，可見研究者已見端倪：

> 根據社會學家的研究，「名氣」是可以建構的。一個重要的作家，恐怕最重要的就是將他的遺作整理重新出版。我認爲，朱先生短篇小說就應該重新整理出版，因爲他的寫作在不同年代跟著不同線索在發展，有原鄉、對應現代等等各不同主題，……如果不出版一個以文學史定位爲主的文集，會有不良的後果，其中一個就是對研究者來說很不方便，另一個就是這次與會學者隱隱約約談到的敏感話題——政治的立場問題，朱先生的反共立場、國民黨色彩、或是對胡蘭成的庇護，這些都可以訴諸歷史公斷，但首要前提，是要將所有基本資料完整並學術式出版，這樣才能給歷史當事人一個公平的位置。〔註26〕

黃錦樹的發言點出一個前所未有的情況：一場研討會論者從不同面向分析朱西甯的小說成就，最後隱隱然地聚焦浮現出一個大問題：「隱隱約約談到的敏感話題——政治的立場問題，朱先生的反共立場、國民黨色彩、或是對胡蘭成的庇護。」至於那立場、定義是什麼卻沒有共識。

　　檢視研討會中的論文，吳達芸率先提出一個新的詮釋角度，其從委婉曲折的文學「隱語」傳統、巴赫汀複調理論重新詮釋朱西甯的《八二三注》，論

者已死，詮釋的破曉，文本走向多義，朱西甯開始親手鬆動文本與作者的鏈結，王德威與黃錦樹則是接力完成、預言朱西甯小說詮釋愈是開放愈是迷離的情形。參見黃錦樹〈隱藏的教誨或釋意的迷途——朱西甯小說的詮釋問題〉，收入朱西甯《現在幾點鐘》（台北：麥田，2004 年）。

〔註25〕　王德威，〈一隻夏蟲的告白〉，原文見於《中國時報》1994 年 1 月 3 日，39 版，此處轉引自《臺灣現當代作家研究資料彙編・24，朱西甯》，頁 123。

〔註26〕　參見《紀念朱西甯先生文學研討會論文集》（台北：聯合文學，2003 年）座談一「重新評讀朱西甯」，吳億偉記錄整理，頁 206～207。

道：「寫砲戰卻反其道而行的反戰書寫……。小我被淹沒壓制在制式大我中喘
不過氣來，失去個我意義價值，只有麻木以對（或小丑嬉笑以對）的荒謬心
境」、「統帥要以戰練兵毋忘在莒；也就是光榮還鄉。官兵則以死在自己的家
鄉為福，即使是歹死也如願。這就是上下離心的差異懷鄉心境，也正好隱含
了作者的微言大義『止戈為武』」、「覺得他雖常有處異鄉的疏離情懷，以致產
生在夾縫中求生存的掙扎衝突，但也難掩他曾獲賞識站在主流利用主流風光
一時，卻蔚成日後自我背叛的雙重虛脫難局」。〔註27〕「小丑嬉笑以對」主要
還是針對「邵家聖」一角有違軍人形象的評論，和導演丁善璽的論述基礎雖
然大相逕庭，但是，確實都指出「邵家聖」一角的尷尬，因為朱西甯寫出了
形象鮮明、真實深刻的軍官形象／軍人「群像」，反而教人難以「忽視」他在
砲戰中與年輕女孩狎暱的鏡頭、軍隊移防前夕帶魏中和上酒家召妓的畫面。
由於「邵家聖」一角在《八二三注》中是唯一與上將蔣介石有互動的角色，
難免從這個角度讓評論者合理懷疑：邵家聖的輕狂與明顯有違軍人正義形象
的角色，正是凸顯戰爭的荒謬、砲戰變統戰敘述的荒謬、乃至統率意志建國
典範的荒謬，種種荒謬，當年的朱西甯礙於軍人身分有口難言，卻還是隱隱
按入不少線索，以供後人尋查。

　　這些委婉曲折的文學「隱語」，顛覆了《八二三注》在 1990 年以前普遍
為論者所接受的寫作意圖與小說旨趣——「朱西甯的《八二三注》（1979 年）
和《將軍令》（1980 年）寫的是臺灣經驗，也可說是描寫軍人正面形象的經典
之作」。〔註28〕同時，也和朱西甯的自我描述、《八二三注》「鈔詩代序」中展
現的心意不同，以朱西甯抄寫瘂弦〈金門之歌〉詩句為例：

> 如同我們擦亮一枝步槍我們擦亮這新的日子。／慓悍而粗壯，／我
> 們將走進歷史的盛夏：／在鋼盔中煮熟哲學，／自鐵絲網裡採摘真
> 理。／堅定如一顆準星，燃燒如一條彈道／我們等待戰鬥如同等待
> 一個女人／一個節日。
>
> ……
>
> 我們將錘打出另一種樣子的生活。壯麗而人性：／在緊握的手掌下
> 面焊接力量與力量……

〔註27〕吳達芸，〈書寫在異鄉——再讀朱西甯及《八二三注》〉，《紀念朱西甯先生文
　　　學研討會論文集》，頁 70、71、87。
〔註28〕齊邦媛，〈眷村文學——鄉愁的繼承與捨棄〉（本文原刊於《聯合報》1991 年
　　　10 月 25〜27 日），《霧漸漸散的時候》（台北：九歌，1998 年），頁 167。

我們歌頌鋼鐵而我們的島便是鋼鐵／我們歌頌這島，我們站立在鋼
鐵之上。／一種新的激情在我們眉睫下開放。／如此的壯大／所以
我們必須愛它因爲我們將成爲不朽。／而我們的痛苦哪裡去了？／
而我們的煩惱而猥瑣的日子哪裡去了？

如同我們擦亮一枝步槍我們擦亮這新的日子。／驕傲快樂的光輝，
／這新的日子將看到我們，／觸到我們，／拍擊我們……

詩裡的時空，正是安然渡過八二三砲戰臺海危機的歷史時刻，然而，當時戰
爭勝利的喜悅、年輕新壯的軍人體魄、對不朽精神的熱烈期待，卻在小說家
成爲「歷史當事人」人已逝往事杳杳不復的此時，被翻轉成壓制、荒謬、離
異、控訴、迫害、謊言、妖氣瀰漫敵我界線被抿除、「白死了」、戰爭意義終
至落空……。〔註29〕

　　如此南轅北轍大相逕庭的結果，究竟誰眞、誰假？當時、此刻，哪個時
空正確、政治正確、文化正確、解讀正確？朱西甯的隱藏心跡，不唯〈白墳〉
與〈狼〉，連《八二三注》也都很有「心機」。還是，這是釋放詮釋權後，連
作者「朱西甯」亦「文本化」的《八二三注》？

　　如何「才能給歷史當事人一個公平的位置」，如黃錦樹所言，思考寫作年
代與對應的發展線索——不論是小說家個人與身處時空的內在對應、或是文
本與變動的文學場域、多重時空的對應互動，或可作爲釐清朱西甯寫作意圖
的一個方法，進而了解朱西甯在《八二三注》中如何書寫將軍、蔣介石、八
二三砲戰，以及爲許多在台海戰役中貢獻出兒子的母親留下什麼樣的歷史敘
述。《八二三注》的詮釋迷途，可歸結出一個重點：朱西甯用何意圖寫作《八
二三注》乃關乎小說裡軍官群像乃至將軍形象的塑造與解讀，弔詭的是，如

〔註29〕例如，張瀛太以爲：「小說最後安排魏仲和的死，不但突顯了戰爭理由的不眞
　　　　切，也透露了在戰爭的眞實裡，人們雖然不斷尋找意義以支持其生存下去，
　　　　例如戰爭可造就人、保國爲民，但大多數人到最後都變成無意義無目的、並
　　　　且無路可出，例如黃炎不懂戰爭是什麼、邵家聖自認爲白活。從而小說中原
　　　　先所營造出來的冒險英雄的舞台、愛國主義的溫床，最後只成了人生苦境的
　　　　縮影、控訴政治軍事無情的諷喻了。總之，《八二三注》讀後令人覺得荒謬哀
　　　　傷，正因爲它流露了某些無法不嚴肅以待的眞相——它間接控訴了政治組織
　　　　對個人的迫害——間接指出眞正的受害者是國軍、是共軍，也間接使戰爭中
　　　　的愛國主義成爲謊言，而它更被迫地供出一項政治認識——敵人是誰呢？是
　　　　否爲披著國家安全之名而行迫害之實（以戰練兵！）的己方陣營。」《朱西甯
　　　　小說研究》，頁191～192。

何解讀作者的用心意圖，既然「作者已死」，仍舊還是得從角色——尤其是邵家聖、黃炎這兩個備受批評認爲有違軍人形象的人物方面來探究。既然軍官——邵家聖、黃炎和「軍人情懷」、將軍的典範環環相扣，分析這兩個軍官人物也就變得至爲關鍵了。

二、《八二三注》的軍官視角

　　既然詮釋朱西甯的《八二三注》寫作意圖，是本文首先欲釐清的部分，尤其涉及的軍、政、國面向，無一不是與將軍形象、將軍書寫有密切關連，那麼，朱西甯究竟在六、七○年代賦予將軍這個歷史人物／小說角色什麼意義？他的書寫究竟是建構將軍典範、還是顛覆將軍權威？如果暫時擱置長達三十年以上跨越多個文學世代意識型態的諸多論述，重回文本閱讀，透過細讀，解析小說的敘事策略，是否可以在釐清角色設定、人物性格與情節鋪排的意義後，重新找到切入《八二三注》寫作意圖的觀察進路。因此，本文關注的是：軍官與將軍人物角色的性格發展、出場方式與戰爭情節的關連性（這些亦是引發歧義的主要原因）。以軍官部分而言：「黃炎」出身正統將官世家卻對戰爭充滿質疑與困惑，戰爭究竟是什麼、「止戈爲武」就是反戰嗎？「邵家聖」的丑角與軍人形象的落差，是何意味、是醜化還是深化？

　　從人物安排來看，黃炎與邵家聖這兩個角色，在小說裡往往呈現虛實正反的對應，背景上：將領家世／家世空白、陸軍官校畢業／戰爭經驗歷練等；性格上：娃娃官／兵油子、謹愼嚴肅／玩世不恭、承擔責任／閃跳躲逃、安靜思慮／跳躍思考、理性思考／直覺感官等。以兩種不同生命調性來書寫這兩個軍官，除了呈現軍隊裡的眞實性情與人生百態外，更包含了小說人物經營的藝術張力，朱西甯的戰爭文學毋寧是著力於人物更勝於對戰爭場面。

　　小說中的將軍書寫，亦是用軍官與將軍的對照來寫，一方面將砲戰進行時各級將軍的視察史實寫入小說，而有蔣介石老元帥登臨太武山、二次視察時更展現宛如金門巨砲的將領威嚴，以及國防部長俞大維的「敦敦厚厚的一派長者之風」的描述。另一方面，在小說的虛構敘述中，將黃炎講武堂出身的祖父少將、黃埔軍的父親中將潛入黃炎角色的內在敘事中，成爲潛藏的「對話」者，黃炎屢屢透過他們的「話語」觀看自己與身處的軍隊環境，形成隱藏的將軍與軍官的「對話」關係；邵家聖部分亦復如此，邵家聖與政治部主任王中將、戰地司令官的互動，以及偶然擔任元首老先生私巡司機的情節，

都是構成邵家聖這個軍官形象及其內在性格中相當重要的部分，可以這麼說，邵家聖這個角色如缺少了「將軍」書寫這一塊，就極有可能流於風流熱鬧、強調民間性與民俗性的表面描繪，反而不察朱西甯在這個角色上的獨有鍾情與用心。《八二三注》雖然是以中、下級軍官爲主，大兵（老兵、新兵）爲輔，因爲不涉及軍情機密、對峙二方角力，或是與美方互動的國際情勢，將軍的出場往往與小說情節推移較無直接關係；但是，將軍卻也不曾在這樣的小說型態裡被「架空」爲戰爭書寫中點綴性的環節，反而是從軍官的視角以及啓蒙式的主題構造，看到軍官如何在戰爭中成長、領悟、受戰爭啓發的內容。

以下即從黃炎與邵家聖這兩個軍官角色、及其與將軍的對應，一一論述。同時，分析經由軍官視角呈現的將軍典範。

（一）上陣父子兵——黃炎與祖、父將軍

黃炎新下部隊，不懂帶兵之道，是個被稱爲「軍官娃娃兵」的「娃娃官」，其懷抱理想自願進入了古怪特殊的軍隊結構裡，雖有將軍世家與陸軍官校的背景，但是從朱西甯描述黃炎的片段就可以知道，他的戰爭啓蒙其實是從「班兵」老兵身上揭開序幕的：

> 這一個新官，一個老兵，看上去到有些像中國農村裏常見的昆仲倆
> ——做兄長的，終年總是田頭上苦打苦熬的忙著活計，揀家裡那個
> 生來就文弱靦腆，做不大來莊稼重活的小兄弟，送去學堂識兩個字
> 去。（頁 77）〔註30〕

> 想著自己滿腔都是屬於概念的那種壯懷，下到排裡來，卻在這些轉
> 戰南北一二十年的老兵身上壓根兒找不到一些些他所預期的悲壯激
> 昂之類的那種情懷。這使他那知識分子英雄式的浪漫之夢大爲幻
> 滅。如今想來，昨日之我眞是幼稚得要死。（頁 165～166）

> 若問人間有否公平，那麼高官厚祿，榮華富貴，都應該屬於這些在
> 死亡的胸膛上爬來爬去的老兵們。然而他們從不曾有過這些夢想。
> 老兵們不曾看到，尤其不曾爲著這些。不平，那個是知識分子悲天
> 憫人的中級趣味。（頁 169～170）

〔註30〕 朱西甯：《八二三注》（台北，印刻文學，2003 年初版），以下出現引述小說內
容者皆以此版本爲據，並直接於文後標示書名與頁碼，不另註出處。

> 跟老弟兄聊多了，聊深了，這個生著兩個腦袋，一帶方角帽，一戴
> 金禾徽大盤帽的學士少尉，方始漸次發現他當初視爲悲俗不可忍的
> 老兵們的深奧。（頁 170）

> 從現實裡，尤其來到戰地，他所漸漸得到的認知和參悟，漸漸的方
> 始發覺自己這一流的人物才眞是淺薄、悲俗和幼稚，而且最難應付。
> （頁 171）

黃炎下部隊遭遇的第一個震撼，不是戍守金門，而是自己給自己的震撼教育，在轉換將官之子的身分與帶兵過程中體悟到知識分子的「有所爲」學歷、軍階、社會家國與理想抱負，不僅著力處多容易發揮，而且一旦「歷史無以交代則放洋而去，文化沒落則外國的月亮圓了」（《八二三注》，頁 171），退路還不少；兵的「一無所爲」卻是把青春、家室、生死全部徹底交出「無所爲，因而無所不爲」了。關於黃炎的體悟，朱西甯特別設計「家書」橋段，讓少尉軍官與中將父親針對這一部分隔空「對話」：

> 中將爸爸似乎頗爲激賞他對老兵們人格的認識，以及由而對於一種
> 眞人假人的境界上的區辨。

> 想必母親也頗得意；把父親眉批了的他那家書拿給周軼芬看。周軼
> 芬又把信給他寄到前線來。好輾轉的一番大驚小怪。——他竟在不
> 自知中，習染上了老兵們對於一切價值的一概輕蔑。

> 中將爸爸的激賞，使他覺得好笑。「爲父虎帳一生。不若孺子從戎
> 一時。可見兵學易得。兵學底哲學難求。或屬資質稟賦。獨具慧根
> 而禪悟如斯……」可是，值得感慨如斯麼？就像父親使用標點符號
> 的令人好笑。（《八二三注》，頁 170～171）

朱西甯透過黃炎的軍官視角，爲士兵、老兵在歷史上看似卑微其實近乎「六祖惠能的境界」做註腳；然而，家書形式的設計卻帶出了小說敘事藝術中透過不同人物角色的「話語」模擬以及朱西甯始終隱藏其中忽現忽隱的「說話人的話語」所形成的角色與角色、角色與作者雙重「對話」作用。〔註 31〕

〔註31〕 「說話者考慮聽眾，就意味著考慮聽眾一種獨特的視野，獨特的世界。這種
針對性便給話語增添了一些全新的因素，因爲這裡發生了不同語境、不同觀
點、不同視野、不同情感色彩、不同社會『語言』的相互作用。」「對話」、「話
語」概念，參見巴赫金「長篇小說的話語」中的第二章「詩的話語和小說的
話語」與第四章「小說中的說話人」。《巴赫金全集第三卷》（石家庄：河北教

黃炎與中將父親的對話，呈現的是兩個角色在極度明顯的階級和身分差異下如何進行對話，其實也就是小說如何處理兩代溝通、軍官與將領溝通的技巧，在向對象拋出適當的語法——例如小說中將軍使用的文言、為了兒子採用標點符號（新式語言的象徵）的折衷，同樣的，黃炎亦採用貼近將軍父親的語言風格陳述自己體悟到的「老兵哲學」，由於黃炎寫給中將的信並未出現於小說中，可以想見的是內容盡數化為敘述語句出現，因而有「知識分子中，上之者，不過神秀的境界。下焉者，國勢衰頹則賣國，民族式微則媚外」一類文言語句。小說中，這是軍官對著將軍進行的對話與回應，所以朱西甯在敘述中「文、白夾雜」的表現，其實是不斷跳躍於將軍、軍官與士兵多重視角下的結果。「好輾轉的一番大驚小怪。——他竟在不自知中，習染上了老兵們對於一切價值的一概輕蔑。」觀點在小說「內在對話」進行中巧妙遞移，寄託在黃炎身上的認知，便同時有將軍／父輩世襲——老兵／部隊習氣的輾轉反復，同時暗示軍官黃炎軍人性格與對戰爭理解的轉變。對於戰爭的認知，小說從一開場便從黃炎的背景中破題點出向少將祖父辭行討教的情景，得到的結果卻是要像狗隨時隨地都能熟睡，中將父親的吩咐：「去罷，跟著命令行事。我當初見習官時，你爺爺也是這麼吩咐我的。照轉。」睡覺、照轉，無一是具體的指導情節，更別提對戰爭、軍隊具體的描述，這樣的刻意為之，就是凸顯黃炎的知兵知戰，不因世襲而來，而是從與老兵的相處，以及砲戰中經歷的挫折、質疑與戰場殺人的真實啟蒙。

在這一段黃炎的體悟與中將父親家書的描述後，邵家聖登場繼續將軍與軍官的父子世襲討論：

> 就是這些參悟和認知，也還是得自邵家聖嘻笑怒罵的機鋒所點化。
> 多麼可笑，那樣正直、開明、孜孜不倦於進取的中將爸爸，似乎虎帳一生，猶不知兵，只少也是與士兵們相去日遠。……
> 不過邵家聖並不同意他把中將爸爸看得那麼扁。「以我看來，主要還是——普天之下，為人父母者，總是一廂情願的望子成龍罷。做父母的，眼睛都戴著顯微鏡看龍，知道罷？」
> 「成龍……」黃炎也學會了自嘲，「成尼龍，成達克龍……」
> 「根據加速度原理，少將爺爺，中將父親，下面自然是上將兒子。」

育，2009 年）。

「將相本無種。」

「是嘛，」邵家聖說：「不過既是將相之種，不比無種更妙！」

「得啦。我現在就已經體會到，父子還是不要同行。你幹壞了，你就得承當——看罷，到這一代就完蛋了。幹得好呢，也不算你的——還不是靠他老子。」

「內舉不避親嘛。」（《八二三注》，頁 171～172）

邵家聖將「中將」轉為一般父親的角色，輕易將黃炎視「將相之種」為原罪、恥於受祖蔭庇護「屬於新的一代的中國人的醒覺」，翻轉為望子成龍的父子情結，由此已經點出小說中虛構的兩位將軍：少將爺爺、中將父親，其實是父子結構而非以將軍為主要題材的書寫角度。如同王德威所論，《八二三注》是一個「子承父業的故事」，「它的敘事不論多麼處變不驚，甚至多麼如朱所謂的『安穩』、『可愛』，揮之不去的是世代接棒的憂疑」。〔註32〕因此，圍繞著與黃炎角色有關的將軍，都和父輩、軍人的兒孫如何接替衣缽有關，例如，當中將父親老友的副司令官到金門視察防務和戰備時，黃炎選擇拿著十字鎬獨自避開，躲在一邊旁觀將軍：

> 將軍衣領上的兩顆金星，在金燦的夕陽裡，彷彿含有另種意味，特別來得閃耀。將軍的體格，屬於壯而非胖的那種虎背熊腰。一張佛爺臉，天生的對甚麼都是那麼滿意的笑容……
>
> 穿便服和老友對弈或聊天的將軍，是黃炎所熟悉的；像這樣著上草綠野戰戎裝，在戰地，又是來巡視基層的高級長官，這就非比往日，反而使他無從想像這位將軍曾以「七月的戰爭」，把盧溝橋的名字寫在對日抗戰戰史的第一頁。（《八二三注》，頁 226）

從將軍的衣著身材到「佛爺臉」，皆是外在形象的描寫，對黃炎來說，反而是落在父子結構中，他才能看見將軍過往殊榮的歷史「位置」，因為這個記憶也是從父執輩閒聊中過繼來的。這位七月將軍，落在中士老兵眼中，卻是鄉愁的味道。將軍給的香煙，老兵將它橫在鼻子下面用力嗅著，一副迷醉：

> 這是中將的氣味，使他依稀聞見盧溝橋上騾馬和駱駝的糞香。那裡，盧溝曉月，是他幼時去過的地方，數過一遍又一遍，總是數不準橋上到底多少尊石獅子。那是人們傳說的神話。石獅子裡面有狨貛狐

〔註32〕王德威，〈畫夢紀〉，收入《紀念朱西甯先生文學研討會論文集》。

> 子假裝充數，所以永遠數不清。可是中將說：「四百八十五尊。絕對
> 沒錯。」李朝陽自己是土生土長的宛平人，但在這之前，他慚愧自
> 己枉為宛平人士。
>
> 一位中將，那麼認真的告訴一個兵丁，四百八十五尊石獅子。差著
> 十級的中將和中士。（《八二三注》，頁 262）

這是屬於老兵書寫下的將軍形象，軍階、戰功、鄉愁纏繞，宛如石獅子神話
／神化的將軍，看在兵丁眼裡，就怎麼也看不清只有迷醉了。在砲戰還沒有
開打之前，黃炎無疑是個軍戰認知朦朧曖昧的將官之後，朱西甯在七月將軍
的敘寫中，凸顯黃炎與一般士兵的不同，這是難以跨越的溝渠，更是黃炎的
身分原罪，如同躲砲戰時扎進皮膚的一根草刺，時不時隱隱探刺著。直到黃
炎親身經歷戰爭中捉水鬼一幕，才讓他從戰爭論英雄的思考模式中走出來，
面對人性最幽微黑暗、難以明說無可奈何的時候，拔除這根原罪般存在的刺。

　　因此，黃炎對戰爭、軍人身分與自我認同的第二次啓蒙正是八二三砲戰，
朱西甯透過這個角色繼續「跳出來」（以敘述者為中介）以文言、白話穿插轉
換觀點的方式，漸進式的陳述戰爭的內涵以及軍官的領悟。從黃炎自問戰爭
是什麼，戰爭是殘酷的嗎？至少不是絕對的，乃至在砲戰當天在自我辯論中
理解到每一場戰爭中必須做出決策承擔後果的將軍，都是「孤獨而寂寞」的
將軍，「當那個關口，誠然誰也不能替代或分擔一點點他的如焚的憂心，一如
誰也不能替代或分擔一點點他的生、老、病、死。」（《八二三注》，頁 287）
曾經他無法理解少將祖父的話「中國有世界上最好的兵」，直到戰場上目睹戰
爭使人成長，他竟在祖父墳前有種走告無門的懺咎感。朱西甯透過黃炎軍官
角度，以及黃炎與班兵的互動，重新定義戰爭文學不在場面與輸贏、悲情與
衝擊，更不在認知的明確與否，戰爭的玄秘、說不清是黃炎的最終體悟，正
因為是玄秘狀態，所以士氣的「沛乎塞蒼冥」、「浩然正氣」從將領下移到士
兵身上，以黃炎受兵士與戰爭之啓蒙的角色安排來看，此「正氣」不獨將軍
所有，士兵、「中國有世界上最好的兵」才是最為堅實的部份，如此一來，朱
西甯便將整個《八二三注》從戰爭場面的描述，對參與戰爭的人物留下歷史
記錄等用心，翻轉為更高層次對戰爭意境的書寫。相對來說，成敗論英雄：
成——對戰爭堅定信仰則英雄軍魂現、敗——對戰爭一路質疑說不清則英雄
變丑角，這樣的寫法就流於戰爭表象的敘述。

（二）沒有英雄信仰的孤獨大兵——邵家聖

　　與黃炎的角色相較，邵家聖的人物經營在寫法上是「曲筆」、複調書寫，主旋律是歪才、一身不正經、難得正經了便得用更大的不正經去遮掩迴避，喜愛在女兵圈子裡大鬧……，變奏卻是一次比一次孤獨的內心戲，緊扣著回憶與懺悔。

　　邵家聖雖然懂得兵士心理卻不帶兵、懂戰卻在八二三砲戰中並未真正涉入戰爭，因此，研究者在這個角色的沒事閒聊、與女兵大情罵俏、抱著女學生躲砲戰的討論中，以為朱西甯或許是要藉此反諷戰爭的虛無荒謬。然而，細究朱西甯筆下這樣一個一身不正經的政戰民事官，屢屢回憶自己十年來多次戡亂的場景就要「避開自己」、「逃得遠遠」（《八二三注》，頁159），甚至刻意以外在的漠然隱藏內在的孤寂，這樣角色，真是《八二三注》裡的「反面角色」、甚至是壓倒《八二三注》寫作意圖的最後一根稻草？

　　邵家聖出現的場景中，最為特別的是他的「內心戲」不像黃炎有老兵、中將父親為「對話」對象，邵家聖的「對話」，是和回憶、心裡的直覺感受對戲詞，自己玩味戲文／人生如戲的哀怨淒絕：

> 兵營本該是造就人的去處，不幸的是，他邵家聖挑的不是時候。當兵以來，沒有打過一次硬仗，勝仗更不用說。……在一路敗退下來的部隊裡，生生死死都是那麼恍惚曖昧，沒有看到過正義和光榮。……從華北、華中，滑滾過東南半壁河山，在那麼一場民族悲劇裡，他是扮演著一隻初習織網的小小的蜘蛛，留下那麼長長的鄉愁：若斷若續的細絲，牽曳到第一個中秋月下站著衛兵還偷偷哭著想娘的孩子的夢裡。（《八二三注》，頁57）

> 我是像人家所看到的那麼快活麼，那麼無愁無慮，吊兒郎當的活著麼——居然，他很難得這麼獨處的懷疑起自己來。……邵家聖是個快活成性的傢伙。在海上，也是全船上最能使自己安逸的一個。但也居然痛苦的懷疑起自己是否真的活得很快活。（《八二三注》，頁89～90）

> 有時查哨回來，離開第一線陣地，常常很輕鬆的跟自己對對戲詞兒，像隻蒼蠅營營的低吟著複習。「金哪槍——插在馬——鞍前——」……時常的打斷自己，不對不對，一次一次磨練，似乎只有這樣習斗森嚴的戰地之夜，才真能體會出「羅成叫關」那種哀怨悽絕的況味，

使得自己真情的感動著。(《八二三注》,頁 149)

從蜘蛛的細長鄉愁到蒼蠅的低吟複誦,蜘蛛、蒼蠅,涉及邵家聖的內心記憶或是往事回憶,這個角色呈現的是卑微、負疚甚至想以逃避代替懺悔,懺悔二期青年軍丟失了大陸江山,懺悔他們打的頭一仗就看見一波波逼過來的大叔、大爺、大嬸、大娘而他不能不開槍,機械的扣著板機,熱病一樣失去知覺,直到十年後,他才隱約知道非戰敗之罪、以及自己對戰爭之罪的負疚承擔:

> 然而哭的是打敗仗麼?那樣的一仗也算敗仗?那樣後撤的部隊也算
> 敗軍?……他哭的是什麼他自己也不知道。屬於他們二期青年軍的
> 頭一回合,總之是打得那麼丟人現世。

> 敵人是逼著你屠殺非武裝的老百姓,非武裝的老百姓是被你武裝部
> 隊所射殺,所以你是殘忍的,不人道的。你的良心不可能支持你的
> 行為,你就必須放棄戰鬥。這就是共產黨的戰略邏輯之一。而你把
> 一千一百萬平方公里土地退讓給共產黨,非戰之罪也。你不曾失敗
> 過,僅僅是馴服著那個令你無可如何的邏輯。(頁 158~159)

邵家聖的個人回憶,就像一頁民國戡亂史,遙遠地指涉另一場不在金門而在對岸的戰爭,場面甚至比在此岸的這場還激烈殘忍,成為邵家聖這個上尉老兵生命的「本事」一個過不去關口,一邊回憶一邊遁逃,卻也且逃且戰地「改寫」歷史,如同班雅明所述:

> 歷史不只是一種科學,它同時也是一種再回憶(remémoration)的形
> 式。科學所「觀察」到的,再回憶可以將它改變。再回憶可以把未
> 完成的事物(幸福)轉化為完成,把完成的事物(苦難),轉化為未
> 完成。[註33]

邵家聖重新見解出來的歷史是大陸江山並不是二期青年軍揮霍無知戰敗丟掉的,那是一個不忍、無可如何的結果,這樣的見解,面對上司的屢屢發難,邵家聖還是選擇不明說,插科打諢斷了思想,才是邵家聖處世經驗裡的正道,所以,當他屢屢面對小說中的防衛部主任王將軍甚至是元首老先生蔣介石時,心中儼然升起的肅穆莊嚴感受,卻又讓他害怕人生從此要「變調」了,那調子他不熟,他無從掌握自己:

> 現在,被這樣從未經歷過的凶猛的砲火制壓在地層底下,……方使

[註33] 班雅明,《說故事的人》(台北:台灣攝影,1998 年),頁 127。

他感到一種茫然的虧負。特別是思念著在自己渾渾噩噩之中，古稀高齡而被尊為革命軍之父的國家元首，卻在酷暑裡奔走在最前線⋯⋯

邵家聖的心裡感到很低沈⋯⋯在他，這樣的情緒實在不多。

⋯⋯而老元帥明知如此，卻在前天，說不定就在昨天，乃至今天，不計艱險危難，親臨前線坐鎮。那麼一把年紀⋯⋯

他沒有自責的意思——他的人生沒有這個。

一種他所不自知的以苦行折罪的宗教情緒，在他內心裡暗暗的滋生著⋯⋯（《八二三注》，頁 270～271）

⋯⋯這些生得乾乾淨淨的參謀們所顯示的匆忙，遂使這裡的戰時和前哨的槍刀劍戟的那種味道又是另一番森嚴。

然而邵家聖兀自有他不能自己的輕蔑；他也感覺了頭頂上那些湧湧然的岩浪，也感覺了那種履帶的莊嚴，他是千真萬確的拒絕不了那些感覺，同樣也拒絕不了他的不能自己的輕蔑。而這些也因為都是感覺，所以也都不可理喻。（《八二三注》，頁 673）

如果說，黃炎是直接扣問戰爭的意義，一路糾結不明後縮合在戰爭的玄秘浩然正氣與覺悟到個人生命的寂寞和太上忘情；那麼，邵家聖則是以曲筆複調處處反著寫邵家聖的戰爭體悟，肅穆莊嚴變奏為打諢不正經，回憶變奏為自己和自己的對戲文，票戲起來，改個詞，彷彿人生與歷史就此可以變貌矣。

朱西甯透過邵家聖的回憶，以一個孩子兵的眼睛看歷史戰爭：北伐（聽老兵說故事）、抗戰、內戰，一路退到台灣的戰爭史／遷移史／文學史／民國史，從個人故事寓意背後龐大的歷史圖景，等到這個孩子兵變成大兵、老兵、軍官上尉，那早已是一個老靈魂的眼睛，看穿人世浮沈、生死兩難的困境。因此，他是用冷眼旁觀此時此刻烽火漫天的八二三砲戰，從死裡尋找生的氣息，將軍、政治運籌帷幄的生命型態距離他太遙遠，他索性就用「不能自己的輕蔑」將那部分的自我棄絕殆盡，也唯有在面對將軍時，邵家聖的生命裡才難得出現森嚴肅穆的氛圍。朱西甯描寫邵家聖與元首「相遇」——擔任司機送老先生蔣介石登太武山觀測所時，這樣寫道：

或許那便是一種作為國家元首的威儀，他感到空氣都和平時不一樣了，有種懾人的甚麼，把他這個調皮搗蛋的傢伙凝固在這裡。

> 我連孫悟空都不如，還差他一截……他嘲弄起自己。孫悟空落到如
> 來佛的掌心裡，還知道一個觔斗十萬八千里的信得過自己翻得到天
> 邊去。邵家聖你能的甚麼？你不過是瞎能……
>
> 然而有一種在他難得發生的莊嚴感，由不得他的那麼咄咄逼近來。
> （《八二三注》，頁210）

在邵家聖回想老先生的過去歷史——赴難永豐艦、北伐誓師、宣示抗戰到底、
開羅會議、「十萬青年十萬軍」的號召……等畫面時，還有一個歷史疊影浮現
上來，是他在駐防北平近郊西園時另一個將軍對他的人生啟蒙，當時三小兵
沿路攔車進城玩，攔到將軍座車不自知一古腦鑽進去後一路被載進師長公
館，最後的懲罰是，三小兵掃完院子吃完師長夫人的羊肉餃子，落在當時的
小兵心中卻是「同師長一個桌上進餐，簡直比同一部車子還要命」（《八二三
注》，頁213），到底從將軍（們）身上邵家聖獲得了什麼樣的啟蒙？朱西甯卻
轉而寫邵家聖看見了老先生腳上一雙舊得毛起裂皺的黑皮鞋，想到曾有流言
他亦信過的傳聞是國家元首不知民間疾苦的私生活，邵家聖於是有了直接而
親身的感受：

> 他不知道要向這個坐在自己身旁，挨得這麼近的三軍最高統率，怎
> 樣獻出真心實意的忠誠……
>
> 七十二高齡，穿著換了後跟的舊皮鞋，僕僕奔走在烈日下的最前線。
> 一個實實在在的革命家……聽由他駛向沒有別人知道的目的地，唯
> 一的可能為著實事求是的去基層看他的兵士——看不是準備給他看
> 的真實，看他革命子弟無裝無飾的戰力……這樣古稀之齡的老元
> 帥，還在這樣不顧安危和酷夏的奔走……（《八二三注》，頁215）

邵家聖覺得天下大任都到自己的肩上了，一邊是眼眶濡濕心底嘆著：「你老人
家太苦了……太無畏無懼了……」，另一邊卻在老元帥問起部隊最需要什麼的
大哉問時，脫口而出就是「部隊不打仗，百病叢生」。老元帥給出肯定，但是
小說走筆至此也就再無其他，甚至立刻峰迴路轉到邵家聖的自嘲：「人格還是
很重要……他跟自己笑笑。一個人混得不能取信於人，也是夠淒涼的……。」
與元帥同車的故事，一如他潛藏心底蜘蛛般牽曳的鄉愁細絲、勝敗難以辯駁
的戰爭記憶與負疚，曖昧無以名狀的蛛網，似乎再重要的歷史時刻都會變成
透明細絲似存在又似不在地牽曳進心底深處，變成邵家聖個人私己的生命情
結，而非壯闊的歷史情節，一如朱西甯幾次忽忽揭示的底細，「邵家聖是個敏

感而又反應特快的傢伙，就因爲他要比別人領受得更強烈，也就分外的隱藏
起他自己」（《八二三注》，頁673）。朱西甯寫出的邵家聖，不僅是一個大時代
下這樣出身背景的軍官老兵的憂鬱，更刻畫出人物性格裡曖昧不明的悒鬱。

　　元首老先生的私巡，引發兩個軍官各自不同的生命解讀，另一個對照版
便是黃炎。在第一波砲戰正式從對岸轟炸過來時，黃炎在躲砲戰、顧全班兵
三十多條人命時，思索著將軍、最高統帥與敵人的虛實捉謎，因而想像起將
軍的迷惘與孤寂：

　　然而敵人會選擇你所認爲的較佳地帶來登陸麼？敵人不會那麼規
　　矩。但是敵人會照你所料的不會那麼規矩的選擇這個較佳地帶
　　麼？……這樣永遠判斷、永遠推演不完的虛虛實實的循環，是像狗
　　追自己尾巴一般的頗饒趣味的；然而卻是一個當事的指揮官陷身其
　　中，空捉迷藏，難下決心難得人發瘋的痛苦。那麼多的將帥，似乎
　　是十二員罷，齊聚在南威荷大廈等待最高統率艾森豪的決心時，被
　　參謀長史密斯將軍忽然感覺爲「孤獨而寂寞」的艾帥（那是多麼眞
　　切的觀察：當那個關口，誠然誰也不能替代或分擔一點點他的如焚
　　的憂心，一如誰也不能替代或分擔一點點他的生、老、病、死），他
　　所選擇的，不是隆美爾爲他選擇的海峽最狹部分的加萊地區和六月
　　二十號以後的日子。那個決心下在六月六日諾曼第登陸前二十六小
　　時。下決心之前的片刻，他被一位戰地記者形容爲「肩頭的金星每
　　顆像有一頓重」。那已經是艾森豪和隆美爾捉了四個多月虛虛實實的
　　迷藏之後了。

　　那麼，前幾日，也許現在還在島上的最高統率，想必憑他那豐厚的
　　經驗，業已推斷出敵軍的企圖……。（《八二三注》，頁286～287）

此處朱西甯從寂寞而孤獨的將軍想像，將艾森豪將軍與二次大戰諾曼第登陸
一役的譬喻，轉入描述蔣介石面對兩岸戰爭一觸即發時的情境與心境。透過
黃炎的角色呈現的將軍書寫，是將軍莊嚴肅穆讓人望之孺慕的人格典範，對
像黃炎這樣註定要接替父輩衣缽的軍官／將領儲備人才來說，無疑是具有啓
蒙的意味。然而，邵家聖與黃炎在本質上的根本分別，也正是在此：邵家聖
老兵油子、大兵世界裡的「無道德」趣味，[註34] 以及在過往戰爭記憶不斷

〔註34〕 楊照在〈壯麗而人性的戰爭生活——重讀朱西甯的《八二三注》〉文中，認
　　　　 爲黃炎與邵家聖都是朱西甯的另我化身，他分析道：「斯斯文文、正正經經

重現（不論改寫或反覆印證）下過早衰老的靈魂，自嘲、解嘲，自己和自己對戲詞，恁是將軍在眼前，對他的啓蒙也不會使之成爲有信仰的英雄。猶如邵家聖的「經典橋段」——砲戰下差點把人家女兒「如何如何」時，砲聲隆隆背景音樂似的響音裡，天地玄黃生死傾刻之間，「那嗡嗡的耳鳴，轉化爲一種絮絮叨叨的話語：『……說你不信嗲，你們給哦等著瞧，哦可告訴你，槍砲一醒（響），你星（心）裡怎麼滋味？啊？你就直懊悔你這輩子好事做嗲太少，壞事做嗲太多……』」（頁451）竟是戰地司令官中將的鄉音土腔。英雄、信仰、將軍典範，在鄉音土腔中轉化性慾受阻的元兇：

> 他從一個懸崖邊口被拉回來，現在又好似被保障著——我一點也沒傷害到這個還沒長成的二八佳人，不是嗎？
>
> 恐懼在緩緩的退潮，他軟弱下來；雖然他老毛病又蠢蠢欲動——那種對人生嚴正的一面，他總是無法肅然起來。他又有些要嬉訕了：
>
> ——咳，操他的，老奸巨猾……罵著說那種話的人。
>
> ……
>
> ——這個老傢伙說的話，還真值兩毛錢！（《八二三注》，頁453）

邵家聖對還未長成二八佳人的沈芸香，動情是有跡可尋，「由於對中吉普車肚子底下未完成的好事深表遺憾，連帶又遺憾起更遠的，幾乎已被遺忘了的另一椿未完成的好事」（《八二三注》，頁484），沈芸香之於邵家聖就像小說中的「聖人」、英雄形象的魏仲和之於麗雪表妹，情慾、性慾與家鄉愁思，在生死不詳的分離年代，原來是那樣混淆在一塊兒地思想起。連帶地英雄、信仰、道德與軍魂也很混淆。邵家聖對魏仲和述說的家鄉未婚妻——未完成的好事——壓在十二歲小姑娘的身上卻不知該做什麼的故事，猶如一個比喻，「不知也能行的天地玄黃階段」是性慾啓蒙情慾的描述，卻也正是未曾受過將軍啓蒙沒有顯赫背景，一路背著工具袋緊隨架線的絡車敗退的軍隊，被老兵用「放浪的、墮落的、屬於成年人的玩意」哄帶長大，他的戰爭經驗

的黃炎與朱西甯，一個角色和一個作者，爲甚麼要羨慕另外一個角色呢？因爲斯斯文文、正正經經的黃炎和斯斯文文、正正經經的朱西甯無法進入無法刺探到軍隊中某個混沌錯亂、卻似乎自有道理——沒道理的道理——的龐大領域，一個大兵世界的無道德世界中。只有藉著像邵家聖這樣的個性、這樣的舉止，才能闖進大兵的無道德世界，用無道德的概念、語彙，和構成軍隊真實主體的大兵們廝混。」楊照，〈壯麗而人性的戰爭生活——重讀朱西甯的《八二三注》〉，見朱西甯《八二三注》，頁15。

亦復是「不知也能行的天地玄黃」。「這個老傢伙說的話,還真值兩毛錢」,
性慾墮落時刻,竟還意外成爲一次獨特的將軍啓蒙了邵家聖的橋段。

再如小說家前後亦用了相當長的篇幅鋪排戰地司令部政治主任王將軍給
違紀蛙人解圍、隨元首視察戰地等情節,在邵家聖意外見到這個戰地風評高、
故事又多的王中將後,最後將軍故事收尾在邵家聖面對王將軍的反應:

> 邵家聖很想報告將軍,那一回他駕著兜風的吉普車被臨時徵用,送
> 私訪的國家元首登太武山,而將軍便是扈從在後座上。將軍還拍過
> 他肩膀,讓他穩住精神。那確曾給他很管用的定力。
>
> 然而他沒有說甚麼。停在這間小小的寢室門口,望著走去的將
> 軍。……人停在這裡,可以由著自己給自己製造感動。邵家聖只覺
> 得要能泡進這個司令部來,再不正經也得順應著肅穆起來,對自己
> 或許有點兒造就。就是跟著大官伺候顏色,或也強似周旋在那些難
> 纏的老百姓窩兒裡,盡幹些不是漢子的鳥事。
>
> ……「不行,老子這樣一位愛好自由人士,找什麼根棺材釘子給釘
> 住?不行……」
>
> 自言自語的咕噥著。人各有命,他是覺得自己這麼喳喳呼呼的一個
> 人,做人家的貼身心腹,一步走不開,只怕幹不來。
>
> ……
>
> 他跟自己搖搖頭,揮了揮手,彷彿撇撇水袖那麼瀟灑,而又不知所
> 云。(《八二三注》,頁 688~689)

種種情節描述,都是以邵式風格爲主要立場,一方面寫就將軍形象與典範,
另一方面卻讓邵家聖受其感悟後,權威尚未穩固英雄來不及長成,就已被他
內心另個孤獨、虛無的老靈魂即時顛覆解構,全被拆成片片段段、一搭一唱、
一實一虛、一立一破的敘事型態。

總結來說,朱西甯賦予黃炎與邵家聖這兩個軍官角色相當不同的生命情
調,黃炎以理智一路思考戰爭、軍事、階級、將領與老兵、上陣父子兵的問
題,此一中級軍官的角色,註定會一路父父子子朝向將軍世家的路走下去,
邵家聖卻是憑直覺直感的親身／肉身去玩味人世生死,這樣的角色,毋寧是
個內外矛盾衝突、自我疏離、充滿「現代性」的人格暗示,一種孤獨、格格
不入的生命狀態和個人主義。〔註35〕

〔註35〕如果僅聚焦在邵家聖的玩世不恭、青春壓抑未完結的性慾情結(暗示邵家聖

三、《八二三注》的將軍形象與敘述方法

　　整體而言，朱西甯《八二三注》中描繪的將軍典範，是透過眾軍官的視角觀看將軍的言行，班兵討論他們的娃娃官黃炎、邵家聖、魏仲何等尉級軍官，軍官們則從演講聽訓、巡防視察的場合旁觀將軍的作風，這樣的描述，既符合軍隊將、校、尉、兵的倫理分際，亦看出在這樣的長篇鉅構中層次井然的一面。

　　歸納朱西甯在《八二三注》中書寫將軍形象的方式，除了上面已論述過砲戰中並未現身與砲戰亦無關連的黃炎少將祖父、中將父親外，其餘將軍皆有所本，例如軍官間暱稱「兵部尚書」精通彈道科學的正是國防部長余大維，殉難的盧溝橋英雄「七月將軍」正是當時砲戰中殉難的戰地副司令官吉星文將軍，以及元首老先生蔣介石和元首長公子「軍機處章京」蔣經國（時為陸軍中將）等，正因為皆有所本，因此如作者自序所言：「至少其中多處所寫元首、兵部尚書、軍機處章京、尚書省右僕射，都不曾寫走掉，有這樣的權威的鑑定（余大維），我是真的可以放膽出書了。」「不曾寫走掉」，務求與史若合符節的寫作意圖，亦是《八二三注》一再易稿的原因。

　　與軍官書寫最大的不同是，這些「將軍們」其實都沒有以「人物」的方式現身於故事中，反而更接近以「事件」的形態「現聲」。例如戰地司令官以演講的形式出現在眾軍官登上金門後，演講內容更接近客觀紀實，連司令官獨特的鄉音土話都保留下來；魏仲和向邵家聖敘述、再現王將軍化解蛙人違紀事件時，一開頭便是「魏聖人說」，將之後王將軍與官兵的對話，全置於魏仲和的觀點中，小說後半段王將軍再次出現，仍是透過中將的副官邱崑與邵家聖在一搭一唱的對話中，由邱崑演繹跟隨在將軍身邊近距離觀看的結果；「七月將軍」巡防視察的場景，如前所述，不論是從黃炎的角度「旁觀」將軍一身讓他頗感陌生的軍裝（因其更熟悉的「七月將軍」是一位與父輩在家

心中仍有個長不大會哭著喊娘不懂天地玄黃的小男孩），忽視小說中對於邵家聖屢屢獨處憂鬱況味之敘寫，那麼朱西甯「別開生面」的戰爭文學寫法所指為何？十年易稿，只為了別有所指、陽奉陰違的描寫戰爭的無情天地乃至人間荒謬喜劇？朱西甯《八二三注》後記中寫到這篇小說依靠的是個人軍旅生命經驗、「曾將愛子獻給這場自由之戰的母親們所流的慈淚而生的感動」，如果小說家的寫作意圖是從軍官戰士的非英雄或近乎丑角的行為反諷戰爭，視戰士之死為愛國神話的祭品，甚至是對蔣介石「以戰練兵」的無聲控訴，當論述成立時，這樣的「朱西甯」無疑亦解構了朱西甯《八二三注》的書寫意義與存在價值。

中閒談對奕的長輩）、「旁聽」將軍與其他士兵閒聊有問必答，或是李朝陽留下一支將軍送的菸，睹物思人，小說家讓這個士兵權充敘述者「再現」他與將軍的互動過程——「石獅子裡面有狐狸狐子假裝充數，所以永遠數不清。可是中將說：『四百八十五尊。絕對沒錯。』李朝陽自己是土生土長的宛平人，但在這之前，他慚愧自己枉為宛平人士。」這樣的將軍書寫——以一個相當有限的視角軍官敘述者的「可知範圍」加以調節後，與其說是將軍「人物」的書寫，還不如說是小說裡出現軍官們描述聽來的將軍故事和目睹將軍出現在戰地時發生的種種「事件」。

因此，嚴格說來《八二三注》的將軍並不涉入故事情節，所有的將軍並非以獨立存在的「人物」現身，而是必須藉由某一個軍官或士兵的敘述，摻入軍官或士兵的有限視角後以「再現」方式——某一人物模擬其「聲」出場，讀者無法得知將軍們的心理狀態、情緒與情感，理論上小說敘述者可以採用軍官揣度將軍當下情緒波動的方式來描寫將軍內心，但是，連這個部分都可以看到朱西甯有意節制，他是刻意將對將軍的敘述僅止於客觀狀態，而不涉及個人的隱私狀態。這種客觀敘事建立起來的將軍形象，形成一個特殊的情況，《八二三注》裡出現的多幅「將軍的畫像」，作者刻意讓讀者只可遠觀瞻仰，而不能近身端詳，這樣的「距離」是前線軍官與司令官副指揮官的關係，亦是讀者與這些「民國將軍」、朱西甯本人與其孺慕之將軍的關係。如此一來，由軍官再現將軍言行的敘述方式，保有了小說敘事需要的戲劇張力，但是透過軍官的孺慕、瞻仰與旁觀，反而又形成一種面對將軍時的「距離」、「景深」。〔註36〕

〔註36〕此處乃借用傑哈·簡奈特（Gerard Genette）於《辭格Ⅲ》（台北：時報文化，2003 年）中分析小說敘事理論時對「語式」的定義說明。其中，他藉「距離」、「景深」的空間隱喻，說明小說敘述語式（mode narratif）涉及的層面：「講述事件時的確可以講多講少，而且可以從一個或另一個觀點來講：敘述語式（mode narratif）的範疇所要討論的正是這種能力和其運作之方式。『再現』（representation），或更確切來說為敘述訊息的程度差別：敘事能以直接或間接的方式，提供讀者或多或少的細節，因而看起來與其所講述事物保持或遠或近的距離（distance）（借用一個慣用而方便的空間隱喻，但切勿照字面意義理解）。敘事也能選擇不用均勻過濾的手法，而依據此位或彼位故事參與者（一個人物或一群人物）的知識範圍來調節它所傳遞的訊息，如此敘事便採用——或看起來採用了——我們一般所稱的參與者的『視界』或『觀點』（point de vue）。由此一來，敘事似乎對故事採用了這種或那種景深（perspective）（仍借用空間隱喻）……這就如同觀賞一幅畫般，我所看到的畫面的精確度取決於分隔我與

　　值得玩味的是，這也形成了重要的催化劑，從軍官轉述將軍言行的過程中，軍官們看到什麼、怎麼看、以及如何轉述再現，就變成是軍官對這些將領的觀察與態度，眾軍官的多種敘述視角背後，交織出來的正是朱西甯將軍書寫的意圖與主題關懷。〔註37〕

　　例如，整部小說中影響邵家聖至深的戰地司令官，即是以眾軍官聽訓空檔議論其豐功偉業、旁觀瞻仰的角度呈現：

> 在陸軍將領們裡，這位戰地最高指揮官，數得著的是員知名的驍將。陸軍部對裡傳誦著的他那些作風和作為，給人們所留下的印象，應該是唱黑頭不用勾臉的蠻漢。實際上，卻是那麼斯文、祥和，幾乎是細皮嫩肉得不像個武人。人們甚至覺得這個司令官的氣質和風度，稱得上儒雅。因而即使他的語言那麼葷，但當你瞻仰了那副風采，便很難把過去聽來的那些粗獷、不雅、甚至可笑的傳聞，再算到他的帳上去。

> 訓練地點設在福建省立金門中學的大禮堂。課間休息時，幹部中間關於這位中將司令官的軼事，不知怎麼會那麼多。也不管有否根據。

> 彼此就那麼胡亂交談著，並且置信著。（《八二三注》，頁107）

平時任職幕僚皆一派溫文儒雅，一旦穿上野戰服到了部隊言談就粗野起來，這幾乎是朱西甯《八二三注》中出現的幾位將軍之「共相」，黃炎的中將父親

它之間的距離，畫面大小則是相對於我的位置中，某個或多或少遮住視線的局部障礙而定。」參見《辭格Ⅲ》，頁209～210。

〔註37〕張瀛太提出「隔絕之文」論點，以為朱西甯可以將蔣介石以無聲沒有對白的方式出場，塑造成一個扁平人物，同時在語氣和語法上「都是特別的官式歌頌文章」，「放在整部作品的行文敘述中顯得格格不入，於是，其意義已不在於內容如何的趨炎逢迎，反而在於把這一部分的敘述形成了『隔絕之文』，不但和之前、之後都不搭調：而且情節邏輯又與前、後、甚至是結局出現嚴重矛盾。因此，蔣總統這一段的突出、露骨，可以說在整部小說中顯得特別的尷尬。」（《朱西甯小說研究》，頁181）張瀛太以為「官式歌頌文章」、「論點又特別不符邏輯」、「內容如何的趨炎逢迎」是朱西甯別有用心的顛覆敘述——顛覆偉人神話、愛國神話、戰爭神話。然而，從小說文本敘事來看，此處以為不僅蔣介石如此描述，其他將軍亦是相同的情況，例如兵部尚書彈道專家（俞大維）、元首長公子（蔣將國）乃至七月將軍、黃炎的將軍祖父與父親等，如果這幾位將軍的描述皆為扁平人物、隔絕之文，那麼這場形同「沒有將軍」的戰爭，又會是如何景況，尤其黃炎在砲戰中藉由老先生在島上進而體悟孤獨而寂寞的將軍、體悟戰爭沒有絕對等認知敘述，就無從著落了。

如此，被稱爲「快樂王子」的政治主任王將軍亦是，〔註38〕以及盧溝橋一役的「七月將軍」，皆是一方面詼諧幽默另一方面卻又祥和儒雅的形象，這些將軍最重要的是善於知兵，能從軍中大兵最不堪的粗鄙中體恤其特殊處境，種種粗獷不雅腥羶的語言甚至成爲「正中下懷」的安撫力量，這些符合軍官兵士脾味的內容反而比作戰指揮口號訓練更教人津津樂道。而將軍過往的戰功，一頁戰報還不如軍官們不知從哪聽來地胡亂交談著、置信著，更加來得具體眞實並且教人敬佩。透過軍官視角「瞻仰」將軍，在軍官無法親炙將軍、小說敘述者亦刻意迴避進入將軍視角的情況下，描述軍服、軍容便成爲相當重要的區隔手法，不僅區隔將官與校尉軍官的不同，也以此凸顯將軍的性格與處境，形成「以衣喻人」的表現方式，將軍的服裝儀容，毋寧是將軍人格的外在表徵。

小說透過軍官的視角描述元首老先生蔣介石的出場時，除了「以衣喻人」、更加入「以砲喻人」的書寫，由此凸顯蔣與其他將軍的不同。

在二次描述蔣介石出現於金門時，朱西甯皆採用宛如報導的筆調書寫，第一次透過軍官邵家聖的角度，旁觀蔣介石的衣著，從一雙黑色毛邊起縐的舊皮鞋描寫其平易近人、與百姓無異的平凡形象。蔣介石第二次巡視巨砲運抵金門的情形時，則改用「以砲喻人」寫法，以下摘錄數段既寫砲亦寫人的部分：

> 巨砲好像完全自知被重託的使命，自有那副擔當和成竹在胸的沉穩。
>
> ……砲管以一種山人自有道理的篤定，穩穩的昂生。
>
> ……就那麼傲氣的無言，不求人知的自信著。
>
> ……這巨砲，彷彿就是這位老元帥的圖騰，以一種指日可待的勝算的旗麾，麾師西進。（《八二三注》，頁 589～590）
>
> 大凡一位畢生獻身疆場的老將軍，泰半都有某種或某一方面的頑強的固執罷；這位元帥面向著耀眼的灣港，一直兀坐不動。
>
> ……那樣的凝神專注，人們或可想像，對那兩尊巨砲，老元帥是這樣的寄以重託。他那樣目不暇顧的執著，似乎必須目送著載運巨砲和護航的艦隻完全消失到視界之外了，方始認可這所費不貲而敵方

〔註38〕 王中將的形象頗接近邵家聖的風格，化解蛙人違紀一段，一方面告誡下屬「頭等的優秀戰士，是要鬥智不鬥力」，另一方面卻是邵氏語言風格：「一件事，要兩面看才周全，是罷？小便入池，大便入坑，各歸各的。」（頁 125～126）

尚難獲得的巨砲，才得眞確的發揮威力，置敵人於無從還手，完成
為他所期望的勝利，而放下心來。(《八二三注》，頁 593)

這張「將軍畫像」，沉靜篤定、傲氣自信、不求人知與目空一切，除了是兵家
氣概，更是一代儒者的風範，朱西甯在〈後記〉中再加入一段對國民革命軍
之父的敘述：「清正淡泊，即天地之姿」、「一片安詳悠然，文風不動」、「怎樣
大難臨頭，他自不驚」(《八二三注》，頁 791)。這不僅是將軍書寫，更是一幅
人世意境的描述，《八二三注》裡的將軍們既符合內在禮樂文化的修為，更有
政治與軍事上的擔當，毋寧是朱西甯心中理想的人格典範。換言之，朱西甯
其實是將心中理想的人格典範盡數寫進將軍這樣的民國人物裡去，觀看、瞻
仰將軍，自有他的人世孺慕與虔誠信仰。

　　平凡中的尊貴，亂世猶有清正簡和的人世景況，是朱西甯向來孺慕的中
國民族獨有之氣象，將軍亦復如此。王德威以《八二三注》和《華太平家傳》
視為朱西甯後期創作啓與闔的兩個座標，他說：

　　我認為，《八二三注》正是《華太平家傳》創作的起點：前者所揭櫫
　　的理念，由後者演繹完成。由戰爭到和平，由烽火連天到「一片安
　　詳悠然，文風不動」，朱西甯最後二十年所默默從事的，是建造這一
　　美學及政治烏托邦。他要將「亂世」融為一更寬廣的「太平世」裡。
　　那裡的戰爭，是止戈為武的戰爭；那裡的和平，是「怎樣大難臨頭，
　　他自不驚」的和平。〔註39〕

這是一個從「軍」、「國」、「族」乃至「人間世」與「太平世」貫徹始終的脈
絡，從《八二三注》全面展開的將軍書寫，甚至延續到後來的《將軍令》，朱
西甯除了是第一個如此專注以長篇巨構書寫將軍的作家，更是把將軍書寫作
為自我理想的投射，不僅賦予將軍書寫更高的意義，用一種有別以往的方式
詮釋「止戈為武」的境界，為其「太平世」鋪路。

第三節　《將軍令》的將官典範

　　朱西甯在 1982 年發表的〈大遺小補──紀念八二三之役的一點小記〉文
中，竟還留下「小說未完」的遺憾，大「遺」小補──標題本身即說明一切，
因而朱西甯尚期望自己在「傾服了老部長（當時國防部長俞大維）的足智多

〔註39〕王德威，〈畫夢紀──朱西甯的小說藝術與歷史意義〉，《現在幾點鐘》，頁 235。

謀而又不失仁厚」後，尚未說盡的，就「留待十幾或數十年後再來寫它了」。
〔註40〕之後，在《將軍令》序文中亦描述相同的寫作用心，「解甲前後雖曾以
十年光陰完成《八二三注》，也算嘔心瀝血之作，然也猶未盡申感恩之情」，
由此可知，《將軍令》毋寧是《八二三注》裡「將軍書寫」的未完與延伸，二
部作品的互文關係，從文章中更是可見一斑。

一、為將軍造像

　　在以將軍為題的作品中，如〈將軍與我〉、《將軍令》，僅刻意代換人名與
職稱，小說內容則近乎實錄，在《將軍令》的序文中，朱西甯寫道：

> 我寫《將軍令》，意不在為諸位將軍立傳揚名，還因我受益殊深，未
> 可獨享，不過藉其片言微行，瑣屑軼事，將我身受的春風雨露與人
> 分霑共享罷了。我寫諸位將軍最多僅標姓氏而不名，到底還因為總
> 都是小說的緣故，而呼名喚姓亦屬不敬。若再想想，《將軍令》原非
> 傳記，讀者朋友識將軍者，不名亦知；不識者，即使明說了也還是
> 不知。……我也只在塑造一個整體，姓氏也都嫌是多餘。將軍令在
> 于將軍聲譽，更在于中國人獨有的尊貴的德性。〔註41〕

雖則強調自己寫的是小說而非傳記，但是讀者中得以「識將軍者」，顯然乃因
小說家留下了足以供人指認的訊息與實情，「呼名喚姓亦屬不敬」更顯出小說
家即便書寫之際已自軍中退役，在自我身分認知上仍不離軍職、甚至終生屬
於軍職的情況。此外，朱西甯還強調寫作此一類將軍人物的小說，「將軍聲
譽」、「中國人獨有的尊貴的德性」是重點，言下之意，小說與傳記之別、虛
構與紀實之間文學性的展現，似乎已不在小說家的考量中。因此，將軍書寫
對朱西甯而言，毋寧更是文學使命、軍人天職。此一初衷，在《將軍令》序
文中亦表露無遺：

> 戎馬生涯二十餘載，深受軍旅栽培造就，卻于國恩無報，悵然在懷。
> 解甲前後雖曾以十年光陰完成《八二三注》，也算嘔心瀝血之作，然
> 也猶未盡申感恩之情。而最是有緣隨從多位上官將軍，皆人世裡不
> 可多見的尊貴之人，有幸受其教誨、被其薰陶、沐其風範、仰其節

〔註40〕朱西甯，〈大遺小補——第八版序〉，《八二三注》，頁29。
〔註41〕朱西甯，《將軍令》（台北：三三書坊，1980年），頁5。以下出現本書內容，
　　　　皆標示書名與頁碼，不另注出處。

操，莫不令我終生難忘，受用不盡。

常言有道：「一將功成萬骨枯」，這是句歹話，也是好話。身為國家
將領，固然與文官同為國家所用，未見得有何高下，但千萬骨堆中
在在成毀生死一髮之間，只此當知風骨人格的鑄造斷非等閒。況乎
革命先軀者向皆全心全意于養士教士，為民前鋒，其所作育造就者，
更非一般的一介武夫可比。（頁3）

文中點出將軍書寫之於小說家的意義：其一，同樣為國盡忠效力，將官比文
官更值得書寫的原因；其二，將領與兵士雖同為軍人、同在戰場，前者功在
養士教士，更是勝於前者，而且將軍肩負戰場上指揮督軍的重責大任，決策
成敗往往干係整團將士兵卒的生死存活，將軍敗陣亦是萬骨枯。

因此，朱西甯這一系列以將軍為題的小說，可說是以最接近史實面貌創
作的小說，透過將軍行事典範風骨氣度的描述，朱西甯建構了中國民族性中
儒家禮教、禮樂斯文的傳統人格典範，他筆下的將軍是一代儒將，也是二十
世紀初中國知識分子感時憂國、救亡圖存的形象化身。

二、《八二三注》之互文

《將軍令》全書十一篇，以「道、天、地、將、法、治、仁、信、勇、
嚴」為篇名，不立副標，最後的「附篇」是之前已發表在《幼獅文藝》的〈我
與將軍〉，本文是這一系列以將軍為主角的短篇小說中最早出現的一篇，應視
為《將軍令》的前身。

在《八二三注》之後，《將軍令》是將書寫對象從「軍官」轉移到了「將
軍」，並延續以中階軍官觀看、瞻仰將軍的角度來書寫，和前者不同的是，《將
軍令》以第一人稱有限視角的「我」貫串全書十一篇，如：〈道篇〉學校管
總務的副處長「我」、〈天篇〉裡「我這小小參謀」、〈將篇〉裡的「小小士官」
或是「裝甲兵小小戰車長得我」、〈智篇〉的「小小一名尉官」、〈附篇〉裡「小
小的團政訓官」、〈勇篇〉中毋寧為作者自傳的「馬孝樂」，以及〈信篇〉、〈仁
篇〉、〈嚴篇〉中無有虛飾掩藏的作者「我」，這些小小官職的「我」作為角
色與將軍對應，由「我」近身觀察記錄將軍的言語行止，如此一來，《八二
三注》裡傳聞中、歷史記載中戰功彪炳的將軍，甚至是反共、抗日、北伐等
更早遠以前戰役中的神將，皆得以脫離傳聞階段「重回」人世現實，《將軍
令》毋寧是多了些寫實性與時代感。

　　所以，作爲與《八二三注》互文閱讀的《將軍令》，寫出了將軍脫離「與世隔絕」的戰爭與時空環境後，更爲人性、卻也更複雜的面向，將軍不惟英勇知兵，還有委屈與不平，因而《將軍令》中可看到從金門到台灣、砲戰一役臺海局勢穩定後，不同時空背景下，將軍形象的轉變。

　　從砲戰回到台灣，將軍多半以文官職、幕僚長等職位進入總統府「四角大廈」，或是進入學校、陸軍官校體系主持教務兼任講座授課等工作，從《八二三注》到《將軍令》的寫作，相隔一、二十年後將軍最大的改變是，西線無戰事，武將皆成文官職。

　　例如，在《八二三注》裡兩位軍官談起的「古寧頭大捷」中受長公子蔣經國重用，之後一路扶搖直上歷任要職的指揮官，到了《將軍令》的〈天篇〉中，將軍接掌參謀本部政治幕僚長，事事秉公處理，以帶兵作戰、知人善用的軍隊作風處理軍中文藝工作，看預算聽簡報出國考察，甚至計畫在總統府內進行大型戰史壁畫工程，畫史工程不順遂無法進行，將軍是何感受不得而知，純粹由「我」揣度將軍心意引以爲憾，此一歷經古寧頭大捷出生入死多次的將軍，顯然已經和《八二三注》臺海危機時期的形象大不相同。

　　此外，《八二三注》裡「快樂王子」王中將，寫進《將軍令》的〈附篇〉成爲一段「我與將軍」半生師徒緣的故事後，讀者得以從另一個角度觀看這位愛說故事開葷腔化解大小紛爭、砲戰中不惜犯險帶外國記者登上膠筏體驗「正氣」的將軍的另一面，半生戎馬，回到台灣的下半場，全是主持全國性文藝會談、如「我」所見皆是「騷人雅士」的事，之後，接連遭逢喪子之痛、「限齡退役」，「獻身國家四十年的戎馬生涯，確是只知有國，不知有家」的王中將，人生陡變，當「我」在將軍離開台北「四角大廈」後的第一個禮拜日拜訪將軍時，所見竟是：

> 將軍直直的坐在他自己的臥室裡，對面壁上懸掛著他那套灰綠呢的常禮服，上面綴著金星、金梅花、勳章、勳綬、勳標、獎章、陸大的紀念章……室內有現成的衣櫥，我知道那禮服成了壁上一種重要的裝飾品。
>
> ……
>
> 「我也反省了一下這四十年。」將軍給我一杯茶，坐下來，豎著兩個手指，笑著，比劃了又比劃，好像準備說個笑話，先就忍俊不著，以至好半天才說出來。「兩個字，也算結論——『熱鬧』。一場熱鬧。

　　以往覺乎不出來，現在，我冷清了。冷清裡，才覺出這四十年，只
　　是湊了一場熱鬧……。」

　　可是我不能相信，將軍這樣的人，會「冷清」嗎？（《將軍令》，頁
　　240）

對照《八二三注》裡軍官仰望將軍一身戎裝的描述——「將軍衣領上的兩顆
金星，在金燦的夕陽裡，彷彿含有另種意味，特別來得閃耀」，一生／一身的
金星級梅花級戰功，容或再燦爛，夕陽西下就是冷清，這「冷清」其實是從
武將變文官一步步走來的，盛年轉衰，將軍不許見白頭，這樣的內容，是朱
西甯將軍書寫中較少見的。「湊了一場熱鬧」，毋寧更接近邵家聖面對魏仲和
之死大呼「白死了」的慟悟。

　　將軍的「終點」，〈智篇〉中以書信形式含蓄隱晦地寫道：

　　政公將軍麾下尊右：

　　　　如此稱謂，先生必是不喜，不因先生的謙遜，亦非先生不欲以
　　武人自居，而是落實在我的一種拘泥裡：在先生即將——而且必將
　　升任將軍之際，忽萌退隱之意，那顆將星竟就懸然無所從了，真是
　　不好，至少人世裡有過這一樁憾事。以我這樣的強作解人，自分于
　　先生知之甚深，敢說先生是比將軍還要將軍。所以便也不必泥于國
　　家的甚麼體制名分，這樣的稱謂或更還在其上，或尚不及先生的尊
　　貴，先生一定當之不愧的。（《將軍令》，頁109）

「先生」由後面祝詞「教安」可知多半是武官轉任執教工作，萌生退隱的原
因、將軍在與「我」分別後的二十春秋當中究竟遭遇了什麼變故，文中隻字
未提，只在這短短的一段開頭、針對「將軍」頭銜的敘述，依稀透出一絲不
尋常的況味。《將軍令》中多數是「我」回憶退役前——二十年前與眾將軍遠
近親疏不一的緣份，未明說的是——「我」退役與將軍一別，之後的事多半
也就無從得知了。因此，這之後將軍的處境，除了少數二、三篇停在「立德
立功立言的新時代的英雄」、「灼灼光華而又不失中國儒雅謙沖的君子之感」、
「典型的中國的新儒將」等，將軍的美好年代，餘下幾篇有成了牧師、華語
中心教師者，有萌生退隱或不幸殉于空難者，還有受到匪諜案牽連影射孫立
人案引咎辭官的將軍。再者是〈附篇〉少見的出現將軍的一生，朱西甯細膩
描繪事件衝突凸顯小說張力，並且透過意象運用——勳章與笑語（故事大王、
happy 王），成功側寫將軍的內心，結語「會冷清嗎？」更是一語多義，呈現

隱晦幽微、礙於當時的軍事戒嚴與軍人身分不能明說、糾葛在政治時空與歷史轉變下說不清的將軍人生。從小說敘事的觀點來看，〈附篇〉不僅和《八二三注》關連最深，亦是《將軍令》這一系列作品中藝術成就最高的。

三、軍隊話語和「邵家聖式」人物原型

　　在《八二三注》中處處自我解嘲、玩世不恭，以爲人生就要熱鬧才好的「邵家聖」，是朱西甯筆下寫活的直覺感性型人物，這樣的軍官「原型」，亦可在《將軍令》的軍官「我」當中，看見類似的「發展」（或「根源」於小說家本人性格的描寫），以〈勇篇〉爲例，在從軍背景上「我」與「大佬」兩人皆因威能將軍（孫立人）的號召投軍，其中，「大佬」投筆從戎加入第二期青年軍，「我」報考陸軍官校更是「乍見威能將軍的名氏……齊齊備備的慫恿著我打定主意──當兵去！」（《將軍令》，頁 172）；移駐鳳山，時爲上等兵的「我」，因服裝不整陰錯陽差地被威能將軍訓斥一頓，「大將罵小兵」，小兵卻樂瘋了，因爲：

> 一個臺上，一個臺下，上等兵翹首仰望上將軍。起先只因意外而陡的緊張，此刻卻只管意識著這是當年非常激賞我大哥的那位總指揮官：是我們幾個死黨所崇拜的英雄……
>
> 想到將軍一點也不知道他所罵的我這個小兵，曾是他所激賞的一個部下的親弟，而我卻分明的知道。只此便感覺自己在演戲，又在看戲，內情只有我知，還有比這更妙的樂事麼？……威能將軍已經移步要走開，又瞥過來一眼，這是我趕緊敬禮感謝捱罵的時機。因爲心裡很樂，那禮敬得自覺除了十分標準，該還有一種神采，不知有多得意來著。（《將軍令》，頁 175～176）

這樣的心思不是愼思理智型的黃炎、追求規格訓練精良型的魏仲和，它毋寧是更接近「邵家聖式」的張揚得意，即便在軍中階級嚴謹結構特殊的環境裡，仍是自有自的詮釋與生存之道──熱鬧之道。

　　更鮮明的是，《將軍令》裡幾位將軍竟都有「邵家聖式」開葷腔的作風，〈將篇〉算是把前因後果交代清楚：

> ……那菸斗握在將軍手裡，自有一種近乎迷人的甚麼魔力，好像它就應該與眾不同一些才對。……講到美俄之間的謀略戰，赫魯雪夫向艾森豪訂做大號保險套的葷笑話時，便是用手裡的菸斗比

劃著尺寸大小。將軍這揮灑倜儻上頭，又還是當年的那般神韻，
一點未改。且是只中國人才有的情趣。那也是長處也是毛病：再
正經叭啦的事情，也總要及時穿插的葷上一葷；但是高級。（《將
軍令》，頁 70）

葷上一葷、土上一土，不論是變相自謙，還是邵家聖更為絕決的變相自嘲，
這種渾身不正經的風格，不僅不避諱地出現在「將軍令譽」書寫中，還成為
將軍活潑張揚的形象描繪，要要老粗鄉土葷的素的都沒有顧忌，在率真性情
底下，將軍一面是儒將風範，一面是葷土生冷不計，此皆將軍的真實情態，「到
底英雄也要是個常人才令人歡喜」。由此可知「邵家聖式」人物典型，是其來
有自。

　　如同楊照所言，當全篇六十萬字幾乎一半是邵家聖與作者朱西甯的對口
相聲時，「那我們就不能不從字面底下讀到某種作者深刻的同情，甚至渴望
了」。〔註42〕朱西甯對於這樣的性格確實情有獨鍾，不論是《八二三注》塑造
出來的「邵家聖式」話語、人物典型，或是在《將軍令》裡看到類似的形象、
語言風格繼續延續對將軍人格的側寫──這種將軍「典範」更得軍心，更重
要的是，這些話語本身就具有特殊的魅力，《八二三注》裡有一回寫道，砲戰
進行到一個星期後，掩體門前的偽裝網下面，推放了新發下了的「忠靈袋」，
邵家聖以此大發牢騷被諷為「戰地之聲」，「屍袋」用「忠靈袋」轉喻顯然失
靈，可是，經此「邵式風格」──作者以邵家聖的話語作為敘述──將砲戰
死傷等內容一一轉化後，「忠靈袋」變成「睡袋」、布袋裝，最後邵家聖再用
鬥牛架勢「請君入甕」地套在別人身上，有人大罵不道德給人觸霉頭，邵家
聖就說「成仁取義看做霉頭？誰教給你的政治認識？」一陣胡鬧，邵家聖偏
是學著司令官的土腔說，「你別神氣，你也是睡口袋的命哩。咱們都是同命鴛
鴦，是罷，是罷？我來看──一個、二個、三個」，之後，「忠靈袋」又變成
「忠靈箱」，升官變「升棺」。這麼一陣瞎扯下去，邵式話語發揮功效，不直
接說那些教人害怕、心生畏懼的意象──掩體、偽裝、屍袋、死亡與戰爭，
卻以間接的、移情的、他者的方式討論／瞎扯／宣洩戰爭下軍人對生死的認
知以及面對困境的無奈。朱西甯雖未點明，但卻以「邵家聖式」的處世風格
暗示了這種善於喻世、應世的能力，是《將軍令》中將軍得譽的原因。《天篇》

〔註42〕楊照，〈壯麗而人性的戰爭生活──重讀朱西甯的《八二三注》〉，《八二三注》，
　　　頁 15。

當中，邵家聖最喜愛模仿的司令官，那在生死緊要關頭、情欲道德兩難時都
會聽到的打從心底浮現的話語聲腔再次出現：

> 你小子眞會順竿兒爬俺！這是模擬的大將的口氣；每逢大將集會中
> 訓話時，講得興起，就不免情不自禁穿插一兩句中國老軍人所愛耍
> 耍草莽的粗話——你們政一到政六，今天你下一個規定，明天他下
> 一個辦法，你們可想到了連隊裡，可成了個聚口了（天！注意大將
> 的土話，聚口者，漏斗之謂也），末了，不是醍醐罐頂，是漿糊罐頂，
> 都灌到連輔導長那小子頭上了，不把那小子整個滿腦子漿糊了才
> 怪！（《將軍令》，頁 31）

顯然，這樣的話語魅力，如同朱西甯自己的定位，是專屬於「中國老軍人」
像邵家聖這種「兵油子」才懂得的「行話」，那是「漏了兩句咱們家鄉土話，
看到你這位老弟一下子領會了，你就不知道心裏那股滋潤勁兒，似之乎走了
老家一趟」（《將軍令‧附篇》，頁 228），這些邵式風格亦是將軍風格的葷素不
忌的渾話，毋寧是「家鄉話」，可以讓人打從心裡明瞭世事，在異鄉（台北／
金門戰地）回到了「家」（軍隊／「我」之存在意義）說自家話了。

　　對於《八二三注》的軍人話語、軍隊黃腔等，已多見論述，其中精要者，
如楊照提到「用無道德的概念、語彙，和構成軍隊眞實主體的大兵們廝混」，
[註43] 大兵話語代表的無道德與眞實人性；吳達芸則以巴赫金「狂歡節」話
語、廣場粗俗的市井俚語、非官方秩序和非官方的語言風格，來說明軍隊「男
人話語」的表現，正是朱西甯認同大兵與民間心態、認同反戰的上（政府）
下（大兵）離心例證。[註44] 然而，如果不僅大兵如此、將軍亦是，甚至，
將軍才是帶頭示範、搏得眾士兵爭相學習，那麼，這軍隊話語、朱西甯刻意
採用的這種「邵家聖式」或「王中將式」的話語本身，以及士兵在模擬將軍
的聲腔同時，體驗到的安慰、知音、親沐等情緒，就不應被忽視、甚至被排
除在外（不論是外於將軍、還是外於士兵、甚至是外於當時的軍隊情況與社
會現實），尤其，《將軍令》中還不乏有些將軍、將軍的某一面根本就是邵家
聖人物原型的例子。

〔註43〕楊照，〈壯麗而人性的戰爭生活——重讀朱西甯的《八二三注》〉，《八二三注》，
　　　　頁 15。
〔註44〕吳達芸，〈書寫在異鄉——再讀朱西甯及《八二三注》〉，《紀念朱西甯先生文
　　　　學研討會論文集》，頁 81～87。

第四節　朱西甯將軍書寫的意義

王德威在〈畫夢紀〉一文將《八二三注》視爲「台灣軍中文學的轉捩點」，〔註45〕指出朱西甯受張愛玲式故事聲腔點化以及胡蘭成化驚險爲驚艷的敘事影響，遂得以避開制式化的反共、戰爭文學寫法，轉而專注於「性情的眞實」，盡除火氣，「八二三的漫天砲火於是成爲一場『止戈爲武』、『以戰練兵』的思想操練，一種滿天花雨的『自然』風光」，於是成爲更靠近張愛玲式的「純純粹粹的中國」和胡蘭成的明豔「正氣」。

準此，本節將嘗試從「啓蒙」與「止戈爲武」的角度，探討《八二三注》乃至《將軍令》的「將軍書寫」，如何展現有別以往戰爭文學、反共小說的寫法，呈現滿天花雨的「自然」風光。

一、將軍──「我」的啓蒙

從《八二三注》到《將軍令》的書寫，朱西甯皆採用軍官的視角來觀看將軍，後者尤其以第一人稱敘事「我」更接近自我表述的型態，來呈現將軍對「我」的啓蒙。

在朱西甯的小說中，常見以兒童、青少年不涉世事的視角來描繪大人的世界，例如：〈祖父農莊〉透過幾個孫子看見祖父的基督奉獻性格，〈騾車上〉「我」旁觀爲鄉民仗義的老舅與地主馬絕後的對話，〈狼〉從一個失怙的孩子看見成人世界的包容寬和與自私苛刻，〈白墳〉的「我」懷念家裡終年不見人影的二叔，揣度二叔在外鄉的作爲、留心著家裡大人對二叔的種種耳語閒話。藉由這些「孩子們」猶如旁觀者、說書人的敘事角度描述一段聽來的故事或是幼時的家鄉回憶，孩子的純眞與不懂世事，在觀看成人世界的複雜後，不論是當時受到莫名的震動當下即有所體悟，或是在不經意中留下了成長的印記，這些都使小說呈現了啓蒙的觀點──敘事者「我」／孩子或青少年通過表述結構獲得了啓蒙取得自我認同。以〈白墳〉爲例，小說中不斷透過「我」的父親、母親、僕役等家裡的大人陳述二叔的不堪，甚至在行爲上「家裡和村上的群狗都把他當作生人欺侮，撲前撲後的猛吠，不知喞著多大的仇」、「不管二叔也說也笑，不管二叔不住腳地走來走去，一家人都像沒看

〔註45〕就「軍中文學」來說，從八二三砲戰至今，東線無戰事，國共對立、如何反共，更是杳杳，朱西甯的《八二三注》彷如進入歷史遺跡，不是「轉捩點」，倒更成了前無此狀後亦無人追隨的特例。

見他，聽見他，覺著他」，〔註46〕敘事者「我」則是不顧大人的攔阻恐嚇，偷偷跟著回家的二叔在村子裡到處轉，看二叔醫治畜生當他的助手跟班，整篇小說就是「我」成了二叔為人處世的見證者與代言人，大人說的全是閒話傳聞，種種不堪都由「我」來抵銷：

> 或許狗老見他收拾牲口，物傷其類的對他懷著深仇大恨罷？再不就是二叔自個兒說的：「瞧我犯了天狗星啦！」笑睞睞的聽任群狗繞著他周圍吼叫。他說這話時，顯得很興頭，彷彿犯上天狗星是樁光耀門楣挺體面的事兒。這就如同家裡一個個都猜忌他，都沒有好臉色對他，他一點也不懂得，照樣吃喝，談談笑笑。〔註47〕

通過「我」，讀者得知這個未曾現身／現聲的二叔（眞正現身時已身亡躺在棺材裡）在「我」的記憶中說了什麼、做了什麼，以及記憶中「我」所看見、聽聞、覺知的二叔，這個二叔顯然和大人說的截然迴異。小說雖未點明「我」對二叔的觀感，但從最後「我」的追念，「騎在驢背上他走了，去遠了，不再回來了。我眞不信那樣嘻嘻哈哈幹甚麼都那麼樂的人，肯讓自己悶在那口密封嚴嚴的黑棺裡，他一定還在別的一個甚麼地方，那是我不能知道也不配去的地方」，〔註48〕可知「我」對二叔的跟隨與嚮往，並在回憶過往點滴的過程中再一次「跟隨」了二叔。選擇相信一個與眾人認知迴異的二叔，這樣的表述過程，呈現「我」無疑深受二叔的啓蒙，而整個〈白墳〉的敘事結構即是自我認同的過程。

從啓蒙與自我認同的角度來看將軍書寫，朱西甯不創作以將軍為主要敘述觀點的小說、或是以將軍為第一人稱敘事觀點，而是從年輕軍官的視角觀看將軍，著意於將軍對軍官的影響，因此，小說中極少出現關於將軍內心、將軍面對戰爭時心理意識的描寫，〔註49〕將軍——毋寧是「年輕的」朱西甯人格啓蒙的重要「文本」，而非小說創作題材。〈道篇〉之「我」年輕時佩服將軍改革軍中陋習不為己的性格，二十年後「我」與將軍俱老，進而體悟將軍尊貴而平凡的人格，〈地篇〉將軍以《撫河兩岸》——「陽春三月，南昌前線平靜無事……溫家鎮，依然三日一集，一如承平歲月……」平正清簡

〔註46〕 朱西甯，〈白墳〉，《破曉時分》（台北：印刻文學，2003年），頁67、73。

〔註47〕 朱西甯，〈白墳〉，《破曉時分》，頁73～74。

〔註48〕 朱西甯，〈白墳〉，《破曉時分》，頁81。

〔註49〕 唯一例外的是1955年發表於《戰鬥青年》的短篇小說〈父子兵〉（後收入《奔向太陽》小說集），本篇作品以將軍的視角觀看兒子軍人性格的長成。

的文學意境與生命書寫感動了「我」,〈智篇〉描述將軍愛才,習畫的「我」
隨從左右、從日常「悟識中國的禮樂人世之美」,近於作者自傳的〈勇篇〉、
〈附篇〉,是將軍帶徒弟的把「我」硬是帶出師的過程,〈信篇〉裡成為牧師
的勞將軍更讓朱西甯感悟將軍以為「士」的人格內涵,「將軍大得過牧師,
牧師可大不過將軍。……試問今天誰有能力來喚起民眾?來引領民眾?智識
分子自己都先空了,誰還來施行禮樂教化?」(《將軍令》,頁 137)這些將
軍對「我」的啓蒙,包含文學、藝術、哲學、宗教、政治、國家乃至民族,
朱西甯的自我認同,無疑是從軍、國基礎建立禮樂文化,如同〈信篇〉中用
「我」/朱西甯的話來說,(勞)將軍是「一位任何民族所沒有的中國傳統
的『士』」〔註 50〕、「三三」的精神——「三位一體爲樂,爲興,以三民主
義爲禮,爲比賦,創建中國的禮樂教化」,並從軍人(將軍)以身作則「喚
起學人文化人文學家藝術家在內的不知不覺的民眾」,這一系列的將軍書
寫,是爲民國將軍造像,一代將軍造就一代青年,成爲「我」/朱西甯/三
三小輩的典範。

　　朱西甯把「將軍書寫」視爲中國禮樂典範意義的延續,把《將軍令》〈信
篇〉的書寫推展到極致,就變成三三信念、三三志士的人格光譜,如同應鳳凰
的觀察,不論是「民族正氣」或是「民族的靈魂」,具體意義即是朱西甯希望
透過小說確立的母題:「中國文化的禮與樂。用現代語意來釋義,就是政治與
文學」、「中國特有的政治文學,則需落根於『愛國忠軍』的傳統倫理」〔註 51〕。

〔註 50〕　朱西甯於一場名爲「知識份子與政治參與」的聯合座談會中,以爲士與中國文
　　　　　化、歷史及政治的貢獻,在於「肩負率民創造與自清」,與民間起兵的不同,
　　　　　正是士具有「規正方向」的能力與擔當,民間起兵凡無士的領導最後都是以作
　　　　　亂收場,變成流寇暴民,從黃巾之亂到太平天國義和團莫不如此。在朱西甯看
　　　　　來,傳統知識分子「士」階級,乃中國歷史社會人世的基礎,直到清朝八股文
　　　　　取士,士人志在朝不在民,士階層遂與民相斷。五四運動與共黨變亂,將士視
　　　　　爲統治階級和封建遺毒,「於是在前中山先生所興起的士之奮發與作爲,與先
　　　　　總統　蔣公繼之以黃埔、廬山、峨眉、草山等所培植造就的士之人才與任命,
　　　　　亦遭打擊」(參見《幼獅文藝》第 304 期 1979 年 4 月,頁 10〜11),由此可見,
　　　　　所謂的士、與領導庶民群眾的能力,在朱西甯這一時期的文藝主張乃至政治信
　　　　　仰,處處歸結在他爲之造像的「將軍」人物上。朱西甯在之後的《華太平家傳》
　　　　　即以庚子拳亂開頭,從中國的近現代歷史寫起,並寫一個「牧師」人物如何繼
　　　　　起士的傳統精神,這個部分可說是將軍人物的延續,並加入宗教精神以爲轉
　　　　　化。《將軍令》裡的勞將軍,預示了在將軍之後的人物正是結合禮樂文化、政
　　　　　治與歷史以及宗教信仰的新一代中國之「士」的人物典範。
〔註 51〕　參見應鳳凰〈朱西甯的反共文學論述〉一文,收入《紀念朱西甯先生文學研

二、止戈爲武──戰爭的意義與戰爭文學之意境

何謂戰爭──這是戰爭文學必然敘及的部份，朱西甯在一次演講中提到「運用文學的心靈所提供給我們對戰爭的認識，正就等於提供給我們實際的戰爭經驗一樣」，〔註52〕他將戰爭文學分出三種境況：「形式的外觀」、「內容的詮釋」和「意境的內發」。

「形式的外觀」將戰爭過程鉅細靡遺描述，戰爭場面浩大，是官能的刺激，讀者對戰爭的瞭解容易流於表象；「內容的詮釋」是寫出「趣味」、對戰爭更深一層的體驗，朱西甯以《西線無戰事》爲例，認爲「他寫到士兵們發現躲避炮彈的最安全所在──彈坑，這種感到生命有了保障的新鮮感覺，便是對戰地生活的一種體驗」，但是作者因爲是非自願參加戰爭，因此有意識地去詮釋戰爭後，就因主觀上的偏頗而變成「反戰小説」，朱西甯以爲：「所有光明的一面必歸於我方，而戰爭中所有表現殘酷的、罪惡的一方都必屬於敵人。像這樣對戰爭的詮釋便有了主觀的偏頗。而其對戰爭的態度，不外是反戰的或主戰的。」「但是被目爲『聖戰』的戰爭，它本身眞就是一場『聖戰』嗎？而反對戰爭，那麼戰爭就該反對，又反對得了嗎？」〔註53〕顯然，「止戈爲武」不應詮釋爲單純反戰、停止戰爭。

前面第一節論及《八二三注》「詮釋迷途」時，曾引述朱西甯文章〈被告辯白〉中提出「必要之『惡』」說明戰爭的意義，以及蔣家特權專制在當時亦是一種弔詭的「必要之『惡』」。1958 年的臺海一役，不論從當時的時空背景政治氛圍或是今日的歷史見證來看，蔣介石的「以戰練兵」與砲戰中軍事策略的奏效，確保臺海和平至今，皆是不爭的事實，朱西甯在七○年代寫作《八二三注》與《將軍令》時對八二三砲戰從未懷疑，到了九○年代的自我表白，其實還是重申「必要的負面，非常態，須得縮短其過渡，盡快減低其惡業而終須消滅之」的看法，當戰爭成爲一種必要手段時，「止戈爲武」之境界便是：「過渡」、「縮短」、「減低惡業」、「終至消滅」，而非驟然視戰爭爲淵藪，一切皆以反戰爲目的。同樣的，蔣介石的作風備受爭議，集權、家天下、白色恐怖、乃至孫立人案迫害忠貞朱西甯尤感切膚之痛，都是存在的事實；然而，

討會論文集》，文中應鳳凰便提出應以「愛國忠君」的傳統理論觀來分析朱西甯的《八二三注》寫作策略。

〔註52〕 朱西甯，〈朱西甯談戰爭文學〉，三三集刊《戰太平》（台北：三三書坊，1981年），頁 26。

〔註53〕 朱西甯，〈朱西甯談戰爭文學〉，《戰太平》，頁 32、33。

一昧反蔣、將其對軍隊之功、在台建設之功全數歸零，猶如反戰與主戰的對立，終歸落於下層境界。擁護蔣介石對臺海和平的貢獻、將其描述成「清正淡泊」、「天地之姿」的儒世意境，與後來對蔣氏家天下的反感並無矛盾，毋寧是說蔣氏與時代政局的詭譎複雜，使人無法從單一角度去面對，一如政治信仰中的「政治」到底怎麼定義、誰來定義、又包含了哪些信仰內容，都是無法只論述單一面向。

此外，朱西甯再以《飄》、《桂河大橋》等作品爲例，提到另一種亦屬於戰爭文學中「內容的詮釋」類型，但是，這一類作品冷靜客觀對作戰雙方無所褒貶的態度，讓讀者無法對戰爭下定論，因而所描寫的戰爭雖然涵蓋範圍更加廣闊，卻暴露了一個致命缺陷，「不應該客觀到是非不明，善惡不辨」、「它忽視了戰爭的精要和核心的部分」。〔註54〕

戰爭文學的第三類型是「意境的內發」，兼具情義與是非，「和則是非必可大是大非，情意亦必深邃而開闊」，朱西甯更進一步以八二三台海戰役爲例說道：

> 透過戰爭我們可以看到人精神的崇高與智慧的卓越，因爲人一旦介入戰爭，他的生命力便發揮到了極致，常化不可能爲可能。我們也可以從對戰爭的體會而加深對天道、人世、歷史、社會，以及人性等等的認識與了解。
>
> 就拿八二三台海戰役來講，當運輸艦艇搶灘登陸之後，暴露在敵人砲火的籠罩之下，如何而能爭取時間把補給品迅速裝運隱藏，這其間有許多我們平日意想不到的發明創造。又如初赴前線的新兵，在夜裡面對一望無垠聲勢洶湧的大海擔任崗哨時，他實在是害怕，那麼如何在萬一遭受水鬼偷襲之時能夠立刻讓遠方的班長排長知悉情況而得到支援，這其間有許多精巧的發明也不是我們平日裡所能想像得到的……這些都是因戰爭而使人類的智慧得以高度發揮的例證。〔註55〕

有論者以爲《八二三注》中黃炎在搶灘時卻被一包水泥弄得抬不起頭，遇上水鬼時反而跌進坑道受傷，這是一個角色的挫敗感，意味對戰爭信仰的挫折與幼稚。然而，從朱西甯自述戰爭文學理念即可進一步推敲他對黃炎

〔註54〕朱西甯，〈朱西甯談戰爭文學〉，《戰太平》，頁37。
〔註55〕朱西甯，〈朱西甯談戰爭文學〉，《戰太平》，頁38～39。

這個角色的用心，應該不是著意在凸顯戰爭的幼稚挫敗，甚至意圖通過文學書寫達到「反戰」的目的，一如前文所述，如果戰爭文學的前二類與「意境的內發」相較都是有所不逮的類型，那麼，反戰的意圖，不正是朱西甯覺察到的缺憾之一。正因為他心目中理想的戰爭文學應該超越「戰」與「反戰」意圖，所以，「止戈為武」的武德最高境界，並不是單純的反戰，戰爭中士兵的害怕、軍官的丑角尷尬，正是戰爭底下的真實人性，朱西甯正是以這些「真實」——害怕、懦弱、質疑、性慾等人性，將戰爭書寫提升到情意的表現層次。

《八二三注》中，朱西甯藉黃炎這一角色，不斷扣問戰爭是什麼、最後還以「不懂得戰爭是什麼」、「還有些相識或不相識的人倒下去……這些都沒有用，不能幫助他懂得戰爭」，以為能歸結在「忘情」，卻還又不能的——「一個做了軍人的女兒，軍人的媳婦，軍人的妻子，又做了軍人的母親的婦女……母親，你的福分何在？」〔註56〕如果僅以此視為「反戰」，那麼，所有的扣問不僅沒有意義，骨牌效應下，同時瓦解了戰爭文學的意義，戰爭本是殘忍，但是，在殘忍的戰爭中人的意義何在、人的信仰與堅持是什麼，這才是黃炎／小說家終其一生追問的。

綜上所論，如前引述的王德威論點，《八二三注》和《華太平家傳》可視為朱西甯後期創作啓與闔的兩個座標，那麼，朱西甯最後三十年的書寫，無疑是透過「將軍」到「華太平」的「我祖父／我父」的過程，從「亂世」過渡到了「太平世」，「那裡的戰爭，是止戈為武的戰爭；那裡的和平，是『怎樣大難臨頭，他自不驚』的和平」。〔註57〕

當八〇年代解嚴以後，反共書寫退潮，繼之以老兵書寫、外省第一代的離散與懷鄉主題時，朱西甯卻從文學潮流中退場下來，將戰爭主題、將軍書寫與軍旅懷鄉題材，慢慢移至家族傳記與宗教懺悔書寫。

整部《華太平家傳》從甲午戰爭、庚子拳亂到八國聯軍，寫的是中國最離亂不堪的一段，在烽火連天充滿肅殺中，卻是由一個牧師「我祖父」繼續追問戰爭、時代與中國人的命運，並且以宗教家的關懷承擔戰爭之罪、歷史之罪，而「我」透過童蒙之眼、家族記憶的轉移，將此個人式的宗教懺悔，從「我祖父」身上遺傳給「我父」與「我」。

〔註56〕朱西甯，《八二三注》，頁788。
〔註57〕王德威，〈畫夢紀——朱西甯的小說藝術與歷史意義〉，《現在幾點鐘》，頁235。

　　《華太平家傳》透過「我」第一人稱敘事，反覆自語「我祖父」或「我父」的種種念頭，將懺悔書寫的其中一種類型——自我對話、靈魂自省，意識流般的傾瀉而出。從這個角度來看，則《華太平家傳》是「我」對戰爭、歷史的控訴，同時又是「我」之懺悔，兩者同時糾纏著「我」，相互抵抗，直到上帝面前才得到消解。戰爭不僅不是華家引起、和華家這三代男人何干？再說，烽火下「華家」更是徹頭徹尾的犧牲者，一個犧牲者，何罪之有？他先問上帝：先認罪——非罪之罪，也是一種旨意嗎？戰爭下的天理公義有昭顯的一天嗎？以直報怨，還得歡喜受恩嗎？層層逼問，看似不平之鳴，可是，最後都在「天道無親，常福善人」中認了罪，向上帝懺悔，在上帝的審判面前，連剎那間湧起的「這麼點兒惡念」，都該懺悔。這些強烈的控訴、不平之鳴，以及自認其罪、藉由懺悔得到靈魂的解脫，在人物的內心世界可以想見必是波瀾壯闊，但是，當朱西甯又「離題」的去描述「西南雨」、「躲伏」、「打野」這一類鄉野民俗時，對歷史與戰爭的控訴，頓時委婉轉化為一幅幅好看的民間風情。因此，對於生命存在價值的探索、信仰與真理的追尋，朱西甯無疑是放棄了「不平」——逼視、扣問的形式，而是直接用小說書寫呈現生命存在的樣態，藉由對過往美好歲月的緬懷——「太平」家傳，寄寓個人的理想與終極關懷。透過童蒙之「我」的啟蒙視角，一個五歲小兒超越時空的記憶能力，經過此一奇幻色彩，將敘述身分從「我祖父」、「我父」乃至「我」，一再轉換，進而完成一部具有家族性、集體性的懺悔錄。

　　因此，整部《華太平家傳》字裡行間流露的生命情調，無一不是充滿悲願的懺悔。「我祖父」與「我父」承擔的罪，不再是哪一方面可以問出對錯、是非、公理、正義的罪，而是得承擔戰爭的罪、歷史悲劇的罪、人性謬誤的罪，此罪不再是某一個時代、某一場戰爭裡的產物，而是具有超越一切的本質意義，放在哪一個時代皆然。唯有從懺悔意識去掌握《華太平家傳》，才能看見「只要有烽火，就有罪」這樣沉痛的懺悔，那麼，朱西甯最終想要表現的祈願、終極關懷——「現世安穩」的太平歲月，是多麼不易與珍貴。

　　因此，從戰爭文學的角度來看，朱西甯透過「將軍」形象、人物典範建構完成的民國儒士傳統、儒家入世意境之延續，正是戰爭得以轉化為太平世的關鍵，《八二三注》思考的戰爭意義，在《華太平家傳》中遂以宗教精神「懺悔」解題。

第五節　小　結

　　朱西甯以將軍門生的身分與視角，建立了將軍的典範形象，如同齊邦媛的觀察，朱西甯所選擇的將軍都是「具有現代思想的儒將」，他並且以傳統士文化、知識分子「中國獨有的尊貴的德行」，給予將軍新的、現代化的面貌，「無形中轉化了軍人的形象，而成了傳統美德的化身了」，因此，朱西甯的將軍書寫，毋寧是有所寄託的將軍，更以十幾年的寫作工程，完成他心中理想的為中國儒士造像的祈願。

　　如此寓含個人心跡的寫作意圖，造就出風格獨特的《八二三注》，並被視為戰爭文學的新里程碑；然而，正因為是「有所本」的戰爭、「有所本」的將軍，那麼，當時代氛圍朝向政治解嚴、解構英雄、尤其是解構蔣氏父子的偉人形象與權威時，《八二三注》遂面臨不同時空環境下如何定位、如何理解軍官反英雄的形象，以及衍生的問題——朱西甯個人的政治傾向。

　　從《八二三注》到《將軍令》十一篇將軍的故事，為民國這一代從北伐、抗戰到國共內戰與台海戰爭的民國將軍造像。回顧朱西甯的寫作，將軍書寫實為相當重要的一環，然而，在朱西甯的小說藝術與成就中，這個部分卻較不被論者重視，甚至，還引起爭議。究其原因，應該還是受到朱西甯「軍中作家」身分的影響。朱西甯曾自述，自己一直都是個「格格不入」的作家，雖然一輩子都在寫小說，退役後更以專業小說家自詡，然而，被貼上五○年代反共文學的標籤，卻讓作家頗不以為然，此外，七、八○年代鄉土文學發展時，朱西甯不僅因為所懷之鄉非彼鄉土，成為當時小說潮流光譜上與鄉土對立的極端，之後多次親上火線發表文章，表達對鄉土文學、流風所披造成的影響期期以為不可的態度，卻使小說家終於還是變成了「非主流」者。凡此種種，背後的癥結還是在於文壇對於國民黨在五、六○年代發表一系列藝文寫作指導原則與思想運動有關，也就是說在文學發展與政治國家機器的長期糾葛中，朱西甯的「位置」因為當年的「太過正確」導致日後的「太不正確」，不僅當年的反共小說備受冷落，連帶之後小說家的其他作品，也常在政治光譜的折射下呈現正反兩極的評價，在這樣的狀況下，朱西甯的將軍書寫——《八二三注》、《將軍令》中鮮明的黨國軍政色彩，便造成評論上無法跳脫反共小說、軍中文學的框架。

　　此外，將軍這個角色在這一系列作品中，根植於歷史的態度非常鮮明，從小說創作的角度來看，朱西甯筆下的將軍人物都較貼近歷史真實而非小說

虛構，因此，即使《八二三注》在當年的時空背景下因為勇於呈現具有真實人性的軍人形象而備受注目，但是，將軍──涉及蔣介石、蔣經國、余大維等人的書寫，仍因偏向紀實而不受重視，甚至，因為描寫蔣介石出場時過於「神化」、「扁平化」，因而有偉人神話是刻意為之的反諷、陽奉陰違描寫反戰、礙於軍中文藝政策不得不如此等論述意見，諸多討論反而變成朱西甯當年政治認同與後來是否反蔣的政治議題，將軍人物的描寫亦被架空，朱西甯筆下的將軍人物，不論從文學的、歷史的、社會的、政治的角度來看，連帶地都成為較不受重視的一環。因此，一個與小說家密切關連的人物（如孫立人將軍），反而在小說家的創作脈絡中，無法有全面觀照的面向，是本論文選擇以將軍書寫重探朱西甯的原因。

　　《將軍令》是台灣戰後小說中為將軍立傳的第一部小說，別具開創意義，尤其七、八○年代，台灣社會氛圍、政治氣氛已開始出現轉型，在此關鍵時刻，朱西甯卻也預見了將軍已然「走進歷史」的處境，民國將軍儼然成為第一代從戰場退役的「老兵」了，因此，為一代將軍、功臣名將留下歷史紀錄的用心尤為鮮明。

第四章　將軍的身影
——白先勇筆下的最後貴族

　　白先勇〔1937～〕與朱西甯在「將軍書寫」的時間歷程上，兩人幾乎是重疊在一起，朱西甯以「八二三砲戰」爲故事素材的〈中士與將軍〉寫於 1965 年，白先勇則在 1967 年寫出第一篇描述將軍人物的〈梁父吟〉。然而，同樣是書寫將軍主題，兩人卻呈現截然不同的風格與旨趣，朱西甯的「將軍書寫」側重歷史戰役、民國將軍的典範風采，尤其以自身軍旅經歷爲出發點，因此，朱西甯的民國將軍是來到台灣繼續參加臺海保衛戰，或是參與政治與建設工作的將軍；反觀白先勇的「將軍書寫」，從〈梁父吟〉到〈國葬〉（1971）皆是描述將軍已死、全民送葬的場面，活在台灣的將軍更是虛指的將軍，這些將軍還沉緬在大陸的過往回憶裡，根本沒有「逃」出來。白先勇不斷透過小說重複書寫這樣的人物、最後的貴族，隨著民國歷史走入灰燼中。與朱西甯的「將軍書寫」相較，白先勇無疑選擇以小說虛構面對眞實歷史的滄桑與虛無。

　　齊邦媛長期關注白先勇的小說創作，以及白崇禧將軍和民國史的關係，她說：「白先勇雖未有專書爲將軍立傳，他的《臺北人》十四篇小說中，至少有五篇是以軍人爲中心人物，〈遊園驚夢〉的今昔夢境也都是圍繞著幾位將軍而生而滅。」〔註1〕身爲將門之後，白先勇小說創作的題材一直和大陸來台的沒落貴族有關，其中雖然有以父親白崇禧將軍葬禮爲本的作品呈現，然而，他與將軍題材若即若離的關係，總是耐人尋味，連〈國葬〉、〈梁父吟〉兩篇最爲明確的「將軍書寫」，對於將軍的形象亦是輕描淡寫、點到爲止。緣此，

〔註1〕　齊邦媛，〈眷村文學——鄉愁的繼承與捨棄〉，《霧漸漸散的時候》，頁 169。

本章將透過兩個角度探討白先勇的將軍書寫：一是，檢視從《台北人》到《紐約客》這一系列出現將軍的小說中，白先勇的敘事角度與小說的表現手法，即使將軍在小說中只是「驚鴻一瞥」，為了探究小說家與「將軍」的關係（包含將軍的歷史、將軍的形象與象徵意義），仍以重要線索視之，納入分析文本中；二是，檢視長篇小說《孽子》中重要角色的父親，皆有軍職背景，而且屬於中高階軍官與將軍，因此，本章「將軍書寫」文本分析的第二部分，將以圍繞「將軍」而產生的軍隊、軍階與軍威等面向，討論《孽子》中具有軍人身分（將軍、團長）的父輩與不肖子輩。企圖在父子結構中，觀看白先勇對於將軍主題的經營思考，以及背後涉及的自我認同、人我權力關係等多重意義。希望透過這二個角度，同時觀照白先勇的寫作脈絡與整體性，從而挖掘「將軍書寫」的文學性與時代價值。

第一節　白先勇的身世背景與將軍書寫的關係

在 1977 年以前，白先勇發表的小說中，以將軍為主要題材的作品僅有發表在《現代文學》雜誌上的〈梁父吟〉（1967 年）和〈國葬〉（1971 年）兩篇，這二篇作品皆以將軍「國葬」為主，一從將軍的故舊與門生寫將軍過去的功績，另一個則是藉由老部屬的視角側寫將軍國葬的儀禮。這兩個故事顯然都與白崇禧將軍過世時的國葬場景互有指涉，小說內容更是聚焦在將軍的歷史功勳以及人生最後階段蒼涼寂寞的身影，朱西甯揣測白先勇是受到五四「無形貽害而不自知者」，「迷信甚而認定大凡官家或從政者，無不是貴族、封建、特權者、統治者、剝削者、壓迫者，亦即權力據有者，甚而視為一種階級，所以必定要一律打殺」。〔註2〕白先勇是否受到五四影響不得而知，但是可以確定的是，「將軍」對於白先勇來說，確實是權貴的象徵，只是，遷臺後此貴族早已沒落。有論者從將軍的角度分析，認為此乃「切合了西方現代主義文學質疑英雄主義的題旨，將軍角色往往被塑造成『反英雄』」，〔註3〕以及從國族符碼的角度以為〈國葬〉中的「將軍之死」，正是對蔣介石政權「高度諷刺意味」、「反映出轉進來臺的老兵心態，也反映特定族群的國族意

〔註2〕　參見朱西甯《將軍令》序文，頁 6～7。
〔註3〕　陳榮彬，〈戰後臺灣小說中「將軍書寫」初探〉，《臺灣文學研究集刊》第 11期（2012 年 2 月），頁 61～84。

識所帶來的身世之歎」。〔註4〕關於〈梁父吟〉和〈國葬〉的論述,歷來評論多聚焦在懷鄉思舊、兩代離散、今昔相照、歷史悲劇中民族失落感、死亡的衰老與哀憤、從傳統典故(梁父吟)的建構看小說語義等主題,除了少見個別以「將軍」爲題獨立討論白先勇的小說成就外,將軍還是以沒落貴族姿態出現於論述中居多。

　　令人好奇、不解的是,身爲將門之後,白先勇在小說中寫了各種類型的人物,可是以將軍爲主題的創作何以如此之少?猶如齊邦媛在 2012 年白先勇出版《父親與民國──白崇禧將軍身影集》〔註5〕記者會上的發言:

> 在《台北人》這本書裡我最喜歡〈國葬〉,因爲〈國葬〉很明顯地有白將軍的正面的故事,可是寫得太少,對於他的文治武功,對國家的貢獻,一生的犯難,就沒有寫得太多,對他的氣節,也沒有寫得太多,英雄末路在出殯,從中山北路到圓山,到忠烈祠到這些地方,這不是一個英雄而是一個最後的路,我希望他寫英雄當年的事。〔註6〕

值得探討的正是,爲什麼白先勇的小說景框,不是將軍的「英雄當年」而是英雄暮年──「英雄末路在出殯」?

　　身爲將門之後,在白先勇的成長背景中,是看著父親穿上軍裝騎著戰馬回家,透過這樣一位將軍體會到的國族卻是「戰場」與「遷移」,〔註7〕以及幾次「事變」猶如「世變」與「驚變」〔註8〕的情景。整體而言,父親對白先

〔註4〕　曾若涵,〈將軍之死──白先勇〈國葬〉中的國族符碼〉,《臺北大學中文學報》第 12 期(2012 年 9 月),頁 135～154。

〔註5〕　白先勇,《父親與民國──白崇禧將軍身影集》(台北:時報文化,2012 年)。

〔註6〕　本段文字,乃《解碼陳文茜》於 2012 年 5 月 29 日專訪白先勇談《父親與民國──白崇禧將軍身影集》節目中播出齊邦媛於記者會的發言內容。

〔註7〕　白先勇多次於訪問中提到,他的世界因爲戰亂而變換太快,從廣西、南京、香港、臺灣到美國,二十五歲以前的他,就已經面臨過太多次的世界變換,才剛建立與周遭世界的關係,他又立刻被帶往下一個世界,期間,還曾因爲被祖母傳染肺病,過了四年的隔離生活。因此,他的人生一方面是深感時間轉瞬即逝、世事幻滅無常,另一方面卻是因爲童年與世隔絕的經驗,產生一種凝滯封閉的「隔離的哀傷」(林幸謙語,見《生命情結的反思》,台北:麥田,1994 年)。參見白先勇〈第六隻手指──紀念三姐先明以及我們的童年〉、蔡克健〈訪問白先勇〉,收入白先勇《第六隻手指》(台北:爾雅,1995 年)、楊錦郁〈把心靈的痛楚變成文字──在洛杉磯和白先勇對話〉(《幼獅文藝》第 64 卷 4 期)、《作家身影──白先勇》(春暉影業公司,2000 年)。

〔註8〕　「驚變」爲白先勇文章標題,參見〈驚變──繼上海崑劇團「長生殿」的演

勇而言，有多重的意涵，在蔡克健〈訪問白先勇〉中他提到：

> 我的父親對我有多重意義，因為他的身分很複雜。一方面，他高高
> 在上，經歷了北伐和抗日等大事件，是中國現代史上的英雄人物。
> 但他在我心目中的英雄形象是抽象的，做為一個父親，他有非常人
> 性的一面。他在我眼中往往好像是一而二的兩個人，或甚至是幾個
> 人。對於這幾個「白崇禧」，我的反應也不同。〔註9〕

既是一生奉獻給民國的將軍，又是來到台灣後憂愁、沈重的父親，〔註10〕複
雜的將軍與多重意義的父親，被連結到民國史上，讓他花了三十年時間才終
於能好好面對這樣一個「將軍父親」，〔註11〕2012 年出版的《父親與民國——
白崇禧將軍身影集》是為父親作傳的首部曲，〔註12〕在與齊邦媛的對談中，
〔註13〕點出一個以文學手法寫父親的可能，然而，連白先勇亦無法預料該如
何寫父親。顯然，「將軍父親」之於小說家，已經成為一個生命情結的議題，
而非單純歷史作傳或是小說書寫題材的表現。

　　反觀白先勇三十年來的小說創作，尤其是赴美後陸續寫作出版的《臺北
人》、《紐約客》與《孽子》，白先勇其實已經透過小說書寫表現具有多重意義
的父子關係，例如〈梁父吟〉、〈國葬〉、〈冬夜〉與〈骨灰〉中文化斷裂、出
現認同焦慮的父子，又如更為深刻處理父子結構的《孽子》，白先勇以為：「全

出〉，收入《第六隻手指》一書。文中提到三十年後重回上海，和上海崑劇團
人員吃飯，無巧不巧竟是因為其他餐館客滿，大夥兒提議到「越友餐廳」（昔
日故居）用餐，「這下好了，請客請到自己家裡去了」，因而有今夕何夕、戲
如人生的感慨。

〔註9〕　蔡克健，〈訪問白先勇〉，《第六隻手指》，頁 464。

〔註10〕白先勇在《父親與民國——白崇禧將軍身影集》中寫下白崇禧到台灣後被特
務人員如影隨行的日子，「母親在台十三年，父親十七年，是他們所處的最長
的一段逆境」，為何「要用特務去監控一位身經百戰、功在黨國的老將軍」，
這些國家命運、政治局勢乃至國民黨內部的變化，對白先勇的成長背景、日
後的國族認同，確實造成了一些影響。參見《父親與民國——白崇禧將軍身
影集》，頁 235。

〔註11〕參見〈莫將成敗論英雄——齊邦媛 vs.白先勇談父親與歷史〉，《印刻文學生活
誌》2012 年 5 月號；《解碼陳文茜》2012 年 5 月 29 日專訪白先勇談《父親與
民國——白崇禧將軍身影集》，鳳凰衛視。

〔註12〕2014 年 3 月再出版《止痛療傷：白崇禧將軍與二二八》（台北：時報文化，2014
年）。

〔註13〕〈莫將成敗論英雄——齊邦媛 vs.白先勇談父親與歷史〉，《印刻文學生活誌》
2012 年 5 月號。

書的大架構是中國的父權中心社會以及父子──不只是倫理學上的，而且也是人類學、文化學和心理學上的父子──的關係。」〔註 14〕如果再加上晚近的書寫，可以發現小說家的生命情結：是由「父親」、「將軍」、「將軍父／子」這一系列關鍵詞組成，將軍情結既是將軍與民國史、亦是父親與歷史，更呈現了以上兩者的互涉，父親與將軍形象的糾葛。〔註 15〕

　　將軍作為一個小說的題材與人物，一直或顯或隱地出現在白先勇的創作中，從《臺北人》系列中的〈梁父吟〉、〈國葬〉、〈秋思〉、〈遊園驚夢〉、〈思舊賦〉，到長篇小說《孽子》裡的「父輩們」以及《紐約客》〈骨灰〉，這些陸續出場的將軍，有的暗合父親白崇禧的歷史故實以及白先勇成長背景的所見所聞──例如〈國葬〉中描述白崇禧移靈出殯的過程；有的將軍雖為小說中的配角卻有相當重要的象徵意義──例如身為眾孽子的軍人父親們，不論是已故的將軍或是提早退役的將官、副師長，他們都是孽子們既仰慕又畏懼的對象；還有些將軍，只以「照片」形式現身，卻是影響故事中的角色一輩子──例如《紐約客》的〈骨灰〉中明顯影射戴笠將軍的蕭將軍，一個又一個的將軍在白先勇橫跨數十年的小說書寫中陸續登場，無疑構成白先勇小說世界中一個值得探究的人物系列。

〔註14〕蔡克健：〈訪問白先勇〉，《第六隻手指》，頁 463。

〔註15〕在《作家身影──白先勇》中，白先勇提到自己是在離開台灣到了美國以後，反而透過史料、國外的資料重新理解父親──白崇禧將軍的這一面。在〈驀然回首〉一文中，白先勇回憶自己在紐約觀看外國人拍攝的中國歷史片，大為震撼，「南京屠殺、重慶轟炸，不再是歷史名詞，而是一具具中國人被踩躪、被凌辱、被分割、被焚燒的肉體，橫陳在那片給苦難的血淚灌溉得發了黑的中國土地上。……那是我到美國後，第一次深深感到國破家亡的徬徨。去國日久，對自己國家的文化鄉愁日深，於是便開始了『紐約客』，以及稍後的『臺北人』。」參見白先勇《驀然回首》（台北：爾雅，1978 年），頁 78。朱立立從這一段聯想到魯迅在日本東京看到的幻燈片，中國人遭到日軍砍下頭顱，因而觸動魯迅的吶喊，並引用李歐梵的話「一次具體動人的經歷，同時也是一個充滿意義的隱喻」（參見李歐梵《鐵屋中的吶喊》，長沙：嶽麓書社，1999 年版，頁 17），形容砍頭對白先勇的隱喻。朱立立進而分析白先勇的徬徨與魯迅的吶喊，兩人的相似在於「都身在異域，在某個偶然的時間，被一種似乎偶然的視覺影像所震撼，……白先勇也告別了早期唯美頹廢的浪漫書寫，掀開了小說創作的新一頁。在《紐約客》與《臺北人》裡，個體生命的困境，往往被整合進民族和文化的憂患反思中。」參見朱立立《台灣現代派小說研究》（台北：人間出版社，2011年），頁 122。

第二節　缺席的將軍

　　在白先勇小說中出現的將軍，清一色都是以「缺席」狀態出場，在小說敘述的進展中，只存在於他人的回憶。從小說的表現技巧來看，白先勇特別以替代物象徵將軍，形成豐富的將軍象徵體系。

一、將軍的替代象徵

　　下面，即從兩個角度討論小說中將軍的象徵，一是從輓聯、遺像等死亡意象看將軍之死，另一則是從白先勇善於描述的女性人物，探究她們內心反映出來的將軍、及與將軍有關的意象。

（一）輓聯與遺像——失去戰場的將軍

　　在《臺北人》中的〈歲除〉，「伙伕頭」升起的賴鳴升與劉營長對著年輕軍官說起「臺兒莊之役」，打過這場戰的賴鳴升對戰爭的描述是從將軍之死開始，「只看見火光一爆，他的頭便沒了，他身子還直板板坐在馬上，雙手抓住馬韁在跑呢」。無頭的將軍，行動仍是繼續，充滿了象徵性。〔註16〕至於跟在一旁的騎兵連長賴鳴升被轟掉半個胸膛，馬肚爆裂，腸子裹了他的一身，反倒因此逃過敵人的俘虜。不過，來到台灣後沒了以王銘章將軍為首腦的賴鳴升，在向來以「部曲制度」〔註17〕為主的軍隊裡也就「升」不上去了，當年手下的勤務兵成了營長，還出了一位當今官場上的「大人物」，賴鳴升卻寧願當一個榮總醫院廚房的買辦。〈歲除〉中賴鳴升內在自我認知中的「巨人自我意象」，〔註18〕如同將軍之無「頭」，充滿嘲諷性，顯現不論是將軍巨人或賴鳴升的自我感覺是巨人，都是「無頭」、被轟掉半個胸膛，隔絕與孤立、非死

〔註16〕 「頭」，在中國現代小說中自從魯迅的《阿Q正傳》寫下「砍頭」、《藥》寫革命志士斷頭之血成為民間偏方，有頭、沒頭，便開始充滿豐富的象徵性。參見王德威〈從頭談起〉，《小說中國——晚清到當代的中文小說》（台北：麥田，1993年）。

〔註17〕 部曲制度，兵由將招，大將手下的軍團尤其重要，因此要想瓦解一個將領的軍權、實權，只要解散部隊或把將官調離重新整合軍隊即可。孫立人、白崇禧都曾面臨這樣的情況。參見白先勇《父親與民國》、艾思明《名將孫立人》等。

〔註18〕 參見歐陽子〈「歲除」之賴鳴升與其「巨人自我意象」〉，其中，歐陽子以小說中滿桌人觀戲似的看賴鳴升揭開衣服袒露殘缺的胸膛，看其喝酒打拳，哄堂大笑，呈現賴鳴升被「隔絕」、「孤立」的真實處境。參見歐陽子《王謝堂前的燕子》（台北：爾雅，1976年），頁76。

即缺的處境。同時,〈歲除〉將軍之無頭,亦是死亡意象中血腥慘烈的一個。

　　〈梁父吟〉裡的王孟養將軍和〈國葬〉中的李浩然將軍,都是以輓聯形式在國葬儀禮中現身,將軍的生前事蹟全靠當年一同打過天下的同僚部屬透過回憶轉述出來,這些身故的將軍並非主角,卻在小說中因為「缺席」而變成歷史的傳奇。在〈梁父吟〉中,昔日與王孟養有桃園三結義關係的大哥樸公,對王孟養生前最得意的門生雷委員說將軍傳奇、商談將軍的身後事。透過當年插滿全武昌城的革命軍白旗(革命軍未進城前懸上的是同志的頭顱)、王孟養充滿豪情地在黃鶴樓邊插下血跡斑斑的白布掛子大喊「革命英雄──王孟養在此」,對照現在的輓聯、輓聯上寫著「出師未捷身先死。中原老父望旌旗。」旌旗──標誌著所在地、軍隊攻城掠地的印記,可是當象徵革命軍的白色旗幟變成靈堂上的輓聯佈置時,旗已失去標誌的功能,將軍少年得志的英雄形象「要不是樸公今天提起,恩師那些事蹟竟埋沒了」,〔註19〕輓聯上註記的更是將軍來到台灣後「不合時宜」的剛烈性子,得罪了多少人,與多少人的恩恩怨怨。全篇小說,將軍雖然缺席,卻把象徵轉換為「旗」,標誌將軍的傳奇性,更凸顯將軍「在──大陸歷史」與「不在──臺北現實」的今昔對比。路丹妮在〈白先勇小說中的語義結構〉一文,以「軍隊世界的小說」歸納這兩篇作品,並從〈梁父吟〉原為樂府作者據傳為諸葛亮,因此將歷史上諸葛亮的形象轉化為將軍形象,〔註20〕進而論述到:

> 樸公及《台北人》全書出現一系列的軍人都願意為統一祖國跟著新的領導,但是當代缺少像諸葛亮那麼好的領導。……
>
> 同樣的主題也出現在〈國葬〉,《台北人》最後的一篇小說。這篇描寫軍隊世界的小說也包括諸葛亮的典故,而且典故指出就是被埋葬的將軍的性格。翁樸園、王孟養和〈國葬〉的將軍都代表軍人世界,以及體現軍人的道德價值。……軍人世界在《台北人》中代表著世界的正面品質和價值系統,但,就像大將軍一個個地過世,這個世

〔註19〕白先勇,《臺北人》(台北:爾雅,2000年2版),頁131。

〔註20〕〈梁父吟〉中涉及的典故:梁父吟(小說名與漢樂府的互涉)、諸葛亮、桃園三結義以及部分情節與《三國演義》的互文關係、樸公書房裡執守中國傳統文化的擺設、以及王孟養喪禮上輓聯內容的象徵等,歐陽子於〈白先勇的小說世界〉、〈「梁父吟」影射含義的兩種解釋〉二文皆有精闢分析,參見《王謝堂前的燕子──「臺北人」的研析與索隱》。後來論者涉及〈梁父吟〉與〈國葬〉中的輓聯內容分析,亦多以此論點為基礎加以發揮。

界也必要滅亡。於是，藉著這些典故的重複出現，在以軍人為描寫

重點的小說中，可以建構此系列的循環性與對話性。〔註21〕

此篇論述，是較少見以「軍隊的世界」直接標誌白先勇小說的，並嘗試以〈梁
父吟〉中樸公的形象，勾勒出《台北人》中「一系列的軍人形象」之共相，
而最後歸結在諸葛亮與詩詞典故上，正可見因為將軍的「缺席」、形象的不夠
完整明確，因此，必得採用替代性形象以及語義暗示來完成。

《國葬》一篇，場景從故舊樸公的書房轉到將軍靈堂，除了滿室**輓聯**、
四星上將的**將旗**外，最重要的是「堂中靈臺的正中，懸著一幅李浩然將軍穿
軍禮服滿身佩掛勳章的**遺像**」，〔註22〕**遺像**代替了小說中缺席的將軍，成為
萬眾矚目的焦點。最後，小說歸結在將軍的靈車行過南京東路旁，以及副官
秦義方在時空錯覺下彷彿看見抗戰勝利那年的南京謁陵，他從沒見過這麼多
高級將領齊聚在一起，過去與現在的部隊齊聲對著他的長官喊出口令：「敬
禮！」歐陽子評白先勇的〈國葬〉時，便以為秦義方在進入靈堂對著遺像跪
拜後，小說轉入秦義方的內在意識中，李將軍託夢遺失了指揮刀向副官告
別、生前手底下三大將之一的劉行奇，最後甚至成了和尚，一席袈裟飄然而
至，合掌膜拜後翻身便走，只剩一團黑影，象徵將軍的解脫成仙，一切充滿
神祕暗示的情節，讓整篇〈國葬〉場景都充滿了將軍的「靈」：

> 白先勇對於「靈」或「精神」的信仰與崇拜，在「臺北人」的這個
> 末篇小說裡，達到了最高潮。我們讀「國葬」，從頭至尾，一直感覺
> 到「靈」的存在。首先，小說主角李將軍，就是已經脫離了肉體的
> 「靈」。小說情節發展的地點，是「靈」堂。而「殯儀館」、「白簇簇」、
> 「祭奠的花圈」、「牌坊」、「靈台」、「遺像」、「致祭」、「黑布鞋」……，
> 等等的文字，一再的使我們感觸到死亡，或靈與肉的永別。〔註23〕

然而，如「靈」存在的不只有李浩然將軍之靈，秦義方亦以「靈」的形式穿
過靈堂祭拜的人，進入回憶，在意識流動中，看到這些人的過去、他們與將
軍的關係。小說中，秦義方的聲音貫穿全文，他不斷地說，「我是秦義方，秦
副官」、「我是李將軍的老副官」、「少爺我是秦副官」、「副長官我是秦義方」，

〔註21〕路丹妮，〈白先勇小說中的語義結構〉，收入《跨世紀的流離——白先勇的文
學與藝術國際學術研討會論文集》（台北：印刻文學，2009 年），頁 202～203。
〔註22〕白先勇，《臺北人》，頁 266。
〔註23〕歐陽子，〈「國葬」研析〉，《王謝堂前的燕子》，頁 319。引文中黑體為筆者所
加。

唯一回應他的,是和尚劉行奇,「靈」與「物外」相應,秦義方亦是喪禮中靈、神祕的意象,直到移靈前,秦義方終於說了最多的話:「李將軍生前,我跟隨了他三十年,我最後送他一次,你們都不准嗎?」頗有靈回歸現實的況味,直到秦義方上了侍衛車,看著眼前的景象,又從南京東路神遊到那年抗戰勝利的南京。秦義方這個〈國葬〉裡的敘述主體,介乎靈與肉之間,在現實與回憶中來去穿梭。

　　〈國葬〉中將軍「靈」與「肉」的分離,猶如〈歲除〉中身首異處的王銘章將軍,手上握著轡繩兀自「壯心不已」。不論是〈歲除〉或〈國葬〉,皆以充滿象徵的手法描述將軍即使到死,身體都還維持著爲戰爭作準備的狀態,李浩然將軍爬山、打獵、不服老,連身體病了都不准問,失去戰場的將軍,仍然以不同形式繼續維持在「戰場」上。

　　國葬的場景亦延續到《孽子》,成爲此長篇小說中唯一一位將軍「出場」的方式:

> 「前幾天我在電視上才看到王尚德的喪禮,」趙無常插嘴道,「嘆,好大的場面!送葬的人白簇簇的擠滿了一街,靈車前的儀仗隊騎著摩托車,亂神氣!」
>
> 我也在報上看到王尚德逝世的消息,登得老大,許多人都去祭悼了。
>
> 王尚德的**遺像**和行述,佔了半版。王尚德穿著軍禮服,非常威風。
>
> 他的行述我沒有仔細看,密密匝匝,一大串的官銜。〔註24〕

這場「臺北人」的國葬,被複製在電視、報紙上重現,變成口耳相傳的故事,新聞不是與小說敘述同時發生,缺乏現場的描述,連遺像都經過轉載印刷,與小說中人物的關係、與情節的進行更是隔了一層。〔註25〕和《臺北人》裡

〔註24〕白先勇,《孽子》(台北:允晨文化,2000 年 3 月),頁 91。

〔註25〕關於報紙的功能、報紙傳達的新聞與讀者生活經驗的關聯,班雅明在〈論波特萊爾的幾個主題〉中詳細分析了報紙上新聞報導的形式(標題、版面)與傳統說故事／說書人兩者之間的差異。其中,報紙不但不能使讀者「把它提供的信息吸收爲自身經驗的一部分」,相反地,報紙「把發生的事情從能夠影響讀者經驗的範圍裡分離並孤立起來」,報紙的用語和大量出現,癱瘓了讀者的想像力,更重要的是,「沒什麼人還能誇口說他能給其他讀者透露點兒新聞了」。班雅明(Walter Benjamin),〈論波特萊爾的幾個主題〉,收入班雅明(Walter Benjamin)著、張旭東譯,《發達資本主義時代的抒情詩人》(台北:城邦文化,2002 年),頁 198~201。由此來看,當「國葬」場面一再重複出現在白先勇小說中,成爲一個重要的母題時,到了《孽子》以「報紙」方式呈現,

的將軍國葬不同的是,《孽子》裡王尚德將軍的葬禮,沒有任何當事人的參與、第一手的陳述可供其他人想像,將軍的出場是直接遁入歷史,成為轉述中的轉述。

　　將軍缺席,而以「**遺像**」形式代之出現在小說中,這樣的象徵手法,到了《紐約客》的〈骨灰〉中表現得更為極致。〈骨灰〉描述發生在一個晚上的故事,國共兩派、相隔兩地的中國人,昔日因立場不同而反目的親人——大伯、表伯,既不在大陸也不在台灣相會,而是到了美國把酒話當年,小說主要敘述者「我」,以一個晚輩的視角,參與了這個晚上兩岸近現代史各自陳述的「歷史現場」。當年反共的大伯先是在台灣被誣告,送外島(政治犯)坐了二年牢,之後舉家遷到美國,大伯的戰爭卻繼續延燒,這回碰上了極左派的近代史博士媳婦,被媳婦在暗地裡打成「老反動」,且不准大伯跟兩小孫子講民國史,老人家滿肚子民國/個人史欲告無門,搬離「帕洛阿圖那個家」的戰場,遷到舊金山的老人寓所,和專門畫馬賣畫維生的田將軍比鄰而居。表伯龍鼎立,「民盟」健將、「救國會」領袖,為了左派理想上街甚至被大伯抓過,之後留在大陸卻被打成右派,文革時被派去挖墳,把人家一個個祖宗三代的骨頭全挖出來。這兩個歷史人物湊在一起「左」、「右」不分,再加上敘述者「我」,藉主人大伯之口點出小說的主旨「你從紐約去上海,他從上海又要去紐約——這個世界真是顛來倒去」。這一晚看來和將軍無關,可是「將軍」卻以照片——**遺像的形式與擺置**,見證/敘述了大伯的一生。在過境舊金山拜訪大伯時,「我」回憶起三年前大伯剛搬到現在居住的老人公寓的情景:

> 客廳正面壁上,仍舊懸掛著大伯和蕭鷹將軍合照的那張放大照片,相片差不多佔了半面牆,框子也新換過了,是銀灰色,鋁質的。幾十年來無論大伯到哪裡,他一直攜帶著那張大相片,而且一定是掛在客廳正面的壁上。那張相片是抗戰勝利還都南京的那一年,大伯和蕭將軍合照的。大伯說,蕭將軍從來沒跟部下合照過相,那次破例,因此大伯特別珍惜。相中蕭將軍穿著西裝,面露笑容,溫文儒雅,絲毫看不出曾是一位聲威顯赫,叱吒風雲的英雄人物。〔註26〕

如前所述,白先勇小說中的將軍清一色是「已故將軍」,蕭將軍亦是。從他生

　　亦符合作者與讀者可能潛在的一種心理,在這個母題裡,「沒什麼人還能誇口說他能給其他讀者透露點兒新聞了」。

〔註26〕白先勇,〈骨灰〉,《紐約客》(台北:爾雅,2007年2印),頁101。

前掌握特務系統（蕭鷹／鷹派），因飛機失事而殉難，死後葬在南京紫金山等線索來看，此將軍乃是「有所本」暗指國民黨一生充滿神祕性極少曝光的戴笠將軍。大伯幾十年不論到哪都帶著、一定掛在客廳正面的壁上，民國對軍人的影響，宛如照片──蕭將軍的替身──讓大伯的一生又與其他軍人不同。當兩位老人爭論功過時，表伯以爲：「勝利以後，那些接收大員到了上海南京，表現得實在太壞！什麼『五子登科』、『有條有理』，上海南京的人都說他們是『劫收』……」，大伯的反應是：

　　大伯靜靜地聽著，沒有出聲，他又用袖角拭了一拭淌到面頰上的眼
　　淚。沉默了半晌，他突然舉起靠在桌邊的那根拐杖，指向客廳牆壁
　　上那張大照片叫道：

　　「都是蕭先生走得太早，走得不得其時！」大伯的聲音變得激昂起
　　來，「要不然，上海南京不會出現那種局面。……我知道他們心中暗
　　喜，蕭先生不在了，沒有人敢管他們，他們就可以胡作非爲了。……」
　　大伯說著用拐杖在地板上重重敲了兩下，敲得地板咚咚響。

　　「我跑到紫金山蕭先生的靈前，放聲痛哭，我哭給他聽：『蕭先生、
　　蕭先生，我們千辛萬苦贏來的勝利，都讓那批不肖之徒給葬送了
　　啊！』」〔註27〕

白先勇的將軍們都是剛正不阿、與人格格不入的形象，蕭將軍死於戰時，「走得太早，走得不得其時」，個人命運背上國運，出師未捷身先死。無力回天的不只是將軍，還有跟著將軍一輩子功過都隨將軍的部屬，死去的將軍在後人追憶、一次次的故事召魂中變成傳奇，逃過一死卻被歷史拋棄的無名戰士，只能在面對照片／遺照的將軍時，訴說怨悶憤恨，或是像〈骨灰〉裡的大伯，照片亦總結了他的一生：「抗戰勝利，大伯抗日有功，頗獲蕭將軍的器重。那張照片，就是那時拍攝的，而大伯的事業同時也達到了他一生中輝煌的巔峰。」
〔註28〕

　　小說涉及兩個人物的平反，「我」尋到父親的遺骨，對岸的表伯換得投靠兒子、有個埋骨所在，唯獨大伯卻是：

　　「我死了我就不要平反！」大伯悻悻然說道，「老實說，除了蕭先生，
　　也沒有人有資格替我平反。齊生，你去替你爹爹開追悼會，回來也

〔註27〕白先勇，〈骨灰〉，《紐約客》，頁 112～113。
〔註28〕白先勇，〈骨灰〉，《紐約客》，頁 102。

好替你大伯料理後事了。」〔註29〕

小說描述大伯自從妻子過世後,在老人寓所內一個人過活,掛滿半個牆面的蕭將軍與大伯合照的相片,恐怕更是老人精神的寄託,照片與他形影不離,在他的生活裡與他對話、爭論,這張照片是老人家個人的民國史縮影,弔詭的是,這張照片──「一生中輝煌的巔峰」是內心實質的平反,然而遺照──意味著蕭將軍早已故去,平反與否都沒有意義。來自「自由中國」的大伯,平反之路竟比「赤色中國」的表伯來得曲折離奇。

小說處理兩位長輩託付後事的情節,呈現兩岸流亡者的不同。大伯不敢指望自己的兒子,要「我」將他的骨灰灑到海裡,「飄到大陸也好,飄到台灣也好,──千萬莫把我葬在美國」;表伯卻是昔日文革時挖別人的墳,現在要在紐約找便宜乾淨的好「墳」,行李箱裝的妻子骨灰,更是點題。文革挖墳,讓他在背部留下的傷像「插著一柄刀似的」,暗示表伯在當時就已經死亡,留著軀體只是為了逃離鄉土,找到安全的埋骨所在──不會被人(自己人)刨起骨頭把整個墳鏟平。大伯的流亡歲月開始得早,埋骨異鄉無疑就是繼續流亡當「流亡魂」,〔註30〕表伯的海外寄居流亡看似開始,實則表伯早在刨去別人祖墳時,就已經失去故鄉,開始內心的流亡與死亡。大伯與表伯的處境,深刻描繪出海峽兩岸流亡者的不同,兩岸的流亡曲線,迂迴交集在美國西岸,唯一相同的是,「我們大家辛苦了一場,都白費了──」,亦是暗喻著流亡的終點正是回首與覺悟。敘述者「我」由此聯想到自己早年參與保釣的景況,保釣志友不像自己抽身早,最後連學位也犧牲,一生事業坎坷,〔註31〕意味著到美國的第二代流亡或理想的追尋者,也有屬於自己的戰爭,與上一代形式、內容或有不同,犧牲、感嘆與覺悟,竟是兩代三地都一樣。

大伯一生征戰,沒有戰爭的歲月,還是坐進政治的牢,出獄後繼續與他人、子輩進行意識、信仰、理想上的抗戰。大伯最後聲音低啞地說著:

> 「你罵我是『劊子手』,你沒錯,你表哥這一生確實殺了不少人。從前我奉了蕭先生的命令去殺人,並沒有覺得什麼不對,為了國家嘛。可是現在想想,雖然殺的都是漢奸、共產黨,可是到底都是中國人

〔註29〕白先勇,〈骨灰〉,《紐約客》,頁114。
〔註30〕林幸謙,《生命情結的反思》第四章「中國命題一」,頁216。
〔註31〕這裡描述的,是許多美國保釣份子的處境,尤其著名的是劉大任與郭松棻。小說中的「我」齊生一角,較像是劉大任的情況,至於那賠上學位、一生坎坷的,更接近以郭松棻為本的角色。

哪，而且還有不少青年男女呢。殺了那些人，唉──我看也是白殺

了。」〔註32〕

白費了、白殺了、人白死了、青春白白枉送了，小說在這裡流露出白先勇對
歷史的評價，與對上一代戰爭命運操弄人生的無奈與人道關懷。猶如〈梁父
吟〉中樸公的感嘆：

你老師打了一輩子的仗，殺孽重。他病重的時候，跟我說常常感到
心神不寧。我便替他許下了願，帶他手抄了一卷金剛經，剛剛抄單。
做「七七」那天，拜大悲懺的時候，正好拿去替他還願。〔註33〕

這些存在於歷史中，如今皆故去的將軍，其共相是：壯志滿懷少年得意、中
年正直剛烈與人格格不入、老年孤獨英雄失意「無法善終」，〔註34〕更有尚在
世的故舊老者，從死亡看悲憫，進而產生懺悔式的感傷，並從中觀看歷史、
諒解歷史。如何平息「殺孽」，如何安撫將軍孤魂，以及如何安頓兩地老人一
生虛枉白費心機的感傷？一如〈骨灰〉結束時的情景，「我」在大伯憤怒、發
狂舞動圓鍬掘死人骨頭的夢境裡被叫醒（夢境裡表伯變成大伯，象徵大伯繼
續戰鬥的性格），該趕飛機了、行程還要繼續下去，〈梁父吟〉的樸公牽著小
孫子共進晚餐，日子還要繼續下去，〈歲除〉裡的賴鳴升不勝酒力倒頭大睡，
過年的炮竹依舊點燃，這是歲末的一晚。白先勇無疑是在這些老去的、更接
近死亡的「未亡」者身上，藉由召喚國魂／軍魂、挖掘歷史殘灰，進而得到
悲憫與諒解，安頓歷史悲劇下流浪的每個孤魂。

　　〈骨灰〉中將跟隨者大伯與將軍「蕭先生」（先生，暗示此將軍並非傳統
軍隊體系的將軍、他與蕭將軍亦非軍隊裡一般長官與部下的關係），放在一個
「似識未識」（兩人的聯繫只有一張照片）卻是生命共同體的關係上，活著的
人透過照片持續與亡者在未來的生命中繼續產生聯繫（隨身攜帶、對照片說
話、透過照片回顧一生榮耀、甚至在未來的歷史中代替亡者追述歷史──我
看也是白殺了、白死了）。飛機失事、沒人管國民黨了、葬在紫金山、奉命去
殺人……，歷史的真實片段，斷斷續續插入小說中，讀者亦將對歷史的想像
與認知投射在照片上，對蕭將軍亦是「似識未識」的狀態，更增添將軍的神

〔註32〕〈骨灰〉，《紐約客》，頁116。
〔註33〕白先勇，〈國葬〉，《臺北人》，頁139。
〔註34〕英雄失意，是論者分析白先勇小說得到的將軍共相，例如曾若涵〈將軍之死
　　　　──白先勇〈國葬〉中的國族符碼〉、陳榮彬〈戰後台灣小說中「將軍書寫」
　　　　初探〉中對白先勇〈國葬〉和〈梁父吟〉的分析。

祕性，照片宛如歷史的背影，牆上投射的是將軍更爲巨大卻也更加曖昧的剪影。〈骨灰〉中的將軍形象，無疑是這一系列以遺照、照片隱喻將軍的極致表現。

（二）菊花與遊園——由將軍夫人觀看將軍

白先勇小說中幾個最出色的女性人物——將軍夫人、歡場女子、飛官遺孀等，她們的人生也因爲身後／故歿的將軍，華麗中憑添幾分悽滄。在〈秋思〉一篇中，將軍的未亡人「華夫人」，在赴宴打麻將的片刻光景，經過花園，宛如《牡丹亭》小姐遊園的場景中，華夫人因氣味想起將軍：

> 華夫人跨進了那片花叢中，巡視了一番，她看到中央有一兩棵花朵特別繁盛，她走向前去，用手把一些枝葉撥開，在那一片繁花覆蓋著的下面，她赫然看見，原來許多花苞子，已經腐爛死去，有的枯黑，上面發了白霉，吊在枝枒上，像是一隻隻爛饅頭，有的剛萎頓下來，花瓣都生了黃銹一般，一些爛苞子上，斑斑點點，爬滿了菊虎，在啃囓著花心，黃濁的漿汁，不斷的從花心流淌出來。一陣風吹過，華夫人嗅到菊花的冷香中夾著一股刺鼻的花草腐爛後的腥臭，她心中微微一震，她髣髴記得，那幾天，他房中也一逕透著這股奇怪的腥香，她守在他牀邊，看著醫生用條橡皮管子，插在他喉頭上那個腫得發亮，烏黑的癌疽裡，晝夜不停的抽著膿水，他床頭的几案上，那隻白瓷膽瓶裡，正插著三枝碗大一般的白菊花，那是她親自到園裡去採來插瓶的。園裡那百多株「一捧雪」都是棲霞山移來的名種，那年秋天，人都這樣說，日本鬼子打跑了，洋澄湖的螃蟹也肥了，南京城的菊花也開得分外茂盛起來。他帶著他的軍隊，開進南京城的當兒，街上那些老頭子老太婆們有哭又笑，都在揩眼淚，一個城的爆竹聲，把人的耳朵都震聾了。她也笑得彎下了身去，對他說道：「歡迎將軍，班師回朝——」他挽著她，他的披風吹得飄了起來，他的指揮刀，掛在他腰際，錚錚鏘鏘，閃亮的，一雙帶白銅刺的馬靴踏得混響，挽著她一同走進了園子裡⋯⋯。那年秋天，
> 人人都說：連菊花也開得分外茂盛起來——〔註35〕

這一段是白先勇筆下的將軍中，最華麗的書寫，韶光勝極，將軍、美人、花朵，正當其時，將軍出場的描述，美人彎下了身、「歡迎將軍，班師回朝——」，

〔註35〕白先勇，〈秋思〉，《臺北人》，頁 192。

仍是舊時帝王將相的情調描寫。這幅勝戰將軍攜美人「遊園」的畫面——「白菊花」、「一簇簇」（歐陽子：「靈」的象徵），轉進台灣、以男人（副官同袍將領）的視角去觀看，就變成將軍國葬的「移靈」出殯了。華夫人——女性視角——毋寧不見將軍這一面，將軍夫人的時序在意識流筆調中浮隱倒錯交織進行，只選擇她們想看的、想記得、想留住的片段。只是，兩地遊園，逃不掉的是氣味的勾引，將軍夫人敏銳的感官記憶，變成將軍書寫的一連串隱喻：將軍是殘掉的菊花，將軍的歷史與記憶還沒腐爛死去，但是，遠觀繁盛，近看黑點斑斑，戰敗痕跡像爬滿的菊虎，啃嚙著花心。於是，以菊花為核心，對應將軍與將軍夫人，便形成：將軍的身體與南京戰場／一捧雪的蕊心與花園／夫人的青春與台北遊園等對應關係，並凸顯「過去——將軍的南京戰場」與「現在——夫人的臺北花園」的雙重指涉，最後的敘述全聚焦在：菊花「花草腐爛後的腥臭」／「他房中……這股奇怪的腥香」、「黃濁的漿汁，不斷的從花心流淌出來」／「烏黑的癌疽裡，晝夜不停的抽著膿水」時，菊花的遠看華麗、近看卻是在花的底部深處凋殘充滿蟲菌侵蝕的痕跡，便充滿將軍與夫人現時情境的隱喻，韶光早已逝去，將軍的榮耀、夫人的榮華以及「一捧雪」的花季，都撐不過「那年秋天」，從夫人點將軍，凸顯將軍事蹟已是昨日黃花，然而是什麼原因造成的不堪聞問，白先勇筆下除了忠烈剛強為人格格不入，對於將軍的處境，始終不再多置一辭。最後只呈現將軍與將軍夫人的共相，青春繁華的南京與凋殘沒落的台北。

　　〈遊園驚夢〉與〈秋思〉相較，亦有相似的表現手法，將軍一律在夫人的現在「缺席」，甚至只存在於遊園、聽戲、宴飲、排場、派頭中。將軍戰場的比拼，轉進夫人的公館裡，變成「錢公館裡的酒席錢，『袁大頭』就用得罪過花啦的」。在白先勇筆下幾位將軍行列中，〈遊園驚夢〉的錢鵬志是較為「得志」的，錢夫人跟著錢將軍還是過了十幾年的好光景，只是，這將軍「安享晚年」底下，畢竟還是隱藏了錢夫人一段不可說的情事，在錢夫人的喃喃絮語中洩漏無奈，「錢鵬志的夫人。錢鵬志的隨從參謀。錢將軍的夫人。錢將軍的參謀。錢將軍。難為你了，老五，錢鵬志說道，可憐你還那麼年輕。」〔註36〕透過女性觀點，錢將軍最後只牽掛足可作他孫女般年輕的錢夫人，可憐還如此年輕。因此，〈遊園驚夢〉裡的將軍毋寧只是一個男人，他的遺憾不在沙場在情場。至於將軍夫人們，早就向前／錢看，華夫人出門打牌，要

〔註36〕白先勇，〈遊園驚夢〉，《臺北人》，頁231。

不動聲色的請人到家中刻意裝扮，送「一捧雪」給萬大使夫人，要能表現自己的身分又不要便宜了她，竇夫人的處境複雜些，有排場問題還有情場失意，她的戰場不在現時／現實，在過去的記憶中青春與情慾、命運與罪罰的自我戰場。

凋殘的將軍，除了〈秋思〉以外，還有〈思舊賦〉裡透過兩位老婦人在重逢後說起將軍家光景不勝唏噓的內容。在這一篇裡面，將軍完全變成故事的「邊緣人」，兩個白頭宮女不話當年，「長官一家轟轟烈烈的日子，我們都見過。現在死的死，散的散……長官要出家，我們也不敢阻攔」，〔註37〕出家──無疑是將軍們當中最為虛無的歸屬。〈思舊賦〉裡的長官是誰：南京東路一百二十巷中的李宅、銹黑的鐵座子、烏銅門牌、「李公館」個碑體字，除此之外，再也看不到更多對這位將軍的描述了，他的將軍身分都還是從「王副官」對應出來。李將軍不僅沒有名字，歷史上沒有位置，連小說家為他造下的「碑」都是銹黑的。小說第一段對順恩嫂的描述，亦是充滿衰老與死亡的象徵：剝落、點點霉斑、毛髮差不多脫落殆盡、身體已經乾枯得只剩下一襲骨架……，充滿死亡暗示的病體，一撮斑白的髮髻以及風中抖索索的衣衫，則是苟延殘喘的象徵，小說中的長官李將軍雖然沒有出現，但是這些意象已經充分暗示了將軍的老態與神情。此外，樹倒胡孫散，在這一篇小說中表現得淋漓盡致，將軍書寫下常見的不孝子在此篇變成不孝女，副官的兒子勾結年輕傭人，連帶偷走夫人的一箱玉，暗諷將軍失去勢力權威後，連身邊的人都無視將軍的存在。最後留下的痴傻兒子，不懂哭，吃吃傻笑，先李將軍一步「出世」，和將門父子再也無關。白先勇一系列的將軍形象中，〈思舊賦〉的「李將軍」無疑是最虛無、也最衰老殘破的一個。

在《台北人》、以及《紐約客》中的〈骨灰〉，出現的這一系列將軍形象的象徵：無頭、輓聯、遺照、菊花，充斥之間無所不在的「靈」與殘破肉身，如果視為沒落貴族與懷舊書寫，將軍的形象風采遠遠不如尹雪豔、金大班、竇夫人，將軍的落寞，依違在名與無名、功與過之間，涉及歷史詮釋與定位，猶如〈國葬〉呈現的將軍身後哀榮，輓聯上是世人對將軍的不捨與同情（壯志未酬身先死），可是將軍無言，一如秦義方意識裡的哀傷泣訴，將軍心臟病發，倒了也無人知，一句話也沒留下。白先勇筆下這一系列缺席的將軍，皆是這般身影。

〔註37〕白先勇，〈思舊賦〉，《臺北人》，頁119。

二、將軍與民國——因不在而無所不在

　　夏志清認為白先勇早期小說中的人物「是部民國史」，〔註38〕白先勇在與胡菊人的對談中，則是提到後來論者喜歡將他的懷舊風格與沒落貴族畫上等號，而申辯道：

> 有些人批評我寫沒落的貴族，我覺得不是，我什麼都寫嘛。在《臺
> 北人》裡，老兵有，妓女有，酒女也有，老傭人、老副官、上的、
> 下的，各式各樣的人。〔註39〕

民國史、各式各樣的人皆有，白先勇唯獨不提對「民國史」或「臺北人（們）」而言，皆相當重要的人物——將軍；然而，將軍不只接連出現在《臺北人》、《紐約客》幾個重要短篇以及長篇小說《孽子》中，而且，白先勇一連採用副官（〈國葬〉秦義方）、舊同僚與門生（〈梁父吟〉樸公、雷委員）以及目睹將軍最後如何死亡的故舊、不在場的孽子（《孽子》中的傅崇山與王夔龍）、將軍夫人（〈遊園驚夢〉竇夫人、〈秋思〉華夫人）和公館裡服侍飲食湯藥打掃的女傭（〈思舊賦〉順恩嫂與羅伯娘）等多樣視角交錯敘述，可以說是以各個視角「目擊」將軍、編織將軍過去的功績與來台的晚年生活。不過——就是獨缺一個以將軍為敘事角度、呈現以將軍作為主要觀點的作品。

　　此外，即使透過將軍的夫人、副官、部舊屬下等人物書寫將軍，將軍沒有一人是出現在「現在」，〔註40〕因為將軍的「缺席」，遂透過大量的隱喻、替代物、中介物來描述將軍，例如，遺像（包含旌旗、輓聯）、照片、菊花等物來代替將軍。班雅明提到攝影、照片、印刷術與現代性的關聯時，提到：

> 肖像照會在早期的攝影中扮演中心角色一點也不偶然。在獻給遠遊

〔註38〕 「他交代他們的身世，記載他們到臺灣或美國住定後的一些生活片段，同時
　　　　 也讓我們看到二十年來大陸淪陷後中國人的精神面貌。『臺北人』甚至可以說
　　　　 是部民國史，因為『梁父吟』中的主角在辛亥革命時就有一度顯赫的歷史……
　　　　 白先勇也是在二十五歲前後（到美國以後），被一種『歷史感』所佔有，一變
　　　　 早期比較注重個人好惡，偏愛刻劃精神面貌上和作者相近似的人物的作風。」
　　　　 參見夏志清〈白先勇論（上）〉，《現代文學》第 39 期（1969 年 12 月），頁 3
　　　　 ～4。本文後來改名為〈白先勇早期的短篇小說〉，收入白先勇《寂寞十七歲》
　　　　 （台北：允晨文化，2000 年）。

〔註39〕 胡菊人，〈與白先勇論小說藝術——胡菊人白先勇談話錄〉，《驀然回首》（台
　　　　 北：爾雅，1990 年），頁 150。

〔註40〕 唯一例外，小說敘述進行中，將軍還活著的，是〈思舊賦〉裡的「長官」，不
　　　　 過，仍舊被安排犯了胃氣、喝下藥去睡了，小說敘述順恩嫂與羅伯娘那日的
　　　　 交談，將軍始終未出現。

他方或者去世的親愛者的紀念性儀式中，影像的祭儀價值找到了最
後的棲身之處。〔註41〕

肖像照所具有的紀念儀式、祭儀價值，本身即說明了肖像主體的「不在」，白
先勇這一系列的將軍書寫中呈現的樣態即是，以多樣的視角「觀看」將軍、
回憶將軍，但是，將軍依然呈現一種不在文本內、在他處的模糊身影，並且，
將軍的替代物，換喻呈現的樣態，都是凋敝、充滿死亡氣息的特質，這樣的
將軍書寫，毋寧說是爲將軍造像，不如說是更接近了白先勇本人的主觀內在
意圖。

　　羅蘭・巴特以戀人爲喻，描述在／不在的「對峙」所形成的延長認知情
人不在的處境，或可用以理解白先勇將軍書寫中將軍「缺席」的意涵：

對方永遠不在身邊，處於流離的過程中；從根本上說，對方始終飄
泊不定，難以捉摸……。思念遠離的情人是單向的，總是通過待在
原地的那一方顯示出來，而不是離開的那一方；無時不在的我只有
通過與總是不在的你的對峙才顯出意義。

情人不在場，所以她是談論的對象；而在我的傾訴中，她又是受話
人，所以又是在場的；這個怪現象引出了一個無法成立的現在時態；
我被夾在兩個時態中無所適從，既有描述談論對象的時態，又有針
對受話人的時態：你已經遠離（所以我才悵然若失），你又在眼前（既
然我正在對你說話）。從這裡我才悟出現在時這個最棘手的時態是怎
麼一回事，這原來是焦灼不安的一種跡象。

……對遠方情人的思念成了一種積極的活動，一椿正經事（使我其
他什麼事都幹不成）；從中衍生出許多虛構情境（懷疑、怨艾、渴望、
惆悵）。語言經戲劇化後，對方的死亡被推延了……。活躍情人不在
的情境便是延長這個間隔，推延這個信念的突然轉變，以不至於很
快相信對方已不在人世。〔註42〕

覆案小說文本，這些「缺席」將軍的故事中，都有一個主要或次要的敘述者

〔註41〕班雅明（Walter Benjamin），〈機械複製時代的藝術作品〉，收入班雅明（Walter
　　　Benjamin）著、許綺玲譯，《迎向靈光消逝的年代》（台北：台灣攝影工作室，
　　　1998 年），頁 69。
〔註42〕羅蘭・巴特（Roland Barthes），「相思」，羅蘭・巴特（Roland Barthes）著、
　　　汪耀進，武佩榮譯，《戀人絮語──一本解構主義的文本》（台北：桂冠，1994
　　　年），頁 6～11。

擔任了「在」的聲音，他／她觀看遺像、照片、菊花等將軍的替代物，透過睹物思人、書寫輓聯、遊園感悟或是對另一人傾訴將軍生前故事，都是一種在與不在「對峙」狀態的活動展演。「在」的聲音，如秦義方、樸公、將軍夫人、賴鳴升、順恩嫂、大伯這些人物，亦同時出現兩種時態的聲音，既有談論將軍的時態、又有針對受話人小說敘事進行中的時態，交織穿插出感傷落寞與焦躁的內在情境。

　　此外，白先勇的將軍書寫弔詭地衍生變形爲將軍因爲不在──而無所不在。這是一個極其私密、個人、單向度的書寫方式，那些衍生出來的「虛構情境：懷疑、怨艾、渴望、惆悵」，都在小說中的人物──尤其是將軍夫人與將軍的貼身副官身上印證了，而當這些極其個人的情感變成將軍與歷史的連結象徵時，時代感、歷史感明顯不足（從「不在」出發的無所借力），懷舊思念──過去榮景、太平歲月、青春韶華等面向，顯然又太過明確聚焦，由於展演的方式幾乎完全一致，這些不同階級身分的人物流露出來的情感狀態、內心思維皆爲一致，多方聚焦出特屬於「臺北人──將軍」之於白先勇的撫今追昔。李奭學從文學藝術與現代性成就來看《臺北人》，覺得白先勇緬懷過往的繁華、如今又人事全非的滄桑之感，撫今追昔的結論除了小說家自己亦多次引述的唐人劉禹錫〈烏衣巷〉外，應還有晉人《世說新語》的「新亭對泣」，他認爲「白先勇借遣胸懷，反使之產生質變，凸顯而爲當代臺灣文學走向深一層現代化的契機」、「六○年代臺灣全民在國府指導下『新亭對泣』，將千年傳下的歷史常感轉爲本身現代性的一環，架設起某種十分獨特的文化框架」。〔註43〕這在今日已成論者分析白先勇小說成就與《臺北人》小說歷史定位的共識；然而，還有另一種評論聲音，也一直方興未艾地跟隨，以呂正惠對白先勇「歷史感」的評論爲例：

> 作爲一個外省籍的年輕作家，他確實可以爲他父母那一輩留下一部「歷史的見證」。然而白先勇的視界太過狹隘，他的主觀的感受遠超過一個客觀的藝術家所能容納的程度，所以他沒有成爲一個歷史的見證者，沒有客觀地記錄那「憂患重重的一代」。〔註44〕

〔註43〕李奭學《三看白先勇》（台北：允晨文化，2008 年）第一章「中國民族主義與臺灣現代性：從喬艾斯的《都柏林人》看白先勇的《臺北人》」，頁 20～23。又，如果從老兵文學的角度來思考（例如陳映眞著名的〈將軍族〉），那麼，此一全民在國府指導下的「新亭對泣」，恐怕還是各彈各的調，各人哭各人的。

〔註44〕呂正惠，〈臺北人「傳奇」〉，《文星》104 期（1987 年 2 月），頁 98。

從將軍書寫的情況來看，尤其鮮明，白先勇的歷史造像，以個人主觀情思爲根本，因此他的將軍書寫不可不謂「狹隘」，此亦爲朱西甯大嘆「何以不爲」、齊邦媛感嘆將軍的當年英雄故事寫得太少之處，而且在這些偏向女性細節的物態（菊花、植物、遊園、氣味等〔註45〕）工筆點繪中，將軍更添了屬於白先勇個人的、靜態式的悲悼哀傷，彷彿所有的將軍都是父親白崇禧生前在台灣十七年的化身，一段安靜蹇危將軍無言的歲月。

「將軍」，作爲過去英雄的象徵，根據《父親與民國》的記述，白崇禧屢屢掛懷東北四平街一役失掉大陸半壁江山，從歷史來看，江山失守有錯綜複雜的政治操作，非將軍之力可逆勢，但白崇禧以「待罪之身」視己，並靜待收復山河時爲己平反除罪，卻是白先勇筆下將軍的共相，而另一方面，在台第二代、新制底下未曾參與戰爭的軍官，如〈歲除〉身穿美式軍禮服、別上金亮的官校學生領章的俞欣，〈國葬〉裡收拾得頭光臉淨的年輕侍從，以秦義方老副官的話「吃屎不知香臭的小王八」，充滿今不如昔的嘲諷，又如「這些新陞起來的將官們，他一位都不認識了」，可是當年打過戰，九死一生回來的人，秦義方光是看到背影的砲傷就認出人了，劉行奇、賴鳴升之輩，都是經過戰爭留下功勳記號的身體，此處隱然浮現兩代將軍的分野，頭光臉淨的軍官陞上來的將軍，如何識得將軍當年家國離恨與今日的愁滋味，白先勇筆下這一系列的「將軍」，很明顯的是充滿歷史特定視角，集中於北伐、抗日、國共內戰、1949 年之前的將軍，因此，將軍的不在場、缺席，正因將軍之所在，從來不在台北這一場。白先勇的小說預言了歷史的眞相：這一代民國「將軍」的歷史，在 1949 年撤退來台時就已經提早結束，只是當時大家都還不知道。所以，在「『身移』而『心不轉』的錯位」下，〔註46〕將軍的悲劇，更是「身」死而心猶轉，不論回不回得了大陸，怎麼回去──打回去（〈歲除〉）、移靈回去（〈梁父吟〉），1949 年後大陸的地圖上已經沒有這一代將軍的戰場了，更遑論埋骨所在（〈骨灰〉）。

第三節　《孽子》的家變與「兵」變

從〈歲除〉（1967 年《現代文學》第 32 期）、〈梁父吟〉（1967 年《現代

〔註45〕　〈梁父吟〉最後亦是結束在「蘭花已經盛開過了」、「枯褐的莖梗」、「殘苞」、「冷香」，以及樸公被風吹動的銀鬖髮絲。

〔註46〕　劉俊，〈從國族立場到世界主義〉，參見白先勇《紐約客》（代序），頁 2。

文學》第 33 期）、〈國葬〉（1971 年《現代文學》第 43 期）、《孽子》（1977 年開始連載於《現代文學》復刊號第 1 期）到〈骨灰〉（1987 年出版），這些出現將軍的小說，都寫於父親白崇禧過世（1966 年 12 月）後，彷彿父親／將軍的「缺席」，白先勇才有了適當的位置、距離去觀看書寫將軍父親。以下，本節將繼續討論白先勇筆下的來台將軍，於《台北人》的書寫中看似走入歷史灰燼，其實卻在《孽子》父子關係裡一度「重振軍威」、將「軍權」復現於「父權」。

王德威以父權淫威、父權的霸氣（爸氣十足）分析《孽子》的成就，論道：

> 台灣作家藉父親形象的變異反觀政治的例子也所在多有。……這一方面的突破者應是白先勇八○年代中期的《孽子》。小說的題目已點出父與子間的張力。五四時代意識型態的孽子如今搖身一變，成為身體／性別政治的孽子。但所帶來的衝擊較前只有過之。此無他，白先勇筆下孽子們的行徑不只危害傳統政教倫理關係，更進一步威脅父系制度的身體、情慾範疇。傳宗接代只是檯面上的問題，由父與君、父與夫等形成的男權象徵連鎖遭到顛覆，才是關鍵所在。〔註47〕

除了王德威分析的父權、夫權、男權與身體，從將軍書寫的角度來看，還可再加上「軍權」，首先，《孽子》以李青為敘述主體的「我」，交織出三組父子：李青與李父、王夔龍與王尚德、傅衛與傅崇山，這些父親皆有軍人軍官將領的背景，都渴望子輩克紹箕裘；其次，子輩在繼承父職、父志的過程中，都曾歷經「複製」父志階段，因而有戀槍／戀軍／戀父的展現，而一系列軍人陽剛的身體與同性戀範疇下錯位的性身體，形成子輩意志與情慾的轉向，最後不僅因此「危害傳統政教倫理關係」、「威脅父系制度的身體」，最後更在精神層面上對父親重擊，可說是兵變與家變，雙重變態造成「弒父」的情節。因此，本節在討論《孽子》的父子關係時，以為必須把將軍、軍權與父權一併思考，才能爬梳《孽子》底下的「霸」權與身體暴力。

在白先勇一系列將軍書寫的作品中，幾個主要或次要情節中涉及將軍人物的重要作品：〈梁父吟〉、〈國葬〉和《孽子》，都涉及父子結構。〈梁父吟〉

〔註47〕　王德威，〈叫父親，太沈重？——父權論述與現代中國小說戲劇〉，《聯合文學》12 卷 10 期，頁 49。

與〈國葬〉在寫作手法與內容題材上頗為接近，兩位將軍都有一個不怎麼肖
父的兒子，前者在美國住久了，連中國人起碼的喪葬禮儀人情世故都不懂，
訃文上不列父親繼室的名字，不辦法會；後者從軍校裝病退下來逃到美國，
十足的「逃兵」，看見父親昔日部下秦副官，臉上一片漠然，像個完全不認識、
不相關的人。這兩位長期住在美國的子輩，選擇認同的國族未必是美國、但
是一定不「中國」，對將軍過去歷史的不認識、漠然與不相關，乃至將軍死後
的不繼承、不承認（繼室、功勳）態度，很容易就會讓人聯想到二代國族認
同的隱喻。〔註48〕白先勇對此自述道：

> 流亡到台灣的第二代作家，……內心同被一件歷史事實所塑模：他
> 們全與鄉土脫了節，被逼離鄉別井，……不過這兩代的流亡作者對
> 於放逐生涯的態度，卻有相當大的分別：遷台的第一代作者內心充
> 滿思鄉情懷，為回憶所束縛而無法行動起來，只好生活在自我瞞騙
> 中；而新一代的作者卻勇往直前，毫無畏忌地試圖正面探究歷史事
> 實的真況，他們拒絕承受上一代喪失家園的罪咎感，亦不慚愧地揭
> 露台灣生活黑暗的一面。〔註49〕

因此《臺北人》裡將軍的兒子都呈現相當大的疏離感，不僅與父親疏離，分
隔的同時是時代感、歷史與國族認同，其中，另一篇〈思舊賦〉中的兒子甚
至是傻大個，完全拒絕認同或不認同的問題。

　　較為全面深入探討父子關係的是《孽子》，《孽子》同時也是《臺北人》
部分主題的延續，尤其寫於 1969 年的〈滿天裡亮晶晶的星星〉，可視為《孽
子》長篇的原型。《孽子》中重要的三組父子：阿青與李父、傅衛與傅老爺
子、龍子與王尚德將軍，都和「軍人將領」有很深的關係。敘述者「我」阿
青的父親是團長，有將軍之志卻因在大陸曾被共軍俘虜，來台後被革職，失

〔註48〕相關論述已非常多，江寶釵即以白先勇的研究現象為本，著有《白先勇與台
　　　　灣當代文學史的構成》（台北：駱駝出版社，2004 年）一書。其中，幾篇涉及
　　　　父子結構與國族想像觀點較為特殊者，如：朱偉誠，〈父親中國‧母親（怪胎）
　　　　臺灣？白先勇同志的家庭羅曼史與國族想像〉，《中外文學》30 卷 2 期（2001
　　　　年 7 月）；梅家玲〈白先勇小說的少年論述與臺北想像——從《臺北人》到《孽
　　　　子》〉、〈孤兒？孽子？野孩子——戰後台灣小說中的父子家國及其裂變〉，二
　　　　文收入梅家玲著《從少年中國到少年臺灣：二十世紀中文小說的青春想像與
　　　　國族論述》（台北：麥田，2012 年）等，以及李奭學《三看白先勇》之「後語：
　　　　重讀《紐約客》」，本文尤其著重白先勇與父親白崇禧的關係，為重讀《紐約
　　　　客》提供作家身世與小說文本的互讀。
〔註49〕白先勇，〈流浪的中國人——台灣小說的放逐主題〉，《第六隻手指》，頁 110。

去軍人身分，是個在將軍之路前敗陣下來不得志的團長；傅副師長傅崇山，小說家在名字的設計上特別強調是「副」，呈現傅、副的拗口疊音，在小說中眾人皆以「傅老爺子」稱之，傅老爺子到底做了多大的軍階，除了「副師長」其他無所敘述，傅老爺子對阿青描述自己與龍子之父王尙德的關係時，說到：「我跟他父親王尙德是舊交，抗日時期，我們都在第五戰區，算是袍澤。不過我退得早，王尙德倒是升上去了，官做得很大。」凸顯兩人的差別，傅「副」師長的稱謂，更凸顯正、副之間「將軍」與「未成將軍」之別，直到傅老爺子死後，透過阿青觀看傅老爺子生前一直懸在牆上的照片，穿著的是「將官制服」，才揭示其將軍身分。至於新公園裡的傳奇人物「龍子」王夔龍，其父是《孽子》中唯一的將軍「王尙德將軍」，在故事的敘事進展中，是個已經故去的人物，因此，可看到〈國葬〉裡的場景被簡化在《孽子》中成為一則報導。雖然，唯一清楚明確標誌身分的將軍角色在小說敘事中從未出現，另一個傅副師長，提早退役，在台灣已經早已沒有軍權和人脈，但是，《孽子》裡的「將軍」，毋寧更像一個隱喻貫串了小說中三對主要的父子。〔註50〕

　　《孽子》中的軍人父親共通的願望就是望子成龍——兒子接棒成為一名優秀的軍官，先是軍官最後成為一名將官，是這些將軍／未成將軍的父親們共同的心聲。

一、李青：戀父、戀槍的「兵」變

　　《孽子》中最鮮明的軍人父親形象，是阿青在大陸已當上團長的父親：

> 有一天，父親把我召進他房中，鄭重其事的把他床頭那只小紅木箱捧到案上，小心翼翼的將箱子打開，裡面擱著一枚五角星形的紅銅鍍金勳章，中間嵌著藍白兩色琺瑯瓷的寶鼎。……父親指著那枚舊勳章，對我說道：
>
> 「阿青，我要你牢牢記住：你父親是受過勳的。」
>
> 我覺得那枚勳章很好看，便伸手去拿，父親將我的手一把擋開，皺起眉頭說道：

〔註50〕此外，值得注意的是，《孽子》裡的父輩與收養孽子成為這些人子心理上父親的人，從將軍、副師長、團長、排長到老兵皆有，簡直像一支軍隊，在小說中不時或隱或顯地流露出軍隊式的話語風格。因此，《孽子》裡的父權，更是融合了軍權的特質：更強調榮譽、上下一致與強烈的人身控制。

「站好！站好！」

等我立正站好，雙手貼在褲縫上，父親才拿起那枚勳章，別在我的學生制服衣襟上，然後他也立了正，一生口令喝道：

「敬禮！」

我不由自主，趕忙將手舉到額上，像父親行了一個舉手禮。我差不多笑出了聲來，但是看見父親板著臉，滿面嚴肅，便拚命忍住了。父親說，等我高中畢業，便正式將那枚寶鼎勳章授給我。他一心希望，我畢業的時候，保送鳳山陸軍軍官學校，繼承他的志願。〔註51〕

一枚軍人的徽章被別在學生的制服上，兩種制服構成身分的轉換，象徵了李父對阿青的期待與父傳子的意涵，唐捐透過「兵變」概念點出軍人制服底下思維的內涵：「這是鉅大壓力之下的『變』——時代與世界之變，身份與身體之變，文字與文體之變——通過『兵』的關鍵結構」、「制服身體的反制思維」、「也就是這一套代表什麼的制服，使人變質、變形或變態」，〔註52〕制服底下包裹的是權威，別有徽章的制服更是權威高低的表徵。不論是團長、還是身為領導階級的將官，這些人領導別人時以「制服」制伏兵，但是自身也同樣領受此套「制服」，一輩子受其反制脫不了身。〔註53〕這些軍人父親受其宰制，在失去戰場後繼續宰制/再製下一代，面對兒子與家庭時，毋寧是把軍事化風格延續到家中，將軍隊裡嚴格的軍權移植到家庭變成充滿霸權的父權。無法調整自己深陷軍隊結構化、制服（制度）化自我的將領軍官們，來台失去戰場後，便回到家中另闢戰場管教妻小。〔註54〕借用唐捐的說法，

〔註51〕《孽子》，頁48～49。

〔註52〕唐捐在《台灣軍旅文選》中，借用逯耀東的「兵變」二字，將「軍旅文學」定調為「身體與文體之兵變」。唐捐，《台灣軍旅文選》（台北：二魚文化，2006年），頁10～11。

〔註53〕從老兵文學的角度來看，沒有徽章的老兵在身體上刺下「反共復國」、「殺朱拔毛」的統一神話，視身體為看板寫下標語公開示眾要大家毋忘在莒，而別在將軍胸口的徽章，是另類刺青，這標語寫的是將軍的國族認同、政治效忠與歷史定位，是上下同心呼口號，亦是一種隱藏在反思之後的識別焦慮。

〔註54〕白先勇亦曾在陳文茜「解碼陳文茜」節目的訪問中，提到父親來臺，失去戰場與政治舞台後，便花了較多心力在督促孩子的功課上，在《父親與民國——白崇禧將軍身影集》一書中，白先勇回憶道：「我們的家庭地位，幾乎以學校成績定高下。先德與父親的關係比較複雜，他一直努力試圖達到父親超高的期望，所以有時掙扎得辛苦」、「父親曾領百萬雄師，指揮若定，但晚年教育幼子，卻不那麼得心應手。帶兵和教子顯然是兩種紀律。母親看見父親對

這是人性變態變成人倫變態的過程，阿青的家庭就像是一個隨時可能發動演習的現場，「踏著他那僵硬的軍人步伐，風塵僕僕的去趕公共汽車」、〔註55〕「父親昂頭挺胸，好像在閱兵，大步大步的跨著，母親跟在他身後，碎步追趕，不住的兩邊張望」，〔註56〕這些將領軍官之「志」，以勳章形式授與下一代，成為其一生的標誌，父親「授過勳」、「授給我／我授與你」，上陣父子兵、父父子子的軍隊結構，被具象成勳章，一枚緊箍咒，牢牢鎖住青春野鳥，直到一個個都變成被迫逃離家園的不肖孽子。小說描述到：

> 罩在黑鳥的帳子裡，染上了一身的毒，在等死。我畢竟也是她這具滿載著罪孽，染上了惡疾的身體的骨肉，我也步上了她的後塵，開始在逃亡、在流浪、在追尋了。那一刻，我竟感到跟母親十分親近起來。〔註57〕

李青、弟娃與母親被迫「殊途同歸」地以流亡、死亡的形態終結人倫之變，更終結自己身上的印記勒令退學、逐出家門、逐出人倫的父權陰影。

此外，李青成長階段一度曾經出現戀父情結。在李青觀看傅老爺子與傅衛並排掛著「兩人身著軍裝」的照片時，阿青將高中時的自我認知與記憶，投射到傅衛的身上：軍訓術科得分很高、基本動作最標準、玩槍野外練習打靶總是興高采烈、「自認不愧是軍人子弟」。其中一段，白先勇寫出李青的試槍、拭槍與戀槍：

> 而且我也喜歡玩槍，每次到野外練習打靶，總感到興高采烈，我喜歡聽那一聲聲劃空而過子彈的呼嘯。在家裡，有幾次，我曾把父親藏在床褥下的他那管在大陸上當團長時配帶的自衛手槍拿出來，偷偷玩弄。那管槍，父親不常擦拭，槍膛裡已經生了黃鏽。我把手槍插在腰際，昂首闊步，走來走去，感到很英雄、很威風。〔註58〕

這一段鮮明描述戀父與英雄情結，父親、團長、手槍與英雄，加上小說在多處觸及阿青高中以前的學校生活時，側重的即是他軍訓高分、姿勢準確、「軍隊出操，我是我們小班的班長，我們在操場上練習跑步總是由我帶頭叫口令

付兩個幼子顯得左支右絀，有點幸災樂禍的笑道：『我帶大八個，個個都好好的，你連兩個都搞不定。』白先勇從不諱言，父親來台後調整自我心態的辛苦。參見白先勇《父親與民國——白崇禧將軍身影集》，頁276～298。
〔註55〕白先勇，《孽子》，頁49。
〔註56〕白先勇，《孽子》，頁51。
〔註57〕白先勇，《孽子》，頁61。
〔註58〕白先勇，《孽子》，頁313。

的」等「軍人子弟」的風采與驕傲，如果阿青沒被父親趕出家門，他也是另一個傅衛，神氣軍官的形象，對父親在大陸時期英雄形象的想像與「繼承」，在拿槍——拭槍——腰際插槍一連串父親的陽具與巨人意象中逐一完成，父權更多了集體結構（軍隊）中陽剛軍令式（阿青帶頭叫口令）的兵權。然而當父親趕出母親與阿青時，手裡也是一管空槍，阿青眼中終於看清楚父親的真實面貌：「除籍軍人，根本無法配到子彈」、「覺得手裡有管槍，才能壓得住人」，父親的槍是無用的槍，父親是生了鏽的空槍。〔註59〕從過去的軍威到勳章、父親是受過勳的，進而理解到父親權威的虛空與荒謬，阿青懼怕的不是父親從擁有過的軍權移植來的霸權淫威，而是失去妻子、權勢沒落後、再面對兒子不肖「痛苦不堪灰敗蒼老的面容」——父親無法再「授與我」勳章了。

阿青的角色，將戀父、戀槍（陽具崇拜〔註60〕）放在父親軍人身分底下顯現，從崇拜到失望與轉「性」的過程，也斷了他的軍旅之路、投考陸軍軍官學校的可能，因此，在李青與父親決裂的人倫之變與「家變」中，還同時包含自我的「兵變」，放棄此槍，追尋另一把陽具槍的意念翻轉。然而，阿青與父親的關係也凸顯了另一個現象，在父權／霸權瓦解後，曾經定義「孽」的人一旦失去話語權力，「孽子」會因而變回「人子」嗎？可以回家了嗎？如何回家？再者，如果「家」的象徵是一個提供庇佑保護的所在，蒼老衰敗的父親如何提供庇護？還是身為孽子的人子如何庇護衰敗的父親、如何取代父親提供感覺生活與「家」的「延續性」？尤其是弟娃與母親已相繼過世，此

〔註59〕 葉德宣在〈從家庭受勳到警局問訊——《孽子》中父系國／家的身體規訓地景〉文中提到，「槍」是父親陽物的替代物，在形式上充滿暴力指涉，父親的受勳、勳章，同時更是馴化身體的一部分。「這一套身體規訓原則經國民黨政權使用後，成為一套嚴密的軍訓體系：在《孽子》中，這一套訓育體系不僅出現於軍隊、家庭、乃至戒嚴時期整個台灣的市民社會，更出現在李青、傅衛等人的原生家庭，只是在敘事上被『（不）孝／肖』之論述所統攝的父子關係所遮蔽、置換掉了。」（見《中外文學》第30卷第2期，2001年7月，頁131）。然而，如果將這些父子關係置於將軍書寫下討論，則可以發現身體規訓、軍訓體系依然鮮明，只是，這裡的「國民黨政權」與「戒嚴時期」有待商榷，因為李父、傅老爺子與王尚德將軍皆是在大陸時期就已經得到權力，他們的將領、軍官意識，在大陸即已經完成所謂的現代性的身體規訓意義，反而來到台灣後被解職或卸職，因此，能否與國民黨在台時期、戒嚴時期畫上等號，仍須商榷。

〔註60〕 父親與「陽物」，參考張小虹分析《孽子》「陽物父親」的生理認同與「肛門父親」的慾望認同之流動，〈不肖文學妖孽史——以《孽子》為例〉，收入陳義芝編《臺灣現代小說史綜論》（台北：聯經，1998年）。

「家」早已非彼時的「家」，如何取代父親彌補「家」的裂縫？〔註61〕

二、王夔龍：尤里西斯的回歸

　　流亡的不只李青，還有被將軍父親逐出家門放洋國外自生自滅的忤孽王夔龍，正因父親是「國葬」，這個將軍父親「不比常人，他對國家是有過功勳的」、「他的社會地位高，當然有許多顧忌」，王夔龍連父親的喪禮都無法參加。將軍的功勳與望子成龍的「父子情結」糾纏在一起，功勳變成王夔龍身上永遠解不開的符咒，龍子——將軍／龍之子，烙印身上沒入骨血裡，使人子背著放逐令，永世不得踏入將軍的光榮聖殿，龍子遂成為《孽子》裡身分最高卻也跌得最深的人子，處於聖與罪、英雄與孽子的極端狀態。然而，此一狀態才是龍子在故事中具有傳奇地位的原因。至於龍子在新公園裡瘋狂尋找阿鳳、最後甚至手持尖刀刺向阿鳳的心臟，是蓮花池邊孽子們彼此傳訴的浪漫故事原型，最後故事變成：雨夜將會出現的黑衣人，按著胸口在哭泣，他的胸口給刺了一刀，這麼多年了依然血流不止，台階上的幾團黑斑，這麼多年來的雨水，也沖洗不掉，龍子與阿鳳，被賦予浪漫、愛情與悲劇的傳奇色彩，甚至與誰是誰、誰負誰都無關了。阿鳳變成鬼魅傳奇，那麼龍子便因為他將軍之子的地位，報紙上一連刊出幾天新聞（將軍之子殺人事件、將軍以國葬儀禮出殯）的主角，這傳奇人物更有真實感，更被人好奇、畏懼與追逐。

〔註61〕加斯東·巴舍拉（Gaston · Bachelard）在《空間詩學》中提到：「我們之所以依戀特定地點的種種幽微暗影，及其種種深層緣由，勢必牽連廣泛。對現象學者來說，這些幽微暗影必須被視為某種心理現象的初步湧現。此幽微暗影，並非外加的、表面的色彩使然。因此我們在說明我們如何住在自己的生活空間時，必須考慮到所有生活上的辯證，考慮到我們如何日復一日，落腳於『人世一隅』。」所以，家屋不僅是身體的庇護所，更是記憶與想像深切聯結之所在，並且具有深化的作用，「因此家屋不再只是日復一日地被經驗，它也在敘說的線索中、在我們說自己的故事時被經驗到」、「家屋盡力把偶然事故推到一旁，無時無刻不在維護延續性。如果沒有家，人就如同失根浮萍。」加斯東·巴舍拉（Gaston · Bachelard）著、龔卓軍、王靜慧譯，《空間詩學》（台北：張老師文化，2003年），頁65～68。《孽子》中阿青送回母親的骨灰，發現父親再次將母親的照片懸掛回牆上，顯然父親對母親還是有所依戀。阿青在屋子裡尋找各種仍舊存在「家屋」依戀的痕跡，包含父親對待母親照片隱含的意義，正是在喚起心中對「家」的內在依戀與內在自我。當阿青留下紙條、安頓母親的骨灰、然後決定離家時，這時的他才真的嘗到「離家」的淒涼，因為，這是出於自主意願的離家，意味著他主動切離一切生活的「連續性」，從此內在的「幽微暗影」將無所安頓，他已是「失根浮萍」。

　　王夔龍回到新公園的節情，猶如《奧德賽》裡尤里西斯的故事結構，
〔註 62〕他以異鄉人的姿態回來，面對家鄉傳聞中經過「虛構化」的「他」
——「他終於又回來了」、「『龍子』跟『阿鳳』的故事，在公園的滄桑史裡，
流傳最廣最深，一年復一年、一代又一代的傳下來，已經變成了我們王國裡
的一則神話」，龍子被召喚回來，被召喚的那個已不是「我」（「就那樣，我
便死去了，一死便死了許多年——」〔註 63〕），而是離開又復返，並且找不
到自身定位的「我」，為了逃避流傳的故事一再加諸自己身上，他開始不斷
對阿青講述自己的另一個故事，從紐約新公園的自我放逐，以及回到台北後
的「台北」（殺了阿鳳的「那夜台北」〔註 64〕），龍子的故事是倒轉時序完
成，以抵抗召喚下——回到故鄉、故鄉已非家鄉、我亦非我的自我消解。他
必須召喚自己、重新塑造自己的故事。於是，新公園的空間被擴大為紐約中
央公園，他的流竄空間更複雜，必須面對抵抗更多種類的妖孽，他也幾乎被
刺死，「我的肉體雖然很虛弱，可是感覺卻異樣的敏銳起來，敏銳得可怕，
好像神經末梢全部張開了，一觸即痛」、「我也要回家，回到台北，回到新公
園，重新回到那蓮花池畔」，龍子的故事經過傳奇、自我解消與重構後，儼
然多了新的傳奇，這是個慾火／浴火重生的孽子。於是，他開始展開收養，
期待阿青與他一起住進將軍父親留下的「古老的官邸」，「我輕輕將龍子的手
臂從我胸上挪開，他那根釘耙似的手臂，壓在我心口上，那麼重，直往下沉」，
這是阿青離家以後，第一次有「家」（擬家）的感覺，卻在下一刻，阿青又
決定逃亡。

三、傅衛：以身殉父的哪吒

　　奚淞曾於 1971 年曾發表一篇現代主義色彩濃厚的短篇小說〈封神榜裡的
哪吒〉（小標：「送給蔣勳」），描述哪吒以身殉父、剔骨刨肉最後得到精神自
由的故事，是一篇象徵父子衝突、對立，以及隱含男性情誼原罪的哀告，哪
吒死後開始對唯一瞭解他的師傅進行獨白式的告解：

　　　　師傅，我的出生是一種找尋不出原因來的錯誤，從解事開始，我

〔註62〕尤里西斯回到故鄉後，面臨虛構、抵抗虛構與命運的嘲諷，以及自我異化的
　　　　過程。參考傅柯（Michel Foucault）著、洪維信譯，《外邊思維》（台北：行人，
　　　　2003 年）洪維信導論部分。
〔註63〕白先勇，《孽子》，頁 114。
〔註64〕白先勇，《孽子》，頁 114～121。

就從母親過度的愛和父親過度的期待裡體會出來了。他們似乎不
能正視我的存在，竭力以他們的想法塑造我，走上他們認許的正
軌。〔註65〕

之後，小說家藉哪吒身邊殘缺僕役向師傅轉述故事時，重現哪吒對父親李靖
將軍的訣別：

「──我是個罪人，所做所爲不能報答父母對孩兒的期望。今天闖
的禍一切由我一人承當。但是我心裡只想到母親所鍾愛、撫育過的、
我的肉身，以及父親所寄望我成立人間功業的骨器，原都只是父母
所造成的，今天我犯下了連累父母煩心的大罪，我只有把屬於你們
的肉和骨都歸還給你們，來贖我內心的自由──」〔註66〕

《封神榜》的哪吒，在奚淞筆下成爲孽子的原型，小說中描述的哪吒性格：「嚐
一嚐使大力得到鮮血的滋味」、「同伴不是被我的力驚走了便是受到傷殘，我
簡直不能測度出我有多大、多強、背叛我的、我自己的膂力」、「只要活著的
東西走進我的內裡變成了死亡，在那最深處幽冥的小房間裡，已經掛滿了我
鍾愛的屍體，包括一位少年軍官」、「我終於用血債還了我短短人間一切所有
虧欠的」，哪吒的獨白與種種性格描述，轉而是《孽子》的龍子、或用淚淘洗
血裡的毒的阿鳳。

而《孽子》中眞正以身殉父的，是「將門虎子」、第二部「安樂鄉」的關
鍵人物──傅老爺子與傅衛。這對父子，小說中白先勇屢屢以「照片」的形
式，透過阿青的視角不斷提醒讀者他們是如何地相像：

牆上懸著兩張鑲了黑邊鏡框的巨幅相片。右邊那張是傅老爺子盛年
時候在大陸著軍裝的半身照……左邊那張是個青年軍官，穿著少尉
制服。一定是傅老爺子死去的那個兒子傅衛了。傅衛跟傅老爺子有
幾分貌似，也是一張方臉寬額頭，可是傅衛的眉眼卻比傅老爺子俊
秀些，沒有傅老爺子那股武人的煞氣。牆上另一角掛著一柄指揮刀，
大概年代已久，刀鞘已蒙上一層銅鏽。〔註67〕

整個牆面沒有絲毫女性／母親存在的痕跡，軍裝、武人、煞氣、指揮刀、刀
鞘、銅鏽以及黑邊鏡框，皆是男性／父親／軍隊／陽剛的象徵。照片中的傅

〔註65〕奚淞，〈封神榜裡的哪吒〉，《現代文學》第44期（1971年9月），頁226。
〔註66〕奚淞，〈封神榜裡的哪吒〉，《現代文學》第44期，頁234。
〔註67〕白先勇，《孽子》，頁232～233。

衛是整部《孽子》中最接近父親形象的人物,然而,隨著傅老爺子的故事逐漸清晰,傅衛與充員兵的事東窗事發,在受軍審的前一晚,打電話祈求父親的諒解不得後,遂用手槍自殺死在軍隊裡,傅衛竟然是小說中手段最為激烈、還血還肉的孽子,「將門虎子」的神話破滅,《孽子》裡盡是殘破不堪的父子關係。

　　阿青第二次觀看照片是在傅老爺子的壽宴上,白菊花、冉冉而上的檀香,「正娘娘的升到牆上那兩張傅老爺子及傅衛兩父子著了軍裝的相片上去」〔註68〕,如同祭壇的佈置,即暗示了這對父子不尋常的關係。在傅老爺子說完傅衛的故事後,阿青第三次觀看照片:

> 我抬頭看見牆上並排掛著傅老爺子及阿衛傅子兩人身著軍裝的照片……沒料到傅老爺子那天生辰竟是他兒子阿衛的忌日……方方正正的臉,高高的顴骨,削薄的嘴唇堅決的緊閉著,一雙精光外露的眼睛透著無比自負與兀傲。那一身筆挺的軍服,額上一頂端正的軍帽,確實是一個標準軍人的形象,而且跟傅老爺子年輕時,又長得那麼像。〔註69〕

除了將自我認同移情到傅衛年輕軍官的身上,更從相貌、軍裝的描述,再次強調這對將門父子「標準軍人的形象」。阿青第四次觀看照片,傅老爺子已經過世,他正在客廳守靈:

> 在搖曳的燭光中,對著牆上傅老爺子及傅衛那兩張遺像。傅老爺子穿著將官制服,胸前繫著斜皮帶,雄姿勃勃,旁邊傅衛那張遺像,等於傅老爺子年輕了二十年,一樣方正的面龐,一樣堅決上翹的嘴角,不過傅衛身上穿的是尉官制服,領上別著一條槓。……那晚傅老爺子告訴我,抗戰勝利後,他帶了阿衛到青海去視察。他們倆父子一人得了一匹名駒「回頭望月」跟「雪獅子」。傅衛跨上雪獅子,在碧綠草原上放蹄奔馳,贏得在場的官兵們一片喝采,那一刻,傅老爺子內心的喜悅與驕傲大概達到巔峰了吧。〔註70〕

傅崇山的形象在照片中一直都是著軍裝,直到死亡後,生前照片順理成章變成遺照,遂呈現他的軍階——將官制服,很顯然的,小說家有意在刻劃傅崇山的角色時,刻意模糊其將軍權威的人格特質,反而塑造他因經濟上的能力、

〔註68〕白先勇,《孽子》,頁288。
〔註69〕白先勇,《孽子》,頁313。
〔註70〕白先勇,《孽子》,頁362。

以一種默默為善的「正義感」成為新公園裡的金主／大恩人，在新公園中野鳥全進警局時，他告訴楊教頭，他已經沒有人脈了（大陸舊制），對新上來的這一批（來台後的新制）他早已沒有影響力，仍是刻意降低他的軍階與權貴身分，所以，直到他病故以前，新公園裡的孽子們只曉得這位晚年安於現實現狀的救世主，而不識其將官身分與同為孽子之父的背景。〔註71〕傅衛與父親傅崇山將官的軍人形象，在「兩張遺像」這一段敘述中完全疊印在一起，小說敘述中屢屢強調並排掛著、著軍人制服，二十年、將官與尉官制服，凸顯的不僅是父子位階與權力的差異，更是一個優秀軍人的過去與未來。在這一段後，白先勇以夢境型態暗示阿青內在意識的流動：

> 我的雙眼又痠又澀，牆上的照片也愈來愈模糊。朦朧間，我似乎看到兩個人影坐在客廳那張靠椅上，一個是傅老爺子，他仍就坐在他往常那張椅子上，另一個卻是王夔龍。他們兩人對著的姿勢，就像那天一模一樣。傅老爺子穿了一身月白的衣衫，他的背高高聳起像是覆著一座小山峰一般，王夔龍就穿了一身黑衣，他雙目炯炯，急切的在向傅老爺子傾訴……傅老爺子滿面悲容，定定的望著王夔龍，沒有答話。他們兩人這樣對峙著，半天一點聲音也沒有。我走過去，王夔龍倏地不見了，傅老爺子卻緩緩立起身，轉過臉來。我一看，不是傅老爺子，卻是父親！他那一頭鋼絲般花白的短髮根根

〔註71〕《孽子》中的傅崇山幾乎是以白崇禧為本塑造出來的人物，盛年的風華，傅崇山善馳馬，在青海巡視得一名駒，名為「回頭望月」。在《父親與民國——白崇禧將軍身影集》中，刊有一幀照片是「父親試騎名駒『回頭望月』」，以及白先勇摘錄下白崇禧寫於照片後的文字：「直魯軍全部覆滅，該馬遂為白總指揮所有，馬背右後方近馬尾處，有一飯碗大之圓形白毛，近似月亮，故名『回頭望月』，白將軍最好馳馬，猶鍾愛此名馬。」晚年失去兒子的傅老爺子，生活安靜而孤寂，只留一位管家照料生活起居，這些都和白崇禧喪偶後的生活相當近似。此外，白家兄弟中，白先忠曾經具有軍人身分，在《父親與民國——白崇禧將軍身影集》中，白先勇寫道：「維吉尼亞軍事學院是美國的軍事名校，與西點軍校齊名。國軍中有不少將領畢業於此，最有名的是孫立人將軍。先忠進美國軍校，父親心中是高興的，跟他最親的兒子能克紹箕裘。……先忠後來沒有繼續他的軍人生涯，他成了一位很有成就的工程博士。以父親的政治處境，先忠學軍事沒有前途。」（《父親與民國——白崇禧將軍身影集》（下），頁288。）最後二句話，道出將軍之門的無奈，「政治處境」才是一切關鍵。「回頭望月」情節，在《孽子》中相當關鍵，小說情節與小說家真實情境、父親白崇禧性格的若合符節，遂形成一個文本將軍（傅崇山、李浩然、王孟養、王尚德）／小說家身世裡將軍父親的互文關係。

> 倒豎，他那雙血絲滿佈的眼睛，瞪著我，在噴怒火。我轉身便逃，
> 可是腳下一軟摔了下去，哎呀一聲醒來，睜開眼睛，出了一身的冷
> 汗，背脊上的汗水一條條直往下淌，橫在我面前的是一條長長的黑
> 棺材。〔註72〕

在這一段充滿意識流、象徵手法的情節敘述中，父子關係中的「對峙」型態：從傅老爺子（將官制服）與傅衛（尉官制服）照片的對峙並掛，轉變成傅老爺子（將軍父親）與王夔龍（將軍逆子）的對峙，這些孽子們開始與父親取得聯繫、轉化了對峙關係，王夔龍代替傅衛在阿青的夢境裡「完成」傾訴告解，〔註73〕傅老爺子「滿面悲容，定定的望著」；王夔龍想懺悔贖罪，傅老爺子替代了王尚德將軍聽其告解與「完成」哭墳，王夔龍哭墳亦是「安樂鄉」的終曲；最後，在阿青的意識流動中，傅老爺子轉身消失，卻是自己的父親接續上場。阿青最終還是「逃」，逃開父親噴著怒火卻蒼老衰敗無計可施的臉，三段父子關係，最終以阿青的「完成」弒父作結（「橫在我面前的是一條長長的黑棺材」：王尚德、傅老爺子與——阿青的父親）。在母親離家、弟娃病故後，父親一連遭受打擊，而最終一擊是阿青的「造孽」與送回母親的骨灰並且真正的離家了，之後的小說敘述中再無父親的身影進展。小說最終，阿青不僅沒有回家，也不讓龍子收養，反而暗示著阿青將收留蓮花池邊八角亭閣裡的新流浪者羅平，他很快會有自己的「家」與「家人」了。

《孽子》中的「家」結構，梅家玲以「離家——回家」的過程證諸《孽子》中的「家想像」是傳統倫理價值的「家」裂變後，由「擬家」取而代之的「怪胎家庭」：

> 試看書中的青少年們，縱使皆因輾轉於同性情慾煎熬，被親生父親逐出家門，無所依歸，然當他們群聚於新公園黑暗王「國」相濡以沫，當他們縱情於安樂「鄉」地下酒館的歌筵盛會時，又何嘗不是標示了另類家／國／鄉土認同的醞釀成形？……值得注意的是，此一王「國」建構的同時，也爲各類怪胎（queer）「家」庭，提供了形成契機，……並藉由「擬父子」、「擬兄弟」的關係，架構起另類

〔註72〕 白先勇，《孽子》，頁362。

〔註73〕 傅老爺子在見過王夔龍後，與阿青說起傅衛的事，以及身爲父親的終身苦楚：阿青的夢——傅老爺子與王夔龍的對峙，也是在客廳照片底下進行，從小說敘述方式來看，暗示著傅衛與父親關係的「修補」是由王夔龍間接以「補位」方法完成的。

的「擬親屬」網絡。在此，乾爹／契子、友朋／兄弟之間，每每因戀童／戀弟情結的介入，啟動了父子軸／兄弟軸之間多重錯位的情欲流動。……而「家」的定義，便在這些孽子逆女們不斷「離（原生的）家」與「回（怪胎的）家」的過程中，被一再地置換改寫。〔註74〕

小說最終是阿青帶著羅平回家，正是返回「戀弟」的「怪胎之家」，是「父子軸」向「兄弟軸」的位移，此一置換的結果是，阿青將取代父親的角色，與另一個年輕孽子成為父子／兄弟關係，原生家庭終於不存在，孽子完成了精神上的弒父與家變。

　　如前所述，王德威論《孽子》中「由父與君、父與夫等形成的男權象徵鎖鏈遭到顛覆，才是關鍵所在」，〔註75〕除了君臣父子結構下的「爸權」，如前所證，《孽子》更包含將軍和軍隊構成「軍權」的上下結構，並且透過父子「爸權」──阿青取代父親成另一「爸」；龍子佔有他人情慾、身體之「霸」，父父子子的承續，繼續在下一代展現。以龍子來說，白先勇在這個角色上展演了一個精彩的情之暴力。為了完全佔有／以「情」制伏阿鳳，龍子以刺殺方式結束阿鳳的生命，以便完全擁有／制伏阿鳳的浪子性格，這種激越手段、佔有的絕對性，使他最初在新公園出現、成為傳奇故事的英雄角色時（因「情之所鍾」而得到諒解、甚至成為「情」場英雄），龍子如同將軍之於軍隊結構而有權力──將軍的絕對威權，龍子最初的身分突顯他來自社會上層結構、擁有相對制伏他人權力的身分。

　　如果說軍隊必須依賴嚴謹紀律以在戰爭中存活下來，將軍威權是必要的手段，合理其中的暴力，〔註76〕那麼，小說中龍子殺死阿鳳也因情之所鍾而

〔註74〕梅家玲，〈少年臺灣：八、九○年代臺灣小說中青少年的自我追尋與家國想像〉，《漢學研究》第16卷第2期（1998年12月），頁125～126。

〔註75〕王德威，〈叫父親，太沈重？──父權論述與現代中國小說戲劇〉，《聯合文學》12卷10期，頁49。

〔註76〕傅柯在論及十九世紀出現的新型態君權與規訓懲戒中，提到：「懲戒在實踐上與個人及其肉體接觸。在這個新的權力技術中接觸到的不完全是社會（或者說，不是最終像法學家那樣定義的社會實體）；也不是個人──肉體。這是新的實體：複雜的實體，……這就是『人口』的概念。」在這新型態集體的、人口化的概念下，新的政治權力為「過去君主專制絕對的、戲劇性的、陰暗的權力，能夠置人於死地，而現在，由於針對人口、針對活著的人的生命權利，由於這個權力的新技術，出現了一種連續的、有學問的權力，它是『使人活』的權力。君主專制使人死，讓人活。而現在出現了我所說的調節的權

被悲劇化、浪漫化、給予無限體諒。龍子刺殺阿鳳，因其父的能力亦未受到任何審判，連回到台北後，新公園裡的老鳥們仍將其視為傳奇人物的回歸，在阿青與龍子相遇之後，新公園裡鬧得沸沸揚揚：「乖乖，你昨晚下了水晶宮去陪『龍子』去啦！」在龍子身上毋寧是沒有留下任何形式的罪愆。王夔龍不具有任何形式的軍人意識，但是，他的能力、影響力與英雄性格，儼然是新公園裡的「將軍」。

龍子的紐約中央公園，暗示比新公園更大的漂流與對抗，回台後的龍子，重回將軍的老官邸，直到向阿青一次次吐露內心的脆弱，重訴紐約中央公園不堪的自己，龍子才開始出現「新的身分」，以己身的脆弱與憐憫取代原來的暴虐與權力，最後終於在和傅老爺子（彷若父親的角色）的對話中，表露懺悔，並在傅老爺子／將軍父親墓前哭墳，認祖歸宗結束內心的流亡。傅老爺子和龍子，皆在小說最後「藉著悔悟和幫助貧窮無望的人來達到精神的救贖」、「只有寬容和不含歧視的情感，才能夠減輕人類的痛苦」。〔註77〕

傅衛以身殉父，殉於父親的將官榮耀，青春早夭，傅衛只是少尉（衛／尉），未能走完軍旅升上將軍，暗合傅崇山退得早沒有「升」上去，兩人以不同形式各自解離內在的軍權、父權結構，乃至兩人之間的父子鎖鏈。至於阿青，父親被革去軍職，團長、受過功勳，都是大陸前朝的事，因此，他反而能遠離將軍的榮耀與宰制，輕易逃家（相對於龍子的異國逃亡與傅衛的殉死）。逃家，翻牆而走，在龍子欲收養他的將軍官邸中，阿青亦是翻牆而出，「外面的鐵閘大門上了鎖，鐵閘很高，門上聳著三尺長黑色的鐵戟。我費了

力，它相反，要使人活，讓人死。……而為了使人活，就愈來愈有權利干預生活的方式，干預『怎樣』生活，權力特別是在這個層面上進行干預，為了提高生命的價值，為了控制事故、偶然、缺陷，從這時起，死亡作為生命的結果，明顯是權力的結束、界線和終止」。參見傅柯（Michel Foucault）著、錢翰譯，《必須保衛社會》（上海：上海人民出版社，2010年），頁183～200。為了行使「使人活」的權利，權力經過調節，但也意味著權力更具體而全面佔有身體與生命。這是新型態軍隊指揮依然必須有合理霸權、以及父權依然存在霸權的原因（愛之足以害之，愛的暴力）。小說中，傅老爺子的夢境中常有兩張臉，一是被他在槍斃的第五戰區徐州會戰槍斃的小兵的臉（原因是小兵與老兵在戰壕下苟合），另一個則是兒子間接為他所槍斃的臉，傅老爺子亦是經過這些重大打擊，徹底瓦解內心的軍權與父權之霸權結構，才能成為新公園裡眾鳥們共有的、不涉及肉體性愛的獨特「父親」。

〔註77〕 張誦聖，〈論白先勇《孽子》的主題結構〉，《文學場域的變遷》（台北：聯合文學，2001年），頁171。

很大的勁，才翻越出去，把小腿都刺出了血」，〔註78〕將軍官邸與龍江街老舊木板平房的對比，同時也是這些孽子身後父輩權力的暗喻，但是，卑賤、無名的社會身分，卻是讓阿青比龍子、傅衛得到更多身體自由的原因，《孽子》中其他無父、父不詳的孽子們，無不如此。

因此，《孽子》的父子結構如再加上軍權結構，形成從上（將軍）至下（團長）的權力圖，對應三位孽子的「權力」、「能力」與「影響力」，〔註79〕亦是龍子、傅衛與阿青的排序，至於新公園裡其他無父、父不詳的孽子們，如小玉（生父不詳、繼父為外省老兵）、老鼠（無父），就更顯得地位卑賤、命運坎坷，甚至沒有能力自組一個擬家庭、擁有自己的怪胎親人，註定在尋父的過程中重複被收養與棄養。

總結來說，白先勇《孽子》的父子結構，不僅是傳統家庭倫理下的父子，更是一組糾纏著從將軍、軍官到士兵，父父子子嚴謹的軍隊結構。王尚德、傅崇山、李父（被革除軍職因而無名）從大陸帶來的軍階，卻在台灣一一被消除，至於繼承的第二代，不是夭折就是無心承繼，而這三位軍人父親，一旦當生活場域從戰場轉入家庭時，卻面臨家「變」的窘況，最終落寞地走入個人的墳墓，成為歷史的灰燼。猶如《孽子》「安樂鄉」最後的意象：浴血般的夕陽影裡，正是這些來台將軍的最後歸處。

第四節　小　結

綜觀白先勇小說中出現的將軍人物，其共相為：走過整個大時代的劇變，從辛亥革命（〈梁父吟〉）到北伐抗戰（〈歲除〉、〈秋思〉）與國共內戰（〈國葬〉、《孽子》），民國將軍無役不與，然而跟著國民黨輾轉進入台灣後，有的人曾被匪軍俘虜，不成英雄反被降職、革職（劉行奇、李父、賴鳴升將軍路之蹇謫），更多時候將軍從此少與人往，以無言面對歷史的變遷，這些將軍形象反映了白崇禧晚年的景況，白先勇曾在接受訪問時，自述寫作《臺北人》的心

〔註78〕白先勇，《孽子》，頁 121。
〔註79〕江寶釵在〈白先勇小說中的人物研究〉一文，則以父親的權力地位來看孽子的壓力：「〈梁父吟〉、〈國葬〉這樣宏偉的父親形象令人望而生畏，其本質既是崇拜的根源，壓力的根源，其形象的隕頹也就產生了相對強度的震撼。父子關係是透過對立、平行、差異或交糅，以他們所處地位即所起作用，架置起作品的內部結構的基礎。」參見江寶釵《白先勇與當代台灣文學史的構成》，頁 33。

跡：

> 台北人多少反映了我父親那一輩人的心態，他們經歷過很多波折，
> 擔負了整個歷史的包袱。我寫他們，也就是寫中國在歷史上的一個
> 轉折——國民黨在大陸的失敗（或是中共的勝利）後，中國就出現
> 一個新的社會形態，在歷史上是一個全新的開始，而我寫的人物，
> 也就是代表過去。〔註80〕

白先勇將 1949 年視爲兩岸各自全新的開始，然而，對曾經參與過「前朝」
歷史的將軍而言，不論在哪一邊，他們的世代卻註定與曾經一度全國統一的
民國走入歷史，於是，變成小說中缺席、不在場（政治、國防軍權）的將軍，
〈國葬〉、〈梁父吟〉寫的正是將軍與新時代的裂變。此外，失去歷史戰場的
將軍，返家後還得面對另一場家變，不肖子、孽子、傻兒子、甚至還有美國
孫子（〈梁父吟〉），將軍的第二代不僅無法克紹箕裘、爲父平反，連國族認
同都出現轉向。白先勇回憶《現代文學》因緣與現文作家群背景特質時，說
道：

> 我們雖然背景各異，但卻有一個重要的共通點，我們都是戰後成長
> 的一代，面臨著一個大亂之後曙光未明充滿了變數的新世界。外省
> 子弟的困境在於：大陸上的歷史功過，我們不負任何責任，因爲我
> 們都尚在童年，而大陸失敗的悲劇後果，我們卻必須與我們的父兄
> 輩共同擔當。事實上我們父兄輩在大陸建立的那個舊世界早已瓦解
> 崩潰了，我們跟那個早已消失只存在記憶與傳說中的舊世界已經無
> 法認同，我們一方面在父兄的庇蔭下得以成長，但另一方面我們又
> 必須掙脫父兄扣在我們身上的那一套舊世界帶過來的價值觀以求人
> 格與思想的獨立。〔註81〕

這段文字寫於 1988 年加州，距白先勇離開台北已經整整二十五年，和 1974
年於波士頓亞洲協會年會發表〈流浪的中國人——台灣小說的放逐主題〉亦
相差了十四年。顯然，白先勇歷經小說書寫、爲舊時代與民國人物造像的階
段，亦在新舊世界接軌時產生徬徨與游移，如文章所言，「當時我們不甚明
瞭，現在看來，其實我們正站在台灣歷史展的轉捩點上，面臨著文化轉型的
十字路口」，最後切斷「舊世界帶過來的價值觀」從而獨立，至於晚年則又

〔註80〕 張孝映，〈白先勇暢談寫作和生活〉，《明報》，1985 年 9 月 9 日。
〔註81〕 白先勇，〈《現代文學》創立的時代背景及其精神風貌——寫在《現代文學》
　　　　重刊之前〉，《現文因緣》20（台北：現文出版社，1991 年），頁 7～17。

轉向推廣崑曲、《牡丹亭》的文化中國式的認同，小說家的國族認同與轉向，本身可說亦充滿辯證性。〔註82〕

　　白先勇小說亦流露出這樣的兩代性格，與不同形式的流亡命運，從將軍時代的保家衛國、家國同構，變成第二代的家國異構，家、國、族與性別，皆能重新組構，自由排列組合。如同白先勇所言，「拒絕承受上一代喪失家園的罪咎感」，〔註83〕「拒絕承受」毋寧是將軍面臨失敗、子孫不肖的雙重打擊。

　　身為將門之後、流亡的第二代，白先勇如何看待將軍父親，在他晚近為父親作傳的持續書寫中，或可管窺全豹。李奭學說：

　　　一九九七年前後，白先勇遍檢檔案與群籍，為父親白崇禧作傳。這
　　　件事在史學界可能蘊涵有限，但是對了解白先勇的小說卻至關緊
　　　要。……《白崇禧傳》說明白先勇的小說何以情繫兩岸，連人物多
　　　半也是官宦出身。《白崇禧傳》多少又暗示白先勇思父心切，除了強
　　　調國族思想以賡續父志之外，似乎也有意「自我贖罪」，因為白崇禧
　　　乃一代名將，而白先勇情繫餘桃，傳統上似乎「有異門風」。家庭背
　　　景及同志之忱這兩重生命線脈，最後全部匯集在白先勇的小說之
　　　中，《臺北人》系列和《孽子》尤稱明顯。就白先勇對國府的態度而
　　　言，《白崇禧傳》也有意為父親洗刷冤屈。《臺北人》和《孽子》稱
　　　不上尚武抑文，但重要人物常和軍人有關，或可稱例。〔註84〕

〔註82〕薩依德（Edward Said）在《知識分子論》中說到：「對大多數的流亡者來說……
　　　流亡者處於一種中間狀態，既非完全與新環境合一，也未完全與舊環境分離，
　　　而是處於若即若離的困境，一方面懷鄉而感傷，一方面又是巧妙的模仿者或
　　　秘密的流浪人。」參見薩依德（Edward Said）著、單德興譯《知識分子論》
　　　（台北：麥田，2011 年），頁 86～87。如果從「中間狀態」、「若即若離的困
　　　境」來觀察，1974 年發表〈流浪的中國人──台灣小說的放逐主題〉的白先
　　　勇，顯然正經歷這樣的心理階段，到了 1988 年為《現文因緣》發表文章時期，
　　　頗有回頭看、已然找到歷史定位與文化認同的意思。
〔註83〕白先勇，〈流浪的中國人──台灣小說的放逐主題〉，《第六隻手指》，頁 110。
〔註84〕李奭學，〈後語：重讀《紐約客》〉，《三看白先勇》，頁 184。引文中，作者
　　　於「為父親白崇禧作傳」下，加註幾篇白先勇已經發表的文章：〈「養虎貽患」
　　　──父親的憾恨：一九四六年春夏間國共第一次『四平街會戰』之前因後果
　　　及其重大影響〉一，《當代》147 期（1999 年 11 月）；二，《當代》148 期（1999
　　　年 12 月）；三，《當代》149 期（2000 年 1 月）；四，《當代》150 期（2000
　　　年 2 月）；以及白先勇著〈廣西精神：建設廣西模範省，一九三七年〉，《印
　　　刻文學生活誌》第 2 卷 7 期（2006 年 3 月）。部分內容亦見於 2012 年出版
　　　的《父親與民國──白崇禧將軍身影集》。白先勇談到父親與國府關係、尤
　　　其涉及蔣介石部分，倒是多次公開提到這兩人的關係，在大陸時一度扞格是

尤此可知，白先勇不描寫將軍正面的事、英雄當年的事（齊邦媛語），實是身為第二代的個人視角使然，白崇禧在大陸打完最後一場戰爭時，白先勇只有十歲，〔註 85〕以他的記憶來說，更多的印象是父親在台的十七年，因此，他的將軍書寫是一代大將模糊曖昧的側影與沉默孤寂的背影，白先勇筆下的將軍，沒有一個是英雄，而是歷史的悲劇人物。因此，當論者將〈梁父吟〉、〈國葬〉等文，視為中國「權貴」、上層階級的貴族書寫時，實並未觸及白先勇個人與將軍父親的關係，也是未將這些涉及將軍題材與人物——無論是否為故事主體——視為一系列主題書寫加以討論的原因。長期以來，白先勇筆下的將軍在論者分析文本中亦「離散」多處，例如，〈秋思〉、〈遊園驚夢〉中的將軍，因為夫人緣故多歸屬於白先勇筆下的女性人物，和〈一把青〉、〈永遠的尹雪艷〉、〈金大班的最後一夜〉同而論之；〈歲除〉與〈那片血一般紅的杜鵑花〉同為外省老兵來台後的孤苦處境，而難以凸顯賴鳴升曾在四川當連長，今日的營長不過是他的勤務兵；〈梁父吟〉、〈國葬〉因為正面處理了將軍的身後哀榮，為父輩造像的意圖尤其鮮明，下筆過於同情有美化之嫌，〔註 86〕如果把〈思舊賦〉、〈秋思〉等篇一併作為將軍晚年境況的分析文本，或許能更清楚掌握小說家筆下將軍末路的悼亡書寫；至於《孽子》，涉及的討論範疇從精神分析、同志議題、國族認同、離散流亡、父權霸權與後殖民理論等不一而足，然而，皆因為將軍過於隱晦、間接，難以和《臺北人》掛鉤「看見」將軍在文本的位置。

　　將軍書寫，與其說是白先勇小說的人物經營、為民國人物造像，毋寧說是他在七、八○年代之間，生活於美國幾年下來，斷斷續續為父親留下的身影，將軍書寫也就成為其自我生命寫作的一部分，不僅影射歷史的將軍、父親，更是一段將軍父／子「有異門風」、二代流亡異調的情結。

悲劇，但是「父親曾感嘆過：『總統是重用我的，可惜我有些話他沒有聽。』」澄清外界誇大白崇禧與蔣介石矛盾的種種說法。對他的小說來說，他亦曾表示，當年寫〈國葬〉是有憤怒的，但是現在回頭看，已經沒有火氣了。這部份是和李奭學〈後語：重讀《紐約客》〉文中所敘，略見不同。參見《父親與民國——白崇禧將軍身影集》、《解碼陳文茜》2012 年 5 月 29 日專訪白先勇談《父親與民國——白崇禧將軍身影集》節目、以及〈莫將成敗論英雄——齊邦媛 vs.白先勇談父親與歷史〉，《印刻文學生活誌》2012 年 5 月號。

〔註85〕參見〈莫將成敗論英雄——齊邦媛 vs.白先勇談父親與歷史〉，《印刻文學生活誌》2012 年 5 月號。
〔註86〕劉叔慧，〈荒涼美感的重現——試比較張愛玲與白先勇的小說世界〉，《台灣文學觀察雜誌》第 7 期（1993 年 6 月），頁 110。

第五章　將軍的懺悔與救贖
——李渝的隱喻書寫

　　在思考小說家與「將軍書寫」的對應關係中，李渝（1944～2014）與前面幾章論述的作家朱西甯（軍中作家）、白先勇（將軍之子）之不同是，就小說家的資料來看，李渝的身分背景與成長過程，並未與「將軍」有直接的關連，其對「將軍書寫」的興趣，可說是來自於個人對民國史的探尋。九〇年代她與郭松棻共同研究陳儀將軍與二二八歷史，2004 年她則在《明報月刊》一連發表幾篇關於瞿秋白、陳布雷（民初政論家、蔣介石重要幕僚）、張學良、楊虎城與汪精衛等人的文章，〔註1〕既寫民國初年文人、知識分子的處境，亦窺探民國將軍／少帥的多情。值得注意的是，對照三位小說家的「將軍書寫」，李渝自身與將軍的關係最遠，但是卻透過歷史紀實、民國史與私人檔案的接連解密，較前面二位作家更為全面地掌握了「民國將軍」的輪廓與時代氛圍。然而，另一方面李渝的小說書寫往往刻意模糊歷史實境，透過隱喻與後現代技巧，讓小說文本脫胎於歷史，不受人物典型牽絆。

　　以下，本章擬以四節論述李渝的「將軍書寫」，探究「將軍書寫」從歷史紀實走向虛構、隱喻的範疇。第一節論述李渝的成長背景與「將軍書寫」之關係，並呈現其長時間創作將軍題材的書寫脈絡；第二節探討李渝從溫州街

〔註1〕　李渝，〈漢奸和共匪的情史——多情漢子汪精衛和楊虎城〉，《明報月刊》461
　　　　期（2004 年 5 月），頁 98～100；〈美人和野獸——張學良的幽禁／悠靜生活〉，
　　　　《明報月刊》462 期（2004 年 6 月），頁 103～105；〈父與女——抑鬱的陳布
　　　　雷與叛逆的陳璉〉，《明報月刊》463 期（2004 年 7 月），頁 102～104；〈在蓊
　　　　林裡搭建烏托邦——中國才子瞿秋白〉，《明報月刊》465 期（2004 年 9 月），
　　　　頁 84～88。

到國外的寫作歷程，同時分析小說家在創作歷程中，個人與歷史、政治的關係，藉此爬梳「將軍書寫」背後小說家的政治底蘊；第三節從女性觀點觀看將軍的鉅史與私情，從而探討李渝「將軍書寫」的母題：愛情、戰爭之隱喻；第四節以「靈與救贖——將軍的金絲猿」論述民國將軍的懺悔與救贖，李渝在《金絲猿的故事》中寫入十多年來不斷衍生變異的將軍之戰爭與愛情、密謀與祕情，將小說主角馬至堯將軍的一生綰合在政治、戰爭、愛情與親情的交織中，並透過獵捕金絲猿／靈的追尋，進入馬將軍／小說家的內在心靈世界；最後則是以將軍的戰爭、愛情與背叛，歸結李渝「將軍書寫」的特殊性與充滿現代性的美學風格。

第一節　李渝的成長背景與將軍書寫的關係

　　李渝，1965 年開始創作，留學美國、與丈夫郭松棻參與保釣運動，一度獻身社會主義，之後沉潛於藝術理論發表多篇評論文章。李渝停筆十多年，直到 1978 年才又在《現代文學》雜誌發表小說作品，並於 1983 年以〈江行初雪〉得到中國時報小說大獎，重回台灣文壇。李渝和郭松棻、白先勇、劉大任、楊牧等人都是屬於五○年代後赴美讀書的留學生，在異鄉求學、進行文學創作，郭松棻、李渝與劉大任甚至積極參與保釣運動，對國內政治變化與文學發展（郭松棻〈談談台灣的文學〉在鄉土文學論戰中甚至被本土論者視為圭臬）皆相當關注；然而，左傾的思想使他們遭受來自台灣國民政府的監視，甚至被視為政治犯，不得回國，被迫成為真正的流亡者，無法在自己的鄉土發聲，〔註2〕之後郭松棻為了保釣運動放棄博士學位，李渝則轉向藝術史的研究，直到 1980 年於《現代文學》雜誌發表〈返鄉〉才重拾小說創作。李渝對小說停筆十五年後創作的首篇作品並不滿意，在《印刻文學生活誌》的訪談中提到：「退出學生運動後，語言變成問題，保釣時期先編《戰報》後編《東風》，文學語言早已失落，一九八○年〈返鄉〉寫得很糟，無論內容或文字，都滯留在戰報體餘波中。」〔註3〕李渝覺得自己創作小說時的語言文字，

〔註2〕　關於郭松棻、李渝兩人和保釣運動的關係，可參見二人在接受訪談時發表的言論。至於當年活動始末、以及保釣對這群留學生日後的影響，則參見劉大任著《破滅的神話》（台北：洪範，1992 年）、《我的中國》（台北：皇冠，2000年）、《空望》（台北：印刻文學，2003 年）等著作。

〔註3〕　〈鄉的方向——李渝和編輯部對談〉，《印刻文學生活誌》第 6 卷第 11 期（2010年 7 月），頁 83。

一直到《溫州街的故事》都還有從戰報體過渡的痕跡，足見政治運動對她的潛在影響。〔註4〕

　　李渝等人經歷過美國六十年代的學生反叛運動、當時一連串的政治暗殺事件，以及保釣運動中成員內部的矛盾緊張與政府監控，〔註5〕加以她成長的背景——溫州街，本身就是一個集合了學術文化與外省菁英的生活圈，南腔北調的民國史、父輩記憶，在在顯露王德威所形容的「一代知識分子落難遷徙的滄桑」情調，〔註6〕因此，小說書寫中的溫州街故事，在看似細膩抒情、安靜溫婉的文字中，其實卻移植了政治詭密、情治暗殺、戰爭陰影與戰敗將軍的神祕蕭殺，在小說家的想像與場景的移植下，溫州街一改平和閑淡的模樣，反而不時有匪諜、情資人員、當局政要隱身街底窺伺，夜裡也能聽見槍聲，「子彈迸裂在巷面」，〔註7〕牆上一排及腰暗紅的血跡。溫州街儼然成為一個「歷史現場」，在李渝的小說文本中交融著過去與現在、真實與虛構的政治想像。

　　綜觀李渝的小說創作情形，早期的短篇小說多數收在 1999 年出版的《應答的鄉岸》，〔註8〕包含得獎作品〈江行初雪〉、兼及小說敘事理論「多重引渡觀點」與操作結果的〈無岸之河〉、描述早期保釣運動的〈關河蕭索〉，以及描述外省第二代與本省年輕人的歷史觀、頗有自述況味的〈臺北故鄉〉等作品。1983 年之後的創作則有七篇集結成《溫州街的故事》，並於 1999 年出版，被視為其小說書寫扛鼎之作。這個時期的作品讓人更清楚看見李渝「看來天真矯情的敘事後，還有另一層歷史文本：一代知識分子落難遷徙時的滄桑」，以及「中國現代史上的血淚不義——革命、戰爭、迫害、背叛、流亡——構成她作品的底色」。〔註9〕2000 年，李渝出版長篇小說《金絲猿的故事》，〔註10〕擴大書寫《溫州街的故事》裡出現的政治家（〈她穿

〔註4〕　李渝，《應答的鄉岸》序（台北：洪範，1999 年），頁 1。

〔註5〕　保釣運動由郭松棻、劉大任等人為主的「北加州保釣聯盟」發動第二次遊行時，《中央日報》已先一日發佈消息，指稱必須注意成員中的野心份子首領借保釣議題煽動反政府的情緒，「在『一・二九舊金山示威運動』之後發行的『戰報』，為野心份子這一陰謀的明證」。參見《中央日報》頭條「留美愛國學生痛斥野心份子促注意少數害群之馬」，1971 年 4 月 4 日，一版。

〔註6〕　王德威，〈無岸之河的渡引者——李渝的小說美學〉收入《夏日踟躇》（台北：麥田，2002 年），頁 9。

〔註7〕　李渝，〈夜琴〉，《溫州街的故事》（台北：洪範，1991 年），頁 125。

〔註8〕　李渝，《應答的鄉岸》（台北：洪範，1999 年）。

〔註9〕　王德威，〈無岸之河的渡引者——李渝的小說美學〉，《夏日踟躇》，頁 14。

〔註10〕　李渝，《金絲猿的故事》（台北：聯合文學，2012 年 2 版）。

著一件水紅色的衣服〉)、將軍(〈夜煦〉)或是軍官等歷史人物的生命關懷,就故事來看,《金絲猿的故事》是李渝多篇描述將軍、軍官、「統領兵、政」的政治人物之尋根與了願。1995 年之後,李渝尚有多篇短篇小說,收進 2002 年出版的小說選《夏日踟躇》,〔註11〕其中二篇新作〈踟躇之谷〉、〈號手〉亦以軍官的故事爲主。〔註12〕2005 年出版的最新長篇小說《賢明時代》,李渝更將歷史文本上溯至「永泰公主李仙蕙陵壁畫圖」、《戰國策》與《巴布爾日誌》,〔註13〕2010 年發表於雜誌的〈待鶴〉,延續此風格,以小說建構個人獨特的歷史想像。

在這樣的寫作脈絡中可以發現,從《溫州街的故事》收錄最早寫於 1983 年的小說〈煙花〉開始,到 2000 年的《金絲猿的故事》與 2002 年的《夏日踟躇》,八〇年代後的二十多年間,李渝的小說創作持續出現軍官與將軍的身

〔註11〕 李渝,《夏日踟躇》(台北:麥田,2002 年)。

〔註12〕 李渝小說的出版,並非按照創作時間先後,大致看來,《溫州街的故事》(1991 年)、《金絲猿的故事》(2000 年)以及目前最新的長篇小說《賢明時代》(台北:麥田,2005 年),是主題較完整的小說集。至於《應答的鄉岸》(1999 年)與《夏日踟躇》(2002 年)兩本小說選輯,都是在一個創作階段完成後,倒溯自己的創作歷程而寫的。〈踟躇之谷〉、〈號手〉,應是較接近《夏日踟躇》出版時間的新作,與《金絲猿的故事》書寫時間不是相差太遠。最新出版的短篇小說集《九重葛與美少年》(台北:印刻文學,2013 年)亦是同時有新作與舊文,如同小說集〈跋——最後的壁壘〉作者自言:「爲結集而整理舊作,深感到一路走來的蹣跚顚簸。很多硬寫的地方令人報顏,多篇不得不從綱領到細節到字句反覆地修理,修到了重寫的地步」(《九重葛與美少年》頁 276),這部短篇小說集收錄的作品甚至包含 1965 年的第一篇小說〈水靈〉、幾篇從《溫州街的故事》改寫的作品,以及 2012 年寫作的〈給明天的芳草〉(原刊於《印刻文學生活誌》2012 年 3 月,總 103 號),時間橫跨幅度超過四十年。其中,〈給明天的芳草〉延續多重渡引的寫作手法串織著兩個故事——「九重葛」與「美少年」,後者更是再次出現「將軍」的角色。將軍之子捲入一名美少年溺斃的疑雲,偵查過程中作者不斷提醒大家注意將軍的身分,「將軍可不是普通老百姓哪,他是位曾經獻身征戰報效國家爲領袖立過汗馬功勞的忠貞愛國人士哪。」(《九重葛與美少年》,頁 77),刑警隊的偵查草草結案,將軍則是迅速將兒子送出國,自己亦辦理退役不再晉升,將軍後來轉業成功,與夫人一同經營豆漿油條店,成爲廣受大眾歡迎的燒餅店老闆。本篇作品雖然並非以將軍爲書寫主體,但是仍能看到李渝小說中將軍角色塑造的延續性。

〔註13〕 《賢明時代》三個故事:「賢明時代」、「和平時光」、「提夢」,小說的想像不僅從歷史文本來,更有明確的文物、畫面,例如,「賢明時代」以「永泰公主李仙蕙陵壁畫圖」上的九位麗人開始演繹,「提夢」出自鐵木兒的故事,Timure——鐵木兒——或可譯爲提夢,小說中同時穿插精美的《巴布爾日誌》插圖——「印度新德里,國家美術館收藏」與圖說,成爲小說的互文閱讀。

影，或者是寫位居要職、掌握過兵權的政治人物。例如，《夏日踟躕》中的
〈踟躕之谷〉以情治單位的軍官（將軍）為主人公，描寫軍官在退役後隱居
深林作畫，尋求生命救贖的過程。〈號手〉中的軍官（參與過歷史重大事件，
本身即為決策者，總裁的護衛）本以小說來書寫自我，不料卻陷入召喚記憶
的危險中，最後以通匪叛亂罪名下獄，書寫戰爭歷史小說、還是投入想像的
愛情小說創作？如同李渝在另一篇更早的小說〈八傑公司〉寫道：「在戒嚴
的時代，你能做的是熱情地投入愛情。或者幻想自己熱情地投入了愛情。」
〔註14〕文學、政治——哪一種可以得到救贖？而《金絲猿的故事》更是融合
了前面十幾年創作出來的幾組人物關係，不論是情政人員的故事架構，對某
情節亦步亦趨暗暗追續，甚至出現同一個畫面前部小說沒讓讀者看見的視角
在這部小說中運鏡補光一次到位，李渝透過小說形式，不斷書寫一個持續十
多年蔓延增生的主題——「將軍」，內容涉及將軍的歷史形象、個人祕情、
自我反思、宗教啓靈與人道主義式的生命關懷，部分情節尤其符應小說家與
政治、國族意識、現代主義思潮的分合裂變。《金絲猿的故事》的「馬將軍」
是戰爭中眾多角色形象的集合，他既是情治系統頭子、高級政務官，也是一
生戎馬烽火殺伐裡的風雲人物，有時是民族英雄有時是時代劊子手，是退隱
的失落政客，也是情寄繪畫、票戲、書寫與閱讀的寂寞老人，他們幾乎都有
相同病症，恐懼黃昏的到來，在焦慮症發作時分不清現實與想像、過去與現
在，心裡都藏著再清楚不過的畫面，暗夜黑水裡潮流拍打船身，無數隻手無
數張臉沉浮其中。追尋靈物「金絲猿」，直可視為李渝這一系列將軍書寫的
一個隱喻，尋找「金絲猿」無疑是將軍的懺悔與救贖之路。

　　在臺灣小說將軍書寫的探討中，李渝的將軍書寫無疑是一個特殊的「個
案」，除了是台灣小說中少數女性作家以女性視角書寫將軍外（另一位是蘇偉
貞，將於下一章論述），幾十年來持續創作以將軍為主要、次要人物的文本，
更成為其小說的主要特色。一系列涉及將軍的小說，文本之間皆有互涉的情
節，如同她著名的小說技巧「多重渡引觀點」〔註15〕，將軍的形象也必須在

〔註14〕李渝，〈八傑公司〉，《應答的鄉岸》，頁71。

〔註15〕李渝多次將自己的小說敘事定義為「多重引渡觀點」，在故事中涉入其他的故
　　　事，由此渡引至彼。有時是敘事觀點的轉變，讀者投射的對象、或是觀看的視
　　　角隨之改變；有些是改變小說整體時空環境，一個具有現代氛圍的小說情節，
　　　卻同時潛伏了古典異調的他鄉色彩，宛如畫中有畫，夢中有夢，時空充滿不確
　　　定，人物形象亦在此與彼之間流盪，過去與現在聚焦在同一個畫面與情節上；

多重敘事、多個文本互讀中才能逐漸清晰完整，將軍形象不在此亦不在彼，
將軍在延伸、引述、隱喻中蔓延增生，言在此意在彼，形成一個相當獨特的
文學書寫情形。「將軍書寫」對李渝來說，正因其充滿「言外之意」的隱喻象
徵，這個與將軍有關、不斷增生變異的故事，就可以虛實掩映地遊走於各個
歷史時空、政治情境、文學與個人的內在自敘之間，既是個人文學情思的流
露，亦是政治反思的假借。最後，這些將軍的故事經過十多年後還是回到了
「溫州街」——李渝「將軍書寫」的起點、李渝成長背景的根源，如同她在
〈臺靜農先生‧父親‧和溫州街〉的文章所言：

> 臺先生的房子一拆除，溫州街大約也不留多少舊日時光。每想到這

然而，在故事多重渡引的間隙，重點在於小說家後設的聲音。例如，〈無岸之
河〉開頭一連轉了二個故事，一是紅樓夢、一是沈從文的小說，小說家以自我
點評破題：「一篇小說吸引人的地方，通常在它的敘述觀點或視角。視角能決
定文字的口吻和氣質，這方面一旦拿穩了，經營對了，就容易生出新穎的景象。
這樣我們不免要想起紅樓夢寫在三十六回，或可稱之為『放雀』的一節故事來。
是這樣的，一天賈寶玉……。者麼廝纏折磨，在外看著的寶玉不覺癡了，領會
了愛情的真義。以上情節並不新奇。可能還有人覺得瑣碎，只是小說家布置多
重機關，設下幾道渡口，拉長視的距離，讀者的我們要由他帶領進入人物，在
由人物經由構圖框格般的門或窗，看進如同進行在鏡頭內或舞台上的活動，這
麼長距離的，有意地『觀看』過去，普通的變得不普通，寫實的變得不寫實，
遙遠又奇異的氣氛出現了。」小說家不僅書寫故事，更是以敘述主體的聲音直
接介入小說，評點小說，而且這些評點文字本身不僅有點題的作用，更是故事
的轉折關鍵；類似的評點文字在〈無岸之河〉中尚有：「小說家採用類似前舉
的，在獲得專家學者們同意前，我們暫時或能稱之為『多重引渡觀點』的觀點，
頻頻更換敘述者，綿延視距，讀者的我們經過小說家，經過『我』，再經過號
兵（小說中所引渡的沈從文〈三個男人和一個女人〉，據作者自言，這是她最
喜愛的三〇年代小說作家與作品），聽到一則傳言，而傳言又再引出傳言，步步
接引虛實更迭，之後，像小說家自己說的，日常終究離去了猥瑣，『轉成神奇』。」
（以上引文見《應答的鄉岸》，頁 7～9）消除小說家、敘述聲音、主人公的敘
述觀點三者的主體性，是常見的意識流手法，李渝的小說是在意識流之上，再
加入小說後設觀點——此觀點更是文學批評家的觀點。如是，〈無岸之河〉內
的三個標題是三個的故事：「多重引渡觀點」、「新生南路中間曾有一條瑠公圳
——溫州街的故事」、「鶴的意志」，以此觀看〈無岸之河〉的第一段，對敘述
視角進行層層撥迤，又可分出五個大小不一、涉及層面不同的故事結構。猶如
故事連環套，不論是近景、中景與遠景的結構，或是畫中畫、重重屏風的組合，
在觀點的轉進與轉出之間，說故事的人其實已不只一人，看似單純的故事結
構，卻因敘事觀點屢屢因人而異，不斷轉換聲腔，因而也增加了多重解讀的空
間。多重引渡，多重視角，多重距離，視角展現人物的多重性，距離造就美感
體驗，構成李渝小說獨特的美學觀。

　　長我養我的地方心情自然都比較複雜。少年時把它看做是失意官
　　僚、過氣文人、打敗了的將軍、半調子新女性的窩據地，痛恨著，
　　一心想離開它。許多年以後才了解到，這些失敗了的生命卻以它們
　　巨大的身影照耀著導引著我往前走在生活的路上。〔註16〕

「將軍書寫」不只是李渝與歷史、政治的關係，同時也可以觀察到巨大的政
治敘述如何為小我所吸收納入個人生命中，成為小說家內在自我、「心靈自傳」
〔註17〕書寫的一部分。

　　從《溫州街的故事》到《金絲猿的故事》，李渝呈現了什麼樣的「將軍」
形象？藉此，除了觀察李渝小說的深層關懷、小說家如何處理自身與近代史
的因緣外，更探討李渝的小說主題構思，何以特別鍾情於「將軍」形象，並
且反覆地經營相同的情節與人物關係：老將軍——戰爭、罪感與懺悔；年輕
夫人（續弦、情婦）——愛情、等待與背叛。引用李渝在《金絲猿的故事》
裡對馬將軍的描述，將軍「從附身的魅影，糾纏的夢魘，懺悔的囈語，變成
動聽的故事」，這段潛藏蛻變的過程，亦可同時印證李渝小說中持續不斷書寫
的「將軍」形象。〔註18〕

　　關於小說中主人公的身分設定，明確以「將軍」稱之者，是《金絲猿的
故事》、〈無岸之河〉中聽來的故事，以及〈跚蹰之谷〉裡的「軍官」，在〈跚

〔註16〕李渝，《溫州街的故事》附錄二，頁232。
〔註17〕「心靈自傳」一詞，乃借用黃錦樹對郭松棻小說的討論。郭松棻的書寫中亦
　　　　是以小說家主體為出發點，透過小說持續與政治、歷史事件「保持距離」地
　　　　對話。黃錦樹特別援引傅柯「外邊思維」理論，探討小說中「窗」、「框」的
　　　　意象表現與內在意涵，並將這些作品納入作家的「心靈自傳」類型中。參見
　　　　黃錦樹，〈窗、框與他方——論郭松棻的域外寫作〉，《台灣文學研究學報》第
　　　　15期（2012年10月），頁11～35。
〔註18〕關於李渝的小說美學、「多重引渡觀點」或是作品研究的論文相當多，此不再
　　　　贅述。較為特別的是，專文探討李渝小說中單一人物形象的研究，目前仍不
　　　　多見。林怡君〈李渝的生命關懷探析——以小說中的軍官為核心〉（第八屆「生
　　　　命實踐學術研討會」論文，華梵大學，2009年11月），側重「平反」的角度，
　　　　將李渝的軍官書寫與歷史事件（如二二八事件中國民黨的處理態度）作比較，
　　　　「軍官」便出現兩個面向：政治立場（國民黨）下的軍官、小說中的軍官，
　　　　並且形成後者（小說）為前者（歷史）平反的意圖。此一論述，亦和本文關
　　　　懷面向較為不同。此外，文中對問題意識部分特別論及：「八○年代末期的老
　　　　兵文學關注的焦點是被稱為『老芋仔』的低階退除役官兵，於是『老芋仔』
　　　　成為文學中的強勢，反而是另一族群，看似社經地位較強勢的軍官——尤其
　　　　是在政壇上不活躍的失勢軍官——成為文學中的弱勢。而李渝的軍官書寫正
　　　　是還原軍官身為一個『人』的身分，為這些明為贏家、實為輸家的軍官發聲。

蹀蹀之谷〉行文中曾提到此軍官「將軍」的身分，此外，從李渝在柏克萊的博
士論文《族群意識與卓越精神》一書論述可知，〈蹀蹀之谷〉裡的軍官，是以
山水畫家余承堯（1989～1993）爲本。〔註19〕余承堯於 1946 年中將退伍，隻
身在台生活，最後投身傳統水墨繪畫，以奇絕孤高風格見長。因此，覆按歷
史文本，〈蹀蹀之谷〉中的「軍官」官拜中將，列入「將軍」文本的討論亦屬
當然。除此之外，幾篇將主人公設定爲「軍官」、「政治家」、「統領兵、政人
物」的小說，如〈夜煦〉、〈她穿了一件水紅色的衣服〉、〈號手〉等，這幾個
角色都是擁有軍事情治背景的政治人物，統領兵、政大權，甚至涉及幾件中
國現代史上幾樁著名的暗殺事件等，這些角色與情節本身，往往涉入後來的
故事，甚至集合於《金絲猿的故事》中，因此，本文將其視爲理解將軍書寫
的重要互讀文本，在論述中作爲將軍各種形象、內在心理與事件的參照依據。
關於將軍的定義，雖然仍舊以「職稱」爲最後的重要考量；不過，李渝的將
軍書寫和柏楊、朱西甯、白先勇等人不同的是，她已經朝向「符號化」的方
式進行書寫，這些將軍、軍官、政要官僚等身分背後，展現的更大共相是：
權力、戰爭與歷史，他們都曾擁有兵權、掌握軍情局與軍隊生殺大權，或是
以政治主事者身分介入軍事領域，影響戰爭局勢與歷史成敗關鍵。從這個角
度來看，其實，李渝小說中涉及軍人、軍官等人物的作品，都可視爲以將軍
形象爲本的書寫。

第二節　從溫州街到域外書寫

　　艾蘭・普瑞德（Allan Pred）在〈結構經歷和地方——地方感和感覺結構

〔註19〕關於余承堯，李渝在《族群意識與卓越精神：李渝美術評論文集》中對他的
　　　　描述是：「十九歲，余承堯放棄學業，投入北伐，成爲一名軍人，征戰二十九
　　　　年使他晉身中將官階。……在四十八歲的壯年他卻退役了。葉子啓先生在〈住
　　　　在陋巷的隱士〉（作者註：《余承堯的世界》，雄獅美術出版，1988 年，頁 13）
　　　　說余氏『以一顆自贖的心，自軍中退伍』，自贖的內容是什麼？是一再身歷戰
　　　　爭的殘忍而心裡出現了悲哀，還是有更深沉的內在原因？自贖是自我道德意
　　　　識很強的行動，在這退出裡，乍現的是後來使余承堯山水面容如此真誠的赤
　　　　子心腸。然而二十九年軍旅生活使他能走遍奇異山水，儲存下以後的變形的
　　　　原本：軍營對紀律的要求或也使他傾向於形式與結構的陳展，偏離了文人畫
　　　　的舒懷傳統。……一九四九年的政治變化使余氏自此與留在大陸的妻子和子
　　　　女斷絕，四十餘年不再有消息。」參見李渝，〈繪畫是種不休止的介入〉，《族
　　　　群意識與卓越精神：李渝美術評論文集》（台北：雄獅，2001 年），頁 101。

的形成過程〉中提到：

> 地方（place）不僅僅是一個客體。它是某個主體的客體它被每一個
> 個體視為一個意義、意向或感覺價值的中心；一個動人的，有感情
> 附著的焦點；一個令人感覺到充滿意義的地方。

> 段義孚（Tuan Yi-fu），瑞夫（Relph）及其他相關學者強調：經由人
> 的居住，以及某地經常性活動的涉入；經由親密性及記憶的積累過
> 程；經由意象、觀念及符號等等意義的給予；經由充滿意義的「真
> 實的」經驗或動人事件，以及個體或社區的認同感、安全感及關懷
> （concern）的建立；空間及其實質特徵於是被動員並轉型為「地
> 方」。[註20]

在李渝的小說中，溫州街反覆出現在八、九〇年代幾部重要的小說作品中，
「溫州街」之於小說家，猶如艾蘭・普瑞德分析正是「新人文主義地理學」
強調之「某個主體的客體」，溫州街上發生的事，浮光掠影地構成李渝記憶
與感覺的片段，這些場景——猶如帶有獨特、捕捉當下意識的光線與景深構
圖，帶給小說充滿歷史、微物感的底色。李渝多次在接受訪問時提到自己對
溫州街的情感、及其與小說創作的關聯，以下，即摘出幾段重要的小說家自
述，以說明溫州街在小說創作中的「位置」，並以此探討溫州街和將軍書寫
的關連性。

在廖玉蕙〈生命裡的暫時停格——小說家郭松棻、李渝訪談錄〉中，李
渝談到溫州街的成長故事與當時活動的民國人物：

> 廖：李渝女士的小說跟白先勇的《台北人》就題材上有些雷同，不
> 過，白先勇是說故事的姿態，而您比較有詩化的傾向？

> 李：背景上，也許白先勇遇到的和我遇到的，有時候是有些相似之
> 處。因為溫州街那條巷子，真是臥虎藏龍！雖然到了台灣以後，
> 身影好像都消失了。其實，你要回去追索四〇、三〇年代，它們
> 都是有聲有色的人物。我的父親是台大教授，我來到美國以後，
> 重新開始接觸中國近代史、突然發現這裡、那裏的名字根本就
> 是我家飯桌上常常被提到的。原來我家飯桌上進行的就是中國

[註20] 艾蘭・普瑞德（Allan Pred），〈結構經歷和地方——地方感和感覺結構的形成過程〉，收入夏鑄九、王志弘編譯《空間的文化形式與理論讀本》（台北：明文書局，1999 年），頁86。

近代史！不只是這些，有時候父親回來就說：「唉呀！今天胡適
又在找牌搭子！」……媽媽買菜回來又說：「啊！黑轎車又停在
那兒！」就是張道藩來看蔣碧薇。對我來說是很震撼的，因為
在歷史上寫得那麼轟轟動動，在我家只是廚房陰暗的燈下一個
飯桌上那麼隨口談起來的名字，這時候，我再來回想，溫州街
就變得光輝燦爛，好像所有的故事都在這裡。〔註21〕

李渝的「溫州街」與白先勇的「臺北人」，是台北城市、歷史與記憶書寫中相
當重要的兩個指標，連李渝的成長經歷，也與白先勇相當近似，他們筆下出
現的民國人物，都不是存在於史料、歷史課本中，而是活生生出現在他們的
生活場景、感覺結構中，「充滿意義的『真實的』經驗」；此外，兩人的認知
過程也相當雷同，這些當時親身經歷的歷史事件，例如白先勇經歷了白崇禧
來台後逐漸被解除軍政實權的過程，以及父、母親遭受情治單位監控，母親
連聽戲都有吉普車跟著的記憶；李渝則在飯桌上聽見張道藩與蔣碧薇的故事
（背後還有另一個至今不忍寫的故事：繪畫老師孫多慈與徐悲鴻的故事，徐
悲鴻與蔣碧薇的故事就是從這裡牽出縷縷情感細絲〔註22〕），在牌桌旁聽見這
些近代史上有名有姓的人物講述各自的來歷鄉愁，南腔北調的流離故事，種
種親身經歷的記憶，卻是蟄伏在生活的底蘊下，直到兩人都去了美國，拉開
距離後才能進一步重新釐清爬梳它們在生命中的意義與影響。不論是白先勇
寫於七、八○年代的《台北人》與《紐約客》，或是李渝晚至八、九○年代始
開始面對的生命圖景「溫州街」，兩人的書寫都呈現域外／域內的對照，將曾
經熟悉的空間、地方感「陌生化」，在「不可見時」書寫它。〔註23〕李渝在另

〔註21〕 廖玉蕙，〈生命裡的暫時停格──小說家郭松棻、李渝訪談錄〉，《聯合文學》
225 期（2002 年 11 月）。

〔註22〕 〈鄉的方向──李渝和編輯部對談〉，《印刻文學生活誌》第 6 卷第 11 期，頁
77；宋雅姿，〈鄉在文字中──專訪李渝〉，《文訊》2011 年 7 月，頁 37。

〔註23〕 「陌生化」、「不可見時」的書寫，此乃參考洪維信在《外邊思維》導論部分，
引述莫里斯·布朗修分析尤里西斯與海妖的故事之內容：「神話中的奧菲爾將
他妻子尤莉迪斯從冥府帶回人間時，因為受不住引誘，轉身回望她的臉孔而無
法讓她復活。……對布朗修來說這神話其實還有另一個意義：詩人奧菲爾所要
捕捉的正是這在陰影裡、已經遠離的尤莉迪斯，他『不是想見到可見時的她，
而是要見到不可見時的她，不是作為一個熟悉的生命那種親密，而是作為排除
一切親密的陌生：他不是要令她活著，而是要令死亡的滿盈活在她裡面』。」
參考傅柯著、洪維信翻譯導論《外邊思維》（台北：行人，2003 年），頁 39。
白先勇在〈驀然回首〉一文，提及母親之死帶給他的影響除了是內心的負疚、

一篇採訪中更深入地談到陌生化、距離化的書寫姿態：

> 故鄉，溫州街的出現差不多是在保釣中期的時候，我開始寫台北故
> 鄉，當時我們自己編雜誌，自己寫、自己印、自己看，然後自己丟
> 到垃圾箱去。大概從那個時候開始，溫州街慢慢蘊釀出來。並起重
> 新想，政治運動並不合適，我必須要回到文學，很多因素的聚集，
> 台北開始以一個不同的意義出現：就是拉出距離來——你靠台北很
> 近的時候，看到的都是不喜歡的，這個也不好那個也不好，拉出距
> 離以後，你重新看這個都市、城市。失去才會獲得……
>
> 也就是你慢慢離開，拉出距離的時候，它出現陰影，像重新回到溫
> 州街，然後你到那個世界去找珠光……慢慢地在你手中呈現出來，
> 就有這個過程。這也像我重新了解我父親。〔註24〕

從域外書寫——美國回望故鄉，進而重新了解父親、父輩們的歷史，並在了

身為人子的無能為力，更有一種失去一切生命根本的茫然（從精神分析來說，
失去母親是邁向自主的第一步，走向個體化的必要狀況。此外，離開母體、害
怕失去母體後無法面對自身的位置與存在，因而面臨愴痛與憂鬱。從精神分析
的角度來看，白先勇此刻面臨的雙重失落，是同時失去作為母體的母親，與作
為思考根據的母語。參見茱莉亞‧克莉斯蒂娃（Julia Kristeva）著、彭仁郁譯，
《恐怖的力量》（台北：桂冠，2003 年）第二章〈害怕什麼？〉；茱莉亞‧克莉
斯蒂娃，《黑太陽：抑鬱症與憂鬱》（台北：遠流，2008 年）第一章〈精神分析：
一種抗抑鬱劑〉。此外，蘇偉貞〈為何憎恨女人？——《台北人》之尹雪艷案
例〉一文，亦從拉岡與克莉斯蒂娃論述白先勇此時期的心理結構及其對往後創
作的影響，收入陳芳明、范銘如主編《跨世紀的流離：白先勇的文學與藝術國
際學術研討會論文集》（台北：印刻文學，2009 年）。因此，初到美國時是「完
全不能寫作，因為環境遽變，方寸大亂，無從下筆，年底耶誕節，學校宿舍關
門，我到芝加哥去過聖誕，一個人住在密西根湖邊一家小旅館裏。有一天黃昏，
我走到湖邊，天上飄著雪，上下蒼茫，湖上一片浩瀚，沿岸摩天大樓萬家燈火，
四周響著耶誕福音，到處都是殘年即景。我立在堤岸上，心裡突然起了一陣奇
異的感動，那種感覺，似悲似喜，是一種天地悠悠之念，頃刻間，混沌的心景，
竟澄明清澈起來，驀然回首，二十五歲的那個自己，變成了一團模糊逐漸消隱。
我感到脫胎換骨，驟然間，心裡增添了許多歲月。……回到愛我華，我又開始
寫作了，第一篇就是『芝加哥之死』」（參見氏著《驀然回首》，頁 76～77）。〈芝
加哥之死〉寫於 1964 年，1965 年發表《臺北人》首篇〈永遠的尹雪艷〉，白先
勇的這段心境，猶如李渝之於《溫州街的故事》，都是寫一種「要見到不可見
時的」，不論是被迫不可見，或是刻意讓自己維持在與書寫對象疏離、不可見
的狀態，都是為了擁有域外、外邊思維的本質「陌生化」。

〔註24〕鄭穎，〈在夏日，長長一街的木棉花——記一次訪談的內容〉，收入氏著《鬱
的容顏》（台北：印刻文學，2008 年），頁 178。

解中重新定位自身的意義，白先勇、李渝二人是以相當近似的方式找到書寫的動機。李渝後期的書寫中，尤其明確讓自己保持在與書寫對象的疏離、陌生化中，因此，當採訪者問及紐約與台北的選擇時，李渝回答：

> 在地如果安穩，人容易鬆懈，失去危機意識。……要是想寫東西，還是寧願住紐約，台灣一般生活的溫馨舒服容易把人解構了。

> 在紐約生活比較寂寞，這是異國，你是「外」人，可是好處是，你注意周遭的發生卻不用動心，可以保持距離而專志。在台北是不可能的，對這社會的關心和期待一定會驅使介入政治社會議題，變成異議者、抗爭者，所謂「公眾知識分子」，這也是很好很應該的，只是我所學所積累的就會變成沒用的東西。

> 不過台北始終是一種原鄉。〔註25〕

文化的原鄉、心靈的原鄉，「原鄉」更深一層的意義卻是意味著「我不在原鄉」，甚至我已失去原鄉，成為真正的異鄉人、「外」人、他者，因此「原鄉」變成異鄉人心中「過去與起源的幽靈，也就是他的祕密記憶深處」，「我知道我來自於他方……並非將其視為一種苦悶，而是一項做出超越的邀約，它能讓我們處於興奮或狂喜之中，卻也能一直保有那種失根的痛楚感覺」。〔註26〕對李渝而言，「溫州街」正是「原鄉」的根據點、台北記憶的核心所在，以克莉斯

〔註25〕 李渝，〈鄉的方向——李渝和編輯部對談〉，《印刻文學生活誌》，頁87。李渝自覺地將自己外於一切熟悉的環境，讓寫作保持在一種隔絕、孤絕的狀態，郭松棻亦是，在接受廖玉蕙的專訪時，廖玉蕙提到郭松棻一度因為聽到「鄉音」（台語）而心情激動。兩人的寫作狀態，對於維持「現代主義」特質與「純度」，其實有相當大的影響。如果將兩人置於八、九〇年代的台灣，是否會像呂正惠觀察到的七〇年代政治與文學維持的平衡狀態，到了八〇年代政治逐漸吞噬文學，宋澤萊、陳映真等人皆有「以政治行動（或更接近政治行動的寫作形式）來代替原來的創作」的發展態勢。參見呂正惠，〈分裂的鄉土，虛浮的文化——八〇年代的台灣文學〉，《戰後台灣文學經驗》（台北：新地文學，1992年），頁130。

〔註26〕 參見茱莉亞‧克莉斯蒂娃（Julia Kristeva）著、納瓦蘿訪談、吳錫德譯《思考之危境：克莉斯蒂娃訪談錄》（台北：麥田，2005年），頁131～133。克利斯蒂娃長期處於法語世界、以法文寫作，但是自身一直保持在來自保加利亞的「外邦人」的狀態，她的情況頗能作為理解李渝（甚至是郭松棻）小說書寫狀態的參照。如同克莉斯蒂娃注意到在她身上保持的過去記憶，其實是來自於非常細微的家庭記憶，然後與地理、國家、顏色、聲音、氣味等相連，這些舊時記憶並以法語、第二語言的方式轉化到她的法國文化裡，形成書寫與思考精神分析與治療的獨特性。

蒂娃的話來說，溫州街就是李渝「過去與起源的幽靈，也就是他的祕密記憶深處」，所以，溫州街上的人、事深刻影響她的寫作主題與人物經營。〔註27〕

　　深入比較白先勇與李渝的台北書寫，兩人的差異就此呈現。白先勇筆下的台北，毋寧是一個整體時代氛圍的象徵，甚至是一個更接近他的個人成長背景的時代感，而李渝具體聚焦在溫州街，如前引述地方感的建立，溫州街「經由充滿意義的『真實的』經驗或動人事件，以及個體或社區的認同感、安全感及關懷（concern）的建立」，不論是街上的教授、文人、知識分子、失意政客與敗戰將軍，及其如何卸下歷史沈重的身影轉化為李渝從飯桌上聽到的日常瑣事記憶，李渝溫州街上指涉的歷史、人物、事件，因為記憶裡的氣味、聲音、顏色背後都有一個相應的人物形象，例如〈她穿了一件水紅色的衣服〉背後的原型蔣碧薇、〈朵雲〉的英千里教授與他的下女，〔註28〕李渝投射的不僅是個人生命經驗與小說想像，更藉由這些人物與氛圍（如同照片裡的人物與靈光）去理解溫州街，進而書寫溫州街底不足為外人道的「地方」經驗。

　　因此，白先勇與李渝的台北記憶，從小說文本開展出來的樣貌，敘事景框裡留存的台北圖景，是相當不同的情調。白先勇在台北觀看南京風華，形

〔註27〕　如果進一步對照郭松棻的小說書寫，1985 年後的創作，例如〈雪盲〉、〈草〉、1993 年改寫的〈論寫作〉，卻是呈現一種沙漠式的「精神異境」，身上背負殖民痕跡的旅外知識分子，在異鄉因為無法整合自我，造成文化斷裂、主體身分不明，最後甚至成為流寓美國的「精神病患」。相關論述參見魏偉莉，《異鄉與夢土：郭松棻思想與文學研究》（台南：台南市立圖書館，2010 年）。郭松棻與李渝的不同，王德威以為「郭松棻的世界充滿狂暴荒涼的因子，而在最非理性的時刻，一股抑鬱甚至頹廢的美感，竟然不請自來。相形之下，李渝的敘事和緩得多：無論題材如何聳動，溫靜如玉是她最終給予我們的印象」。參見王德威〈無岸之河的渡引者〉，收入李渝《夏日踟躕》（台北：麥田，2002 年），頁 24。除了書寫氣性的差異，兩人相異的成長背景應該是更重要的原因，李渝來自外省菁英家庭，父親是台大地理學教授，平日往來不是作家文人、就是同為台大教授或學生的知識分子，對台灣母體、本土、殖民的體悟不似郭松棻強烈，甚至是陌生，因此，少了這一層衝擊與剝離，李渝較能從溫州街得到原鄉的記憶，溫慰異鄉的處境，相較之下，郭松棻的異鄉，不啻是雙重流離，加上家庭、成長背景（父親郭雪湖總是不在身邊）並未能給他充分的原鄉、鄉土情感，因此少了情感的聯繫，海外衝擊在郭松棻的處境裡似乎就更為暴烈。

〔註28〕　參見廖玉蕙〈生命裡的暫時停格──小說家郭松棻、李渝訪談錄〉，《聯合文學》225 期；〈鄉的方向──李渝和編輯部對談〉，《印刻文學生活誌》第 6 卷第 11 期。

成今昔對照下雙城共構的獨特景像，南京城下的將軍到了台北，一旦失去戰場後便隳頹、失意、老態盡現，將軍的榮耀在身後，生前的委屈則是無言的歷史側影。身為將門之子的白先勇，筆下的將軍是模糊的影像，相較之下，李渝卻在靜淡抒情的文字中描繪出一幅隱藏歷史背後、窺伺與被窺探的將軍。

　　此外，溫州街之於美國的李渝是：珠玉的光、金色的溫暖的光芒；〔註29〕對小說家李渝來說，卻是另一種歷史影像：

> 包圍在外側的城市正飛囂著各種聲音，經過樹林的過濾傳到湖邊變成陰沉的隆隆聲，似乎某種危機正窺伺著合適的動機。──〈夜煦〉〔註30〕

> 聽說學校後牆齊胸那排血跡總是乾不了。

> 從黃昏開始到黎明到來以前，溫州街終於回到獨屬於自己的時間在麻將桌上凝結。過去發生了什麼沒有人──除了手執紅酒白酒的學者們──再關心，因為書房氤氤氳氳開始漂浮起香煙和香水，以及腐朽了的肉體的氣味。……十年過去，二十年過去，三十年過去，洗牌洗牌洗牌，骨脊在桌面排擠撞擊散開又合起……你是這麼熟悉轟炸，以至於到了溫州街以後聽到了演習警報還以為是真的呢，你的履歷表畢業證書結婚照值錢的首飾都還留在小皮箱裡呢。──〈她穿了一件水紅色的衣服〉〔註31〕

> 黑暗的水源路，從底端吹來水的涼意。聽說在十多年以前，那原是槍斃人的地方。──〈夜琴〉〔註32〕

> 遙遠的巷底敲起餛飩的梆子。托，托。木棍單調地擊著。托，托。
> 從牆外墮入四人寂坐的空間。

> 黑暗從四角侵爬過來，蠕動身軀，吞蝕了客室。──〈菩提樹〉〔註33〕

溫州街底的黑暗所在，暗藏危機、腐朽肉體、暗殺與死亡的景象，既是二二八、白色恐怖的歷史現場，也是麻將聲伴隨餛飩梆子聲，宛若轟炸聲的另一

〔註29〕 李渝，〈臺靜農先生・父親・和溫州街〉，《溫州街的故事》，頁234。
〔註30〕 李渝，〈夜煦〉，《溫州街的故事》，頁3。
〔註31〕 李渝，〈她穿了一件水紅色的衣服〉，《溫州街的故事》，頁78。
〔註32〕 李渝，〈夜琴〉，《溫州街的故事》，頁142。
〔註33〕 李渝，〈菩提樹〉，《溫州街的故事》，頁161～162。

個歷史場景。政治的預謀與情謀，一條街底，就可以將匪諜案與將軍晚年難得的愛情溫慰掛勾在一起，一體兩面，端看由哪個視角、景框去看。整條溫州街充滿窺伺的視角，不論是統領兵、政的政治人物，還是街頭巷尾喜歡議論的婦人，甚至是與多篇小說環環相扣、和溫州街一起成長變化的角色「阿玉」，從他們的視角觀看溫州街，多重視角交錯下，溫州街毋寧是充滿歷史歧義、省籍意識與歷史波折的地方。〔註34〕

　　從這個角度來看，李渝的將軍書寫根源即在這樣一條「政治、歷史的」溫州街，甚至是晦暗、白色恐怖、壓抑與禁錮的溫州街。「失意官僚、過氣文人、打敗了的將軍、半調子新女性的窩據地」，全是失敗的生命型態，溫州街甚至變成兩種失敗生命型態的關係，將軍與情婦、過氣文人與台灣弱勢年輕學生、落寞的教授與弱勢下女等。一如李渝自言，溫州街是個壓抑的所在。〔註35〕

第三節　將軍書寫下的鉅史與私情

　　歷史因緣造就溫州街充滿歧義的政治色彩與意識型態，鄭穎認為這正是「多重渡引」小說觀點借力使力之處，使小說內容充滿「多義的記憶」：

> 少女阿玉的記憶、老奶奶的記憶、父親母親的記憶、白色恐懼未亡人的記憶、老將軍的記憶、女伶和老琴師的記憶、閱讀報刊新聞的記憶，以及現代史編年紀事沒有寫實主義式細節的記憶──最後終於渡引至一個班雅明所說的：「歷史的流程萎縮乾枯，變成空間的場域」，歷史成為個人的記憶史之集成，變成一條街（溫州街）裏，逆

〔註34〕李渝在1972年的〈台北故鄉〉中即寫出了外省第二代與本省年輕人之間充滿歧義的歷史觀：「有意的漠視歷史和個人背景可能是我們這一代所謂知識分子的通性吧。事實上，歷史課中一九一一年辛亥革命以後的事就是描寫得很簡略了。北伐是場是非分明，一段話就寫過去的戰役，八年的中日戰爭，從我父親的口中聽來，也僅是場不斷重複發生的轟炸、淪陷、逃難的靈夢。抗戰以後的事，在我自己的家裡則如同一個禁忌。而村民的歷史是什麼，在尼采、齊克果、沙特等一連串的哲學名字之後，在他的腦中，有沒有二二八，有沒有失蹤的伯父，有沒有隔壁被槍斃的阿叔，這些臺灣人的歷史有沒有在半夜縈繞著他，就像中日戰爭的警報在半夜化作我的靈夢一般，雖然我並不清楚戰爭到底是什麼？」參見李渝，〈臺北故鄉〉，《應答的鄉岸》，頁173。

〔註35〕鄭穎，〈在夏日，長長一街的木棉花──記一次訪談的內容〉，《鬱的容顏》，頁175。

反於「轟轟烈烈的現代史」的流光掠影，印象畫派式之素描、家庭
餐桌或麻將桌上的閒聊八卦。〔註36〕

多重渡引，猶如中國山水畫的「散點式」構圖，觀看畫作可以同時以多重角
度進行，強調進入、停駐或離開的隨性與自由，觀看當下可入迷，亦可不涉
入保持旁觀，讓理解與觀看同時進行，因此，溫州街之於李渝的多義記憶中，
便是融合了主觀、客觀、在各種身分的轉移上交錯進行。其中，最重要的觀
點是「阿玉」的觀點，在《溫州街的故事》七篇獨立的短篇小說裡，有四篇
都出現了「阿玉」這個住在街上的年輕女孩，阿玉是李渝的自我投射，不僅
是文本呈現阿玉與作家的密切關係，連李渝本人亦以「阿玉代表的是私人的
記憶，私人的記憶隨時可以出現」作爲回應。〔註37〕因此，「阿玉」的旁觀角
色，正是貫串故事敘事、引導讀者進入《溫州街的故事》中宛如中國繪畫多
重散點的觀看經驗。以下，即從阿玉的視角觀看溫州街上將軍的一場祕情故
事——〈她穿了一件水紅色的衣服〉，並探討這篇小說中二個重要面向：一、
阿玉的私人記憶與將軍的公眾歷史；二、從將軍的密謀與祕情看李渝將軍書
寫下「戰爭」與「愛情」二個意象的轉換。

一、女性的私人記憶與將軍的公眾歷史

〈她穿了一件水紅色的衣服〉是一個關於統領過兵、政大權的政治家與
一個女音樂家的故事。李渝透過女音樂家與政治家的視角，敘寫戰爭與兩人
愛情的經過，男女雙生複調，呈現戰爭烽火下相異的感覺結構。

（一）「她」的視角

從「她」的角度來看，戰爭將「他」送到「她」跟前，烽火下更見愛情
的珍貴，「以後她又明白了戰爭能使她和他保持時有時無但是熱情始終不易消
滅的距離；她是有些要感激戰爭了」。〔註38〕一場祕情在躲空襲時曖昧滋生，
李渝將砲火煙花對應女子豔紅的臉，呈現一幅大小、遠近極不相稱的畫面：

機底明明滅滅出現晶瑩的亮點，一串串地落下，在地面濺起一叢叢
的火花。火焰上捲起火焰再捲起火焰，硝煙的氣味硫磺的氣味肉體

〔註36〕 鄭穎，〈由「多重渡引」論李渝小說中的現代性與歷史書寫〉，《鬱的容顏》，
頁 60～61。
〔註37〕 鄭穎，〈在夏日，長長一街的木棉花——記一次訪談的內容〉，《鬱的容顏》，
頁 191。
〔註38〕 李渝，〈她穿了一件水紅色的衣服〉，《溫州街的故事》，頁 62。

觸到炭火滋滋燒起的氣味。尖罵的叫聲漫天的煙霧和火焰，在一陣
陣的火樹銀花之中終於昇起了豔紅的城市，多麼繽紛燦爛。

他的鼻息吹在耳垂左右時有時無。

別擔心，她說，別擔心，等天明再說。她的臉一片豔紅。

等明天再說，問題或許可以解決，警報或許可以解除。

他的鼻息吹在臉上，明顯讓你感到呼進呼出的節奏。〔註39〕

中國山水畫透過散點視焦呈現遠近交疊的效果，「空白留出不是為了造就空
間，而是以虛體和實體作結構上的更迭，兩相推咬，把各種事務攤平在曖昧
的同距內，不讓視覺發展出幻覺性的深度感」，〔註40〕這場從天上飛機到地上
煙塵的空襲描寫，將砲火轟炸用整個城市的空照全景呈現，然而，也同時翻
轉了大小，以不相稱的比例描述「肉體觸到炭火滋滋燒起的氣味」、鼻息、呼
氣的節奏、她的臉一片豔紅等細小微觀下的物態，如果說山水畫中遠山與近
石是藉由繚繞的雲霧迂迴轉下成水的樣態，造成虛實更迭的效果，使遠山與
近石在「曖昧的同距內」並存，呈現文人的內在世界，那麼，小說敘述中重
複的句式：「火焰上捲起火焰再捲起火焰」、「別擔心，她說，別擔心，等天明
再說」等，便是雲、霧、水的功能，將遠景轉至微觀，最後聚焦在女性細膩、
私密的個人感覺中。於是，戰爭背後的大歷史可略而不述，即便城市上空偵
查機盤旋探照燈如鷹般往下搜尋，城市底層是夾牆灰燼，李渝還是可以繼續
描述著「她」必須撩起陰丹下擺，靠著門檻揀幾個雞蛋，小心地放進籃子最
底層，儘是物態細節的形容，連中間穿插「跨過坍牆和餘火，和留在地上的
頭髮和手臂」的屍骸敘述，都是物態，沒有一絲暴虐殘酷的跡象。

　　這樣的描述手法，不禁讓人聯想到張愛玲的敘事，躲避空襲的時空，不論
是張愛玲或李渝都寫出了一種停格、漂浮、無所著力的凝結。兩人都意識到，
歷史遞變下人的日常歲月居然還是擺脫不掉吃穿、收拾屋子的荒謬；可是不做
這一類細瑣無足輕重的事，人就更加無所依從。於是，兩位小說家筆下的女性
往往陷入一種內心活動與外在現實無法同調、反差太大的荒謬處境，或者，更
確切地說，從「她們」的眼光看出去，外在世界儘是荒謬不合理，看不見一絲
生存的尊嚴時，自我嘲諷反而有一種清醒。例如，張愛玲在〈燼餘錄〉中寫到

〔註39〕李渝，〈她穿了一件水紅色的衣服〉，《溫州街的故事》，頁 56。
〔註40〕李渝，〈繪畫是種不休止的介入〉，《族群意識與卓越精神：李渝美術評論文
　　　　集》，頁 109。

某一回躲空襲，自己甚至拿「防空員的鐵帽子罩住了臉」，「黑了好一會，才知道我們並沒有死，炸彈落在對街」。〔註 41〕大難當頭誰也顧不上命時，反而看見眼前一個磕一個的背，就這樣躲著，鐵帽子罩住臉就行。人命如煙花，不過是瞬間的事，如何承擔歷史邊變下人命被蹧踐的悲哀，不抗議不妥協，不悲憤也不哀傷，「她們」唯有靠著本色度日，維持尋常生活的軌跡，才能真正遠離戰爭。所以，張愛玲筆下「飛機繼續擲彈，可是漸漸遠了。警報解除之後，大家又不顧命地軋上電車，惟恐趕不上，犧牲了一張電車票。」〔註 42〕為了軋上電車可以不要命，人命犧牲有種無話可說的蒼涼，倒是犧牲一張車票擺明不捨了，這是一個多大的反差。同樣的，李渝小說中描述女音樂家為了買到幾枚蛋得小心挨著夾牆走，甚至越過屍骸時（或許還可以感受到熱度，那是「煙硝的氣味硫磺的氣味肉體觸到炭火滋滋燒起的氣味」），心亦不驚不懼，恐怖憂懼不是「現世」的事，已是上一次警報響起、時空凍結的荒謬世界之遺跡。用未破的瓷瓶裝水抹桌擦地，在最細微的器物、氣味、物感底下過日子，用感官知覺取代知識判斷，這才是生命本色，套用張愛玲的話，是「出生入死，沈浮於最富色彩的經驗中，我們還是我們，一塵不染，維持著素日的生活典型。」〔註 43〕李歐梵以為這正是張愛玲小說的「蒼涼」所在——將「戰亂和世俗的日常生活在同一個特定的歷史時空之中」書寫：

> 她不但把歷史的「大敘述」或「主旋律」放在故事的背景後，甚至故意將之描寫得很模糊（日本人何時開始攻打香港，如何轟炸，如何佔領，隻字不提），而且把日常生活的現實放於前景。然而正由於這個歷史和日常生活的「錯置」，才使得這篇散文顯得更加不凡。

〔註 44〕

李渝透過「她」的感覺重構的戰火世界，亦復如此，戰爭無疑是退到故事背

〔註41〕 「我覺得非常難受——竟會死在一群陌生人之間麼？可是，與自己家裡人死在一起，一家骨肉被炸得稀爛，又有什麼好處呢？有人大聲發出命令：『摸地！摸地！』哪兒有空隙讓人蹲下地來呢？但是我們一個磕在一個的背上，到底是蹲下來了。飛機往下撲，砰的一聲，就在頭上。我把防空員的鐵帽子罩住了臉，黑了好一會，才知道我們並沒有死，炸彈落在對街。」張愛玲，〈燼餘錄〉，《流言》（台北：皇冠，1996 年），頁 44。

〔註42〕 張愛玲，〈燼餘錄〉，《流言》，頁 45。

〔註43〕 張愛玲，〈燼餘錄〉，《流言》，頁 43。

〔註44〕 李歐梵，〈張愛玲筆下的日常生活和「現時感」〉，《蒼涼與世故：張愛玲的啟示》（香港：牛津大學，2006 年），頁 10。

景後，刻意將「她」與「他」的祕情寫在最前，甚至最後聚焦在「她的側臉」：

> 船錨札札地昇起，打著黑色的江水船逐漸離岸了。一旦道完別，離
> 別倒是很快的。……她回到艙室，開始想像他說話的樣子，他的手
> 勢，他的肩臂。

她的側臉和弧形的頸線襯托在黑暗的牆上。

> 城市在撤離在陷落，在你下船上船的時間殺戮開始又開始，白天夜
> 晚地進行，據說持續了六個禮拜。〔註45〕

戰爭甚至是成就「私情」的手段，在愛情的主題下，鉅史與私情的大小框架
完全倒轉過來，兩人的尋常歲月是焦點，日日夜夜無休止的歷史現實是背景，
在女音樂家眼中，逃難避禍才是擁有愛情的過程，城市被毀壞，愛情在灰燼
中重生。另一個錯置是，在目睹政治家與妻子公開場合出雙入對時，女音樂
家感受到「戰爭」，她獨自離去時的腳步，竟像「一隊士兵進入戰役的曠野」，
在譬喻上呈現私情與歷史的刻意翻轉。

（二）「他」的視角

在這篇小說中一直有一個男性的視角，旁觀女音樂家，看著牆上鬱暗的
影子，直到穿過暗紅色花朵圖案的牆紙，越過窗外在黃昏中隱隱起伏的溫州
街，「看見」記憶裡城市被轟炸出一個大洞，身體遺留的傷口，怎麼也癒合
不了。對於愛情與戰爭，顯然從男性觀點浮現的是另一個截然不同的景象與
敘述方式。李渝描述到：

> 北碚被炸，瓷器口被炸，黃桷樹被炸……你可以列出一個個的地名，
> 然後在後面放上被炸兩個字，然後我們稱這為地毯式轟炸……。
>
> 牆倒了水泥塌了木樑燒起來，路標都不見了。城市被炸得到處都是
> 坑坑窪窪，你一不小心掉進坑裡，彈片鐵片切進鞋底和襪子，把你
> 的腳切出一個個張開的口……。〔註46〕
>
> 不能說話不能吸菸已在射程以內，炮火打在黑暗的江面落入黑暗的
> 江心，大家都要盡最後的努力。船要向南方開，無論開向哪一個南
> 方城市，必須要有所行動和決定。如果談判不成功就會遭到不可測
> 的命運，如果談判成功也會遭到不可測的命運……。身在其中怎會
> 不明白。你無法你不能相信任何人，任何一種政治都是權術官僚妒

〔註45〕李渝，〈她穿了一件水紅色的衣服〉，《溫州街的故事》，頁59。
〔註46〕李渝：〈她穿了一件水紅色的衣服〉，《溫州街的故事》，頁68～69。

恨私利騙局……。

窗簾拉得緊密的車廂隱坐了一位長官，誰會料到呢。

不不你已不是長官你已自動推卸下責任，終於擺脫了你這深深厭惡
的束縛了你半生的無趣的職位，一旦放棄，窗簾一旦拉起後座竟是
這樣的寧靜。〔註47〕

身居要職政治家的回憶裡，戰爭與愛情各執天平兩端，他屢屢從她的身邊離
開（她的觀點——戰爭將他送來），投身戰火以及比戰爭更要人命的詭譎會
議決策中，後者尤其比戰爭更接近戰爭的殘酷本質。在日後的太平歲月前方
無戰事時，從政治家的內在視角望過去，小說的另一個主旋律逐漸清晰：「過
去」的警報聲、戰機低飛與投彈轟炸的聲音，對應「現在」麻將桌上刻意鋪
上軍毯低沈的洗牌、砌牌聲，交錯出「牌洗在毯中央，嘩然落入潭的深底，
城市在被圍，在陷落」。於是，「現在」——一場尋常宴會、溫州街常見的麻
將聚會，政治家看到的是：

一百零八張牌傾倒在水中，看不件水花，只聽見哺哺的聲音擊打著
前進的船身。

聽說這一〇八張牌以水滸一〇八位好漢為由起……。那麼現在就請
一〇八位民族英雄進入曠野，排列陣式在魍魎的空間，從陰森不見
軀體的角落伸出八隻浮腫蒼白的手臂，攪動攪動如八隻魔臂。

開始翻轉浮沉一〇八張臉　凸著各色瀕溺的眼睛　炸彈扔下來　眼
睛張著無聲地迎接　不濺起任何水花船身在黑水中滑行　曾有一個
愛情故事早被自己所遺棄

一〇八人全軍覆沒在梁山　年輕的軍官全軍覆沒在曠野〔註48〕

政治家的密謀，一百零八位年輕軍官的犧牲，甚至更多。政治家揭露的深沈
秘密是「一〇八人全軍覆沒在梁山　年輕的軍官全軍覆沒在曠野」，李渝之後
書寫這幾句時，甚至連續幾段皆不用標點符號，讓句子像惡夢一樣在黑夜裡
自由組合，甚至可以不斷增生變異，糾纏政治家的一輩子。關於記憶與意識
流，如同米克·巴爾所言：

回憶是一個過去的「視覺」行為，但是作為一個行為，卻又置於回

〔註47〕李渝：〈她穿了一件水紅色的衣服〉，《溫州街的故事》，頁74～75。
〔註48〕李渝：〈她穿了一件水紅色的衣服〉，《溫州街的故事》，頁75～78。

憶的現在。它常常是一個敘述行為：鬆散的成分聚集進一個前後連
貫的故事中，這樣它們就可以被回憶並逐漸被敘說。〔註49〕

隨著溫州街的現在——牌局上的洗牌砌牌聲、喝茶、她的側影映在書房鬱暗
的牆上，回憶的細節越來越清楚，被四位官夫人、姨太太晾在一旁「做夢」
的政治家，在越過「她」的轟炸經驗、戰爭下的愛情故事後，李渝才讓小說
另一個重要線索浮現——政治家內心深藏的憂鬱與黑暗，「他把窗簾拉得緊緊
地，隔去了外邊嘈雜的人群，像是去赴一個神祕的約會；拋棄了所有牽掛，
航向最後的旅程」。〔註50〕

　　李渝筆下經歷過戰爭的男性，都有一種同樣的態度：孤獨、自絕人群、
無法相信別人，甚至因為不能面對黑夜而成為「黃昏恐慌症」患者。政治家
自身難保地陷入戰爭的密謀，「你無法你不能相信任何人，任何一種政治都是
權術官僚妒恨私利騙局，快離開快離開再不離開就要來不及了」，《金絲猿的
故事》中的馬至堯將軍、《號手》裡半生介入軍情系統、本身參與過太多場總
裁的祕密會議、甚至是決策者的軍官，以及《踟躕之谷》中陷入「密審的暗
室，驟然臨置，變成不是別人而是他自己的刑場」的軍官／將軍，橫跨十幾
年不同作品中反覆出現的將軍形象，都因為涉入軍情、身上背負太多密謀，
最後不能面對自己的臉。

　　《踟躕之谷》的軍官，「被迫介入戰爭，失去一切，只有戰爭，如今戰爭
結束，又失去了戰爭」，〔註51〕通曉黨國機密，身上背負太多人的不安，使他
被政治操作下外放到中橫開山闢路，失去戰場的軍官反而愛上爆破活動——
直到另一場爆破讓他斷了腳，他遂留在山裡，除去所有世俗職責，成為一名
畫家。如同現實世界中出身黃埔軍系的余承堯中將，退役後將半生投入繪畫
中，尋找自我救贖的可能，《踟躕之谷》的軍官變成畫家後，李渝在小說情節
中置入一個鬼魅般的傳說：畫家喜歡畫人像速寫、「畫家請留下來的，其實都
是具有跳入谷裡的傾向的人」，〔註52〕畫家因此尋到一個青春美好的青年的
臉，重複畫著，形塑別人的青春線條時，偶然間一張臉變成許多張男人的臉，

〔註49〕引自米克‧巴爾（Mieke Bal）著、譚君強譯，《敘述學：敘事理論導論（第二
　　　　版）》（北京：中國社會科學出版社，2005年），第二章〈故事：諸方面〉之「聚
　　　　焦者」，頁173。
〔註50〕李渝：〈她穿了一件水紅色的衣服〉，《溫州街的故事》，頁75～76。
〔註51〕李渝，〈踟躕之谷〉，《夏日踟躕》（台北：麥田，2002年），頁81。
〔註52〕李渝，〈踟躕之谷〉，《夏日踟躕》，頁90。

其中一個「特別蒼涼又悴黯的，不用分辨，他知道那是他自己的臉」，〔註53〕
李渝透過這張糾纏畫家的臉、靈體與肉身的互動，描述將軍的處境：

> 他一直知道，惺惺恫恫在那裡翻來覆去的不是別人，不過就是他自
> 己。別人都已放過他，由他去了；就像所有的失望，遺憾，過失，
> 罪孽，以及所有的豐功，盛蹟，偉業，都已放過而退卻在記憶裡，
> 苦苦糾纏不休的，卻是他自己一個人。〔註54〕

這些情治單位底下的男人，生命型態裡都分裂為兩股勢力：靈與肉、罪孽與
自贖、死亡與求生，自我糾纏對立的本能，畫家筆下靈體與肉身兩張臉的糾
纏，到了《金絲猿的故事》中甚至變成將軍的魂體與肉體、身著軍裝的少年
與說故事的老者，共同追尋金絲猿的情節。李渝筆下的將軍形象，幾乎都有
失敗過氣、罪孽與殺戮的經歷，反之，對應的則是失去光榮得到優渥生活的
物質補償，以及心靈在尋求懺悔與救贖過程中的敏銳纖細，深邃的內在反而
構成將軍孤獨卻迷人的特質。如同鄭穎的觀察：

> 李渝多麼著迷於藉由這老將軍（權柄的擁有者、現實世俗財產地位
> 的確定、極高的美學教養與品味，但同時是被自己一生記憶所纏擾，
> 以及窺見死亡之秘密的老人）——年輕妻子（不快樂、壓抑的青春
> 身體、心不在焉、恍惚的女生特質）——妻子的年輕戀人之三角關
> 係所延展而出的人性劇場，時光之慨，個人在大時代風暴中的不幸
> 或追求心靈自由的姿態。〔註55〕

這樣的書寫樣態，毋寧更接近小說家自身且別有寄託，經由「將軍」在歷史
上複雜多重的形象與矛盾歧義的定位，使之成為自我書寫、心靈自傳的一部
分，呈現小說家獨特的抒情主體與歷史觀照。

　　1989 年末李渝寫下〈夜煦——一個愛情故事〉，收入《溫州街的故事》，
小說透過一個步入中年罹患恐懼症的「我」說起一個「我的朋友告訴我的故
事」，這位朋友喜歡收集夾報，從小追蹤一則女伶的消息，於是在朋友的成長
過程中女伶的新聞逐漸變成一則「傳奇」：正值事業高峰的女伶嫁給一位大她
三十幾歲過氣的官僚、曾經統兵治政的豪雄人物，當過氣的政治人物經商失
敗時，女伶竟與胡琴師私奔，多年後，在一則轟動一時的匪諜案中，大家才

〔註53〕 李渝，〈踟躕之谷〉，《夏日踟躕》，頁 95。
〔註54〕 李渝，〈踟躕之谷〉，《夏日踟躕》，頁 95。
〔註55〕 鄭穎，〈由「多重渡引」論李渝小說中的現代性與歷史書寫〉，《鬱的容顏》，
　　　　頁 58。

赫然發現兩人皆是案件主角，是化身多年潛藏台灣收集情資的匪諜。至於那位「過氣官僚、統兵治政的豪雄人物」，在經商失敗後，生活轉入黯淡，從此無人過問他的生活。這個故事中的女伶、爲左傾理想私奔／神祕消失的角色，可以看到〈她穿著一件水紅色的衣服〉開場的女音樂家年輕時與小提琴老師私奔故事的影子，更是日後成爲李渝在 2000 年寫下《金絲猿的故事》時馬至堯將軍第一任夫人的原型。

　　〈夜煦〉中將軍、女伶與胡琴師的私奔／間諜案，其實是多重渡引的開始，眞正的核心在於間諜、白色恐怖、將軍面臨的政治暗算與夫人不忠的雙重背叛，小說裡甚至涉及臺海戰役、八二三砲戰，一切都是從「報紙新聞」看來的：「報紙從牆外扔進前院」、「吊在公共汽車賣票亭的屋簷的鐵絲上的一排的早報晚報新聞雜誌和地攤上的一排早報晚報新聞雜誌和書店裡排成一排的早報晚報新聞雜誌重複報導」，以前面分析的男性、女性敘事觀點來說，這不僅是屬於男性公開公眾的歷史，李渝甚至刻意設計出重複排列的句型，營造出這些新聞彷彿子彈般一排排向讀者射擊，充滿侵略性的媒體、背後操控匪諜案的國家機器。患有焦慮症的敘事者「我」，開始幻想什麼是秘密任務、如何執行、會有什麼代號，甚至如何出海關喬裝逃亡……，「我」無疑是個政治譫妄者，兼且關心環保社會核廢料議題，李渝此處連珠炮似寫出資本主義進入後現代後的荒涼、虛無、充斥各樣專有名詞快速變換的社會。偶爾一聲救護車的鳴笛聲，暴露「我」根本還留在過去——鳴放出二次大戰紀錄片中蓋世太保的警車聲，戰爭變成意識型態的一部分，永遠不會過去。

二、阿玉——李渝的政治反思

　　在〈她穿了一件水紅色的衣服〉後半段，女音樂家與政治家退場，開始轉入旁觀視角——年輕女孩「阿玉」的看見、聽說與揣度。透過她的目光、天眞的聲音，「據說」——往往比歷史更教人想往下尋味的說法——有沒有涉及，坐在黑頭車後座裡的，是個什麼樣的人物？暗殺決策，有沒有你？李渝透過天眞年輕的旁觀者，將小說重點轉入「阿玉」的冷眼旁觀。

　　在阿玉不涉入、冷靜疏離的視角下，李渝寫下將軍的歷史：歷經抗戰、國共內戰、下令撤離、展開逃難，最後來到台灣卻是周旋在情人與戰爭的記憶中，這幾乎是李渝筆下將軍共同的人生曲線。阿玉的旁觀視角，無疑是身爲小說家的李渝對身處龐大歷史架構下「將軍」人性自贖的扣問，但是疑問

之後，小說家並無意為誰平反、或為歷史增添一筆什麼，「將軍」認不認、懺不懺悔、得到救贖與否，以及當下曖昧不明、周折反覆的生命處境，才是小說家關懷的重點。這是李渝必須藉由一個年輕、不涉入故事的旁觀者點題的原因，因為，故事必須「多重引渡」才能展現繁複多義的不同層面，如同觀看的方式，拉長觀看的距離，正視、旁觀、單一焦點或是散目游移，風景都不一樣了。人性、人情，正史或私情，集體的歷史命運或是個人生命處境的內在底蘊，莫不如此。

　　小說中有一段，李渝後設地在小說中揭露小說家自己作為政治反思主體的關懷：

> 如果你好奇想明白真相，那麼等你長大以後自己去唸書去圖書館。
> 最好是去國外的圖書館。自己作研究找資料。你若是左傾就看左派
> ——這是方才說你得去國外圖書館的原因——的書，你若右傾就看
> 右派的書。或者你想平衡一下傾向就去看相反派的。當然什麼都看
> 最好，自己串連出個眉目來。〔註56〕

如此後設的敘述，無疑是小說家的自明心跡。就算是後見之明，也無法分辨歷史的真偽對錯，有名的暗殺事件，不論走進檔案室塵封為秘史，或是重新出土檔案大公開，真相都已湮滅，一旦成為歷史，就註定失去本然面貌。最後，不論左傾右傾、左派右派，意識型態比歷史真相容易捕捉，歷史真相遠比愛情感受本質上更接近虛幻。李渝其實是以私情對抗鉅史，以私我興感質疑歷史真相的無情殘酷。如同李渝所言：

> 男性的這一面常常代表是一個公眾的歷史，他們是將軍這一些，他
> 們承接的是歷史……；男性這邊常常是一個公眾的記憶，那女性這
> 邊則是私人的記憶。〔註57〕

唯有以女性個人的、私密的隨時可以出現的記憶，才能彌縫公眾歷史、大敘述框架下，備受壓抑的人性——將軍不完整、失敗與內在充斥恐懼、祈求懺悔與救贖的形象。

　　阿玉在旁觀溫州街底的將軍故事時，流露出以天真童稚視角觀看1949年遷徙入台灣、聚集在溫州街的這些父輩、民國人物，而在島內發生二二八以及之後歷經長達一個世代的白色恐怖時，「阿玉」才正式進入自己親身體悟的

〔註56〕 李渝：〈她穿了一件水紅色的衣服〉，《溫州街的故事》，頁76。
〔註57〕 鄭穎，〈在夏日，長長一街的木棉花——記一次訪談的內容〉，《鬱的容顏》，
　　　　頁190。

歷史／李渝的歷史經驗。

　　透過少女阿玉的視角，溫州街盡是戰亂流離與白色恐怖戒嚴時期人會隨時不見的恐慌，阿玉眼中的理想少年，一夜之間被帶走，父親營救無效，年輕學生在白色恐怖時代遭囚禁十五年，葬送整個青春。在少年伏法的夜晚，一棵即將被砍斷的菩提樹，來到阿玉夢中告別，菩提樹的隱喻，或可視為李渝哀悼自我理想幻滅、青春身體消逝的一個生命意象，甚至暗示李渝日後遠離故鄉、溫州街，在他鄉成為無根的漂流孤鳥。如精神導師一般存在的夏教授，過世以前交給她本本沒有封面的小書，那些書、魯迅〈影的告別〉的開頭──「人睡到不知道時候的時候，就會有影子來告別，說出那些話──」、「還有《故鄉》裡的句子，一段段，總是忠心地載負著阿玉的日子」。〔註58〕不論是溫州街底的私情、政治人物的秘史，這些鏡頭畫面，透過阿玉冷眼旁觀、不涉入情感的冷靜敘述，形成一種異常冷冽的調性，是現代主義的疏離與個人私密／私史的書寫傾向。阿玉的特質，暗合了李渝對政治與歷史充滿抒情、感性、悲憫式的反思，以及一個從女性他者觀點介入男性公眾歷史敘事時，產生的獨特陌生感與個人私密性，尤其是對物態與細節的掌握，身體細膩的感官體驗，乃至於砲火下透過擦拭房間傢俱、在一碗溫熱的湯裡放進乾淨的白瓷匙等物件，書架、檀木盒、耽在缸緣的手指輕微的一節節顫動，種種細膩的女性動作下，「在傢俱與牆壁的親密和諧中」（一如〈她穿了一件水紅色的衣服〉），政治家反覆在不同時空──聖維爾區的小閣樓、轟炸下躲避空襲的小房間與溫州街──觀看「她的側臉襯映在書房開始花白的牆壁上」），女性建立起家屋，為戰爭、白色恐怖下的受害者提供內在的、真實的庇護需求。〔註59〕「她」的存在──牆上的側影，遂成為「他」內在世界穩定不變的力量來源。

　　周蕾分析張愛玲的小說敘事時說道，「把細節戲劇化，如電影鏡頭般放大，其實就是一種破壞」，〔註60〕在〈她穿了一件水紅色的衣服〉乃至於以阿玉貫穿的《溫州街的故事》，李渝無疑是以散點多焦、多重渡引、個人私密記憶的女性觀點，介入、「破壞」、翻轉男性歷史，使將軍書寫展現出前所謂見的細節與瑣碎感，甚至重新詮釋戰爭與歷史政治的糾葛。

〔註58〕李渝，〈朵雲〉，《溫州街的故事》，頁198～199。

〔註59〕加斯東・巴舍拉（Gaston・Bachelard），〈家屋和天地〉，《空間詩學》，頁140。

〔註60〕周蕾，〈現代性和敘事──女性的細節描述〉，《婦女與中國現代性──東西方之間閱讀記》（台北：麥田，1995年），頁218。

第四節　靈與救贖——將軍／李渝的金絲猿

　　《金絲猿的故事》第一版寫於 2000 年，2012 年因應再版，李渝刪去了原來的序文、和小說最後追捕金絲猿的過程，而改以三場戰爭作結，王德威在為新版作序時，為這部長篇小說寫下重要的點題：「李渝有意以金絲猿的故事作為她個人理解歷史的方法」、「訴說故事是將軍自己面向歷史、相互和解的方式，也是他自我救贖的開始」、「告別革命啟蒙，無視解構結構，她像筆下的將軍一樣，以一顆『自贖的心』追記往事、返璞歸真，……這些年來李渝經過了大轉折，終將理解歷史就是她所謂的無岸之河，書寫故事無非就是渡引的方式」。〔註61〕

　　在《金絲猿的故事》初版序〈心中的森林〉中，李渝寫道：

> 素有『天府』、『樂園』、『世外』等美稱的金絲猿原生地……多各類民族，是世界上動、植物和人種最繁茂生聚的地區。戰爭近結束的一年，暮冬二月底，我生在四川重慶的南溫泉。奶奶告訴我，草木蔥茸，水澗晶瑩，人情純樸和善的南溫泉，正是屬於金絲猿的鄉域。
>
> 〔註62〕

序文將「金絲猿」和故鄉、出生地連結，之後，筆鋒一轉，進入兩所大學之間、木麻黃與琉公圳的新生南路，也就是李渝的溫州街、城南之所在，蒲城街、重慶南路，「走過永綏街，沅陵街，桃源街，成都路，峨嵋街，昆明街，桂林街，康定路，西寧南北路——」、「按照故國西南地理位置定名，務必徘徊不忘在失土裡，而面對敵陣的新獲城池的西邊也不可不靖綏安寧」，城市中的城市、邦國外的邦國，李渝將四川／台北／溫州街交融在同一個地理圖景上，金絲猿的誕生與我之誕生，更巧妙結合在這張充滿異國風情、地名雙重指涉的地圖上。這意味著《金絲猿的故事》與《溫州街的故事》遙遙相望、互相指涉；然而，新版發行時小說家抽掉序文，則又呈現書寫者與敘述的聲音刻意疏離、拉開距離的意圖。新版的第四章除了維持原題名外，內容全部刪改，新加入的三場戰爭使小說在描述將軍的戰場部分更加完整，抽掉追捕「金絲猿」的場景，也讓靈物以隱喻的姿態現身，象徵小說中將軍與女兒的

〔註61〕　王德威，〈物色盡，情有餘——李渝《金絲猿的故事》〉，收入李渝《金絲猿的故事》（台北：聯合文學，2012 年 2 版），頁 5～14。所謂「大轉折」，乃李渝在 1997 年歷經郭松棻中風導致精神崩潰，之後終於重拾閱讀與書寫的過程。參見李渝，《應答的鄉岸》序。

〔註62〕　李渝，《金絲猿的故事》（台北：聯合文學，2000 年），頁 6。

心靈追尋、懺悔與救贖之行。

　　以下，即以 2012 年的新版爲文本，探討李渝在對應 1989 年的《溫州街的故事》後，擴大敘述的將軍故事。

一、獵猿、尋猿／源——將軍的負疚與救贖

　　《金絲猿的故事》分爲六個章節：梔子花、天使無名、流動的地圖、所有認知過程都是憂鬱的、樹杪百泉、歡宴。「引」則點出《金絲猿的故事》裡埋下伏筆的傳奇：明末戰亂出現聖像，人們進入山裡朝聖，卻遭到地方政府殘酷的鎮壓，倖存者將神祇埋入地下，發願三百年後再回到故鄉。

> 騷動著戰爭的春夜，年華在黑暗中無端蹉跎和逝去的時間，近窗的所在，出現了一個女子。

> 以後將軍每回想第一次婚姻，都是這側影踯躅到眼前，……這樣的人，怎麼會去當共產黨呢？……可是，在征戰的年代，你是照顧了任務就照顧不了個人的。……將軍也會往別的角度想，試著用戰鬥的方式來處理，把夫人看成爲敵方，令人蔑視，必須打擊。〔註63〕

「梔子花」將《溫州街的故事》中〈夜煦〉裡女伶與琴師私奔的故事、匪諜案的情節，融合〈她穿了一件水紅色的衣服〉中情婦（將軍的續弦）出現窗邊、交疊的影子的氛圍來寫，因此，亦是運用將軍的戰爭與愛情作爲兩個書寫方向，兩者有時呈現對立——將軍戰場得意、情場就有問題，將軍長年征戰使他失去第一任夫人；有時互相指涉——將軍的愛情是晚年的另一個戰場，只是，這場戰爭將軍的敵人竟出於同一個屋簷下，比的是青春的肉體，「寂寞沉悶的戰後時期，熱情被儲藏和沉積，醞釀著，經過戰爭的人等待著另一場戰爭，不曾經過戰爭的人等待著一件欲死欲活的愛情」，〔註64〕將軍終究不敵青春、春天的潮騷，當第二任夫人跟著將軍與元配夫人的長子私奔時，將軍再一次遭受家變，妻不妻，子不子，這次是雙重家變。將軍一下子老了十幾年，小女兒馬懷寧旁觀一切，一直不在身邊的父親，竟以「祖父」的樣貌回到自己身邊，她只是不斷好奇，母親與大哥去了什麼好地方，過著與眾不同的生活，不用遵守世俗規定的奇鄉異境。將軍的戰場與愛情，因爲夫人的私奔與家變，變成同一件事：「達到了又怎樣，也不過是一場徒然，

〔註63〕李渝，《金絲猿的故事》，頁 28～29。
〔註64〕李渝，《金絲猿的故事》，頁 61。

不過和戰爭一樣，愛情也是可以把人驅向零變成零的。」〔註65〕

在「梔子花」一章中，不論是馬將軍自己還是小說敘述者，對將軍的所作所為都有一份朦朧的不安與愧意——表面上看似對第一任夫人的忽略間接害她斷送的青春與前程，實則是將軍內心一直有一些刻意深藏卻又騷動不已的戰爭影像。小說敘述者刻意按下全貌，只在故事敘述中陸續透露將軍夢中的畫面，例如「黑沈沈的水，看不見邊岸，水裡浮沉著無數的手臂，推擠著，撩抓著，密密麻麻地爭先恐後，掙扎著，簇擁到腳前，他嚇得往後推縮，驚醒過來」，〔註66〕當家中女眷打牌時，將軍退出牌局，他一隻耳朵聽見牆另一頭的牌聲，另一邊的耳朵卻聽到更遙遠的海水沖刷灘地、河水拍打岸堤的聲音，嘩嘩水流中還有眾人殺伐搏鬥的聲響，「彈藥爆炸，肉體橫飛，壕溝給掀開，防牆轟地坍倒了」，之後在廚房熱騰騰衝人臉上撲的蒸氣與多種香辛味道中，將軍看見「無數計的白色的手臂從鍋裡冒出來」，〔註67〕最後，將軍的故人桂將軍帶著夫人北上訪友，大家聊起往事，將軍從笑聲、風聲裡都能聽到水聲、殺戮聲呼嘯著。將軍內心的影像都是不全的，李渝善用斷肢殘臂隱喻參與過戰爭、心靈受創後軍人殘缺的內在生命，這在〈她穿了一件水紅色的衣服〉中便已出現過，在《金絲猿的故事》裡鋪排得更長、出現更多細節的描述，突顯將軍無法面對自己內心曖昧不明的愧意與創傷，一切的恐懼遂潛入內在更深的意識底層，將軍變成了黃昏恐慌症患者：

> 如同埋伏在夜裡等待出擊的敵人，那雙手，又從體內蠕伸出來，摸索著腸胃的內壁，順著管道匐伏前進，步步潛移，不一會就推進壓迫到胸膛。行動得這樣快捷，將軍失防，一股悵然湧上來，落入了昏暗的陷阱。〔註68〕

將軍的身體變成自我的戰場，每一種情緒在體內攻防，李渝不時在現代主義慣用的意識流技法裡暗藏超現實的想像，透過戰爭型態的隱喻——牌聲、風聲、水聲、氣味、光線等無形的武器，肢解一個人的形體樣貌乃至感官與意識。在將軍發現第二任夫人已經和長子私奔前，將軍內心的自我審判已經提早啟動：

> 一個將要進行審判的殿堂，沒有判官，照明就是無形的判官。雪亮

〔註65〕 李渝，《金絲猿的故事》，頁90。
〔註66〕 李渝，《金絲猿的故事》，頁42。
〔註67〕 李渝，《金絲猿的故事》，頁51～53。
〔註68〕 李渝，《金絲猿的故事》，頁40。

　　的空間無法隱瞞，身體的每一種形狀，結構，和姿勢，每一種組織
　　和細節，每一個念頭，每一件行動，從軀體的表層到內裡，從物質
　　到精神，從意識到潛意識，都給照得無法掩藏，炯炯見底，坦白地
　　現出了真相。

　　鐘錘搖擺，秒針錚然移動，以堅持，冷峻，不可妥協的節奏。又高
　　又長的窗簾垂掛下來，阻擋了逃脫的機會，遮掩了正在進行的私審
　　和私刑。〔註69〕

延續著戰爭型態的描述，將軍的恐懼與自我審判的理由，看似曙光初露，卻被小說敘述者巧妙地從內心惘惘然的惶懼，轉移到第二任夫人的密情，以及另一場家庭亂倫的風暴，因而將軍體悟到「愛情」原來像「戰爭」，可以把人肢解成零的狀態。

　　將軍在兩任夫人的先後離開、長子的背叛後，將軍已經死了一次。因此，馬至堯將軍的晚年，便是以「祖父」的姿態面對小女兒馬懷寧，「將軍發現了女兒的存在，懷寧則覺得去了位父親來了位祖父，原來自閉時間將軍從壯年驟變成老年，他的頭髮一夕間全白了」。〔註70〕將軍開始喜歡說故事，在與馬懷寧的閒談中，治癒了將軍的黃昏恐慌症。將軍也在說故事中，鬆弛了故事與自己的對立，從「附身的魅影，糾纏的惡夢，成為自由運轉的豐富的故事」，〔註71〕將軍的生活被「故事」重新編碼，改變其原來意義後，「父親」變成「祖父」，意謂拋棄父子、夫婦、父女意義，人倫結構打散重新組構成一個老人與天真女孩（想像母親與哥哥之所在必然美好如烏托邦，否則怎麼都不回來）「黃昏說故事」的畫面，將軍終於轉危為安。

　　小說進展到第二章「天使無名」，開始進入超現實的故事情節，遠在異鄉成家的馬懷寧，因迷路進入密林，進而在日落時看見了將軍的影子，將軍以魂魄現身，託付未竟之事與自己的骨灰。最後，馬懷寧不得不回到台灣的將軍府邸，帶著將軍的骨灰走向當年一群人獵捕金絲猿的地區。

　　第三章「流動的地圖」中，李渝寫進了1983年〈江行初雪〉的鏡頭，流動的河流，敘述視角亦隨處漫移，從馬懷寧渡引到馬將軍年輕狩獵時的視角。「歇口氣吧，你把槍解下來，在石旁放好。……你失去世間，也失去自己的

〔註69〕李渝，《金絲猿的故事》，頁85～86。
〔註70〕李渝，《金絲猿的故事》，頁94。
〔註71〕李渝，《金絲猿的故事》，頁101。

所在，零下氣溫透進衣領，直冷到皮膚裡，這也好，要不是這麼冷你就會連自己的身體也覺得失去」，〔註72〕這裡的敘述充滿死亡的暗示，失去世間、失去自己的所在，宛如隱喻將軍的「現況」——魂魄，一個尚有知覺、必須再次入山狩獵金絲猿的將軍。目光隨著焦點游移，將軍的狩獵變成追捕二夫人與大兒子的光景。想像他們跑過台北街頭，「客廳的牆與牆肅立如禁衛，波斯地毯無聲地傳布著狩獵的訊號」，〔註73〕小說最前面出現的殖民地時期地中海式樓房、與山林草木月光的景象、甚至是夜空星斗的光景，全融合在一起，李渝在此將所有空間物體的界線全部打破，想像馳騁極其變貌，華麗的意象中，筆鋒一轉，竟又是孤絕的江面，距離終點臨莊還有一站，江河已是一片白茫大霧，世界瞬間被淹沒。時空陡然升降，馬懷寧再次陷入迷途，根本就沒有河，何來之岸，究竟是無岸之河、還是無河之彼岸再也無法登臨。迷惘中，將軍魂魄再次出現夢中，指點迷津，卻指向更為虛指的境界——等待月亮的出現。因此，馬懷寧進入了另一個「時間混沌，空間無界，荒蕪是這樣的巨大，不必吞噬，你就從肉體到精神都自動繳械，送進它的口裡」、「黑暗的水，無數的手臂，翻湧著搖晃著」，〔註74〕早在〈無岸之河〉中，已出現一個關於將軍與二夫人的傳聞故事，一隻手臂出現在都市更新計畫前的瑠公圳，是將軍失蹤的二夫人、有人更傳聞是很久沒有露面的將軍本人。夢境、傳聞、現實全部顛倒翻轉在一起，出現在夢境中的傳聞，變成一則預言，暗示山林裡殺戮戰場的暴虐：

「快開！」懷寧催促。

「只是一個樹林，怕什麼。」司機回答。

快開快開！懷寧催促。

車速直線上升，四個輪子飛奔，枝枒迎面衝來，擊打到窗玻璃上，直劈刺在臉上。

是的，撤退的隊伍在樹林中遇到了埋伏，一場勝算在握的戰役開始時受到詛咒，結尾時又被改動了預定的結局。〔註75〕

將軍的隊伍遇到埋伏，說好的救援根本未曾出現，這一章節嘎然止於馬懷寧

〔註72〕李渝，《金絲猿的故事》，頁123。
〔註73〕李渝，《金絲猿的故事》，頁138。
〔註74〕李渝，《金絲猿的故事》，頁160。
〔註75〕李渝，《金絲猿的故事》，頁162。

「快開快開」的催促中。

在接續的「所有認知過程都是憂鬱的」一章中，李渝寫入三場民國史的戰役場景，將軍如約前來，「卻是少年的容貌，一身戎裝颯爽，肩帶斜過前胸挺拔地繫在腰際，雪白色手套，及膝的長馬靴，正是照片裡的英姿」，〔註76〕如此魔幻寫實的場景，彷彿張大春〈將軍碑〉裡在歷史時空中穿梭、忽前忽後、忽老忽少的將軍變貌。將軍變成說書人，同時以年少之姿再次演繹戰爭的過程，第一戰「百重崗之戰」，這裡影射了近代史上國共內戰中被逆轉的戰爭，刻意投遞錯誤信息、地圖，把將軍引入山裡，坐擁重兵的將軍成為獨守山頭的孤軍，情況曖昧詭譎，軍令不明，幾場歷史戰役呼之欲出。

第二場戰役，雪花，歷史的後見之明讓讀者了然於胸的是，將軍早已遭到叛變、有人陣前倒戈、甚至早就已是匪諜，幕後策劃發動這一場奇謀。將軍的戰役與叛變，影射陳儀與湯恩伯之間的歷史公案，將軍是密報的這一方，「將軍懇求領袖特赦，……願意以自己的性命來保證 C 將軍的忠誠。這一番無用的話領袖當面同意他並不感到意外，他也不感到意外當第二天正法的消息傳來時」，〔註77〕如同郭松棻〈今夜星光燦爛〉的情節，這夫妻兩人筆下的將軍，一寫陳儀、另一追補湯恩伯作為互讀，這段歷史公案遂在兩人相隔十多年的前書後敘中完成。將軍的戰爭還未完結，更為內在的另一場戰役是夫人不告而別：

> 他早就知道她是民青的一員，沒有說穿反而暗暗掩護著她。只是學生活動並不嚴重……
>
> 將軍頹然在紛沓的推測中，……他咬牙切齒，要去沾惹什麼混帳的政治！失控的時代，幼稚的左傾份子，愚蠢的理想主義者，以為正義都在你們這邊嗎？一批不知天高地厚的死活的學生，以為你們的行動可以拯救國家？難道不明白等著你們的是豺狼？〔註78〕

左傾、保釣、民青、匪諜，是政治立場，更是被歷史編派玩弄的意識型態，只是當時沒有人知道那是無底深淵，將軍的戰場毋寧是歷史的角力，小說家沉痛哀傷地寫入阿玉在溫州街飯桌上聽來的敗戰將軍如何被自己人背叛的過程，也寫入阿玉長大離開溫州街到了異國回望家鄉不知天高地厚走入另一場

〔註76〕李渝，《金絲猿的故事》，頁168。
〔註77〕李渝，《金絲猿的故事》，頁179。
〔註78〕李渝，《金絲猿的故事》，頁180～181。

政局的過程，阿玉／馬懷寧／李渝——小說家以女性視角介入政治、解讀歷史，將軍、愛情、戰爭、朝聖、鎮壓、背叛，都是一個個政治的隱喻。只是，全都負傷、負疚，不論以什麼角度涉入歷史，站在政治的哪一邊。因此，藉著將軍的戰爭，李渝寫下自己負傷罹病的處境：「既然自己的世界崩潰了，那麼，就去迎接那更大的世界的崩潰吧」、「戰爭接著戰爭，戰爭占據了所有的時間和精力，落失了各種期望，截斷了人間關係，切割了年華青春」，〔註79〕民國將軍的書寫／白色恐怖的禁錮／溫州街上惘惘的威脅／保釣運動等，成長以來歷經的種種政治戰場——「我們究竟得把暴亂造反朝聖等，清鄉勦匪護國解放戡亂革命等等，放在一起說了」，忠誠與背叛、護國與叛國、朝聖與鎮壓，正反呼應綿密織成一張隱喻的錦被，將軍書寫遂成爲李渝多年來政治冒險犯難九死一生終能轉回文學的過程，而還有多少將軍、青年在戰爭結束後人卻再也沒有回來，魂魄留在戰場，被歷史遺忘後，即成孤魂野鬼，「數千的數萬的生命，有名字的和沒有名字的，有家的和沒有家的，生的和死的，就此劃下止號」，〔註80〕文字——是招魂，孤魂野鬼一一收回安頓。

　　將軍的第三場戰役，是遭到埋伏暗算，最終離不開「林沼」，肉身陷入泥沼，李渝反覆藉將軍的處境暗喻民國的集體悲劇，「這一場不明不白自相殘殺的戰爭，前一局瓦解你的精神，這一局要吞啜你的身體，而且不會留下任何痕跡或證據」，當肉身全被化爲歷史灰燼時，「樹林回到無知無識無關無係的日常神態，什麼都不曾發生過，都不承認發生過」，〔註81〕李渝最後歸結在將軍耽湎在冰寒的泥雪裡，什麼都不放在心上了。第六章，說完故事的將軍，在桃花春雨一片胭脂紅的岸邊，與馬懷寧告別，在 2000 年的初版中，將軍最後脫離了沼澤得到重生。至於馬懷寧則是把將軍的骨灰最後在「桃林的岸邊」（桃花源意象）、月光下「一隻巨大的白鳥，伸展著碩常的翅膀，以十字型的姿勢飛臨」，「雙手拿著瓷罐，保持了這樣的姿勢，直到骨灰全數落盡了江水，一點也不留，完成了對父親的承諾。」〔註82〕帶父親回家——回大陸的家／從大陸帶回台灣的家，是眷村第二代書寫中的一個重要主題，李渝在此寫下的是帶「父親的骨灰」回家與牽亡魂的奇異儀式，骨灰最終灑在將軍下令屠城千萬生靈塗炭屍骨漂流的河面上，將軍終究沒有登上彼岸，而是以同樣的

〔註79〕李渝，《金絲猿的故事》，頁 182。
〔註80〕李渝，《金絲猿的故事》，頁 187。
〔註81〕李渝，《金絲猿的故事》，頁 193～194。
〔註82〕李渝，《金絲猿的故事》初版，頁 181。

漂流型態自贖。新版的修改，則不見骨灰一段，亦少了屠城殺伐暴虐的情節，反而對將軍心理矛盾反覆的狀態著墨較多，更側重內在的書寫。將軍最後在船身靠近桃林的岸邊時，李渝寫下：「將軍並腳，馬刺鏗鏘，向懷寧行了漂亮的軍禮，展齒而笑，一轉身，斗篷飛揚，掀出金色的緞裡。」彷如天女飛天的場景，或是壁畫裡才有的斗篷與金色場面，繼之出現的是鷥鷥，隨船滑行，這個告別場面，是將軍向前世、馬懷寧的告別，也可說象徵了離開肉身、脫離苦厄罪孽，靈魂終於得到救贖的象徵。金絲猿自始至終不論在哪個版本都沒有出現，新版則是加入了靈光的閃現，作為更明確的象徵：

> 不呈傳說中的金黃，而是一種曖曖內含精彩的灰顏色，好像是月暈的凝聚還是繁星的竄聚。是的，它們在林頂穿梭飛躍，在枝葉間搓梭出颼颼的聲響，然後如同一簇流星，一片月光，一截載負月光的河水，以目眩的速度飛掠過林端，完成任務，消失在視覺的底線。
> 〔註83〕

與其說金絲猿的身影，不如說是以視覺的流動具體寫出靈光的閃現，將抽象的內在情思轉化為具體可觀看、可追蹤尋覓的痕跡，曖曖內含光、月暈、繁星、月光的河水，李渝將最後的歸屬置入一個充滿中國傳統文人寂靜圓融的意境裡，以此撫慰前面出現的所有不完整的生命型態，亦在書寫中完成自我救贖的嘗試。

二、光——李渝小說的救贖隱喻

在《金絲猿的故事》中，將軍從「負載月光的河水」中得到靈魂的自由，此亦是李渝小說中常見的救贖象徵。從「光」的角度探究李渝蘊含自我、心靈自傳性質的小說，可以發現她的「光」不是西方宗教傳統下的神聖啓靈之光，而是從繪畫的光線、陰影、線條與色塊等藝術美學演變而來，並且利用光影明暗表現時空的前後推移或是重疊交融。例如在〈無岸之河〉中，「光」即是「多重渡引」的關鍵意象：「天光從早先的金色漸漸變成水紅色，眾人……浸溶在一層淡淡的渲染裡」、「廳室更黯了，有一段時間眾臉變得曖昧恍惚，浮沉在不明色質的背景前，遲疑，就要隱沒而失去在背景裏」、「順著直上的光柱……卻是不知在什麼時候已經降臨到天窗的夜」、「明確的方形，深藍色，中央比較亮，形成籠罩性的拱體」、「幽靈由故事喚出，在頭頂的空間

翩躚。事情顯得明確又虛妄，敏銳又模糊；說者和聽者都確實地存在著，然而一旦訴之於視覺和聽覺，卻都變得似有或無，似近又遠，如夢如幻，件件都無法掌握」、「一柱天光溶瀉如泉，賜予了超現實的機遇，許諾了寓言的可能，帶領眾人躍升」，〔註84〕李渝刻意創造出一個密閉的宴席空間，凸顯光影如鬼魅幽靈般的流動，牽引時間往前推移，日光變成月光，再側寫眾人的視覺影像與內在意識的轉變。「光」造成時空的間隙，製造出虛幻境地，故事看似由此渡引至彼，但是在渡引的間隙、非此亦非彼的奇幻空間中，小說文本裡的人物（說故事的人——女歌唱家、與聽眾——十一位端莊的女子）因停駐在「述說故事的時間」，而經歷了光影的轉化後遂變成一場人性的蛻變。

〈踟躕之谷〉中「光」從密閉空間裡的「天光」變成山谷荒野下的「月光」公路，畫家遂透過繪畫，在另一個未曾經歷過戰爭、罪與自我懲罰的年輕男子身上找到自己的臉，「睡著了的臉平坦又光華，沒有年齡和時間，沒有頑強，倔將，固執，矯作，對立」，最後「月光曄曄盈盈充滿了谷，白天的陰翳都消失，從谷底這時一路亮堂上來，全體透明晶瑩，呈現了它的實相」，〔註85〕軍官畫家最終從繪畫裡找到自我救贖，並且消失在山谷中。

「月光」象徵救贖，出現在〈號手〉中甚至變成一個與愛情組成的雙重隱喻，成為軍官生命最後一段時間在獄中「看見」的景象。因為寫政治小說而入獄的軍官，半生介入太多不能公諸於世的情治案件，身在孤島面臨無以名狀的恐懼，軍官驚訝發現自己的反應其實與常人無異，最後只得以書寫、繼續沉浸在敘述中轉移驚恐，不能寫政治、記憶的軍官，只好改寫愛情，盡全力想像唯一不曾經歷過的「愛情的形狀」：

> 月光具有溶解的能力，一一解開禁忌，還能一路使不愛的人睡去，愛的人醒來。
>
> 月光照到鐵絲網，鐵絲網解開了，照到高牆，牆坍了，照到欄閘，欄閘硼裂了，照到獄門，獄門打開了，照亮了通道，照到了鎖，鎖開了。
>
> 然後，他看見她出現了。〔註86〕

〔註84〕李渝，〈無岸之河〉，《應答的鄉岸》，頁16～19。
〔註85〕李渝，〈踟躕之谷〉，《夏日踟躕》，頁96。
〔註86〕李渝，〈號手〉，《夏日踟躕》，頁39～40。

在這段超現實的描述中，文字召喚出女性溫柔撫慰的想像，最後具象成軍官戀愛的對象，藉由月光，虛構渡引成眞實，女子出現在軍官等待槍決的外島監獄裡。女子會在月光升起時依著潮水的聲音、帶著溫熱的砂石氣味，一一瓦解監獄裡的物體——金屬、鐵鏈、門欄、磐石、絞索、枷鎖，軍官「從惡夢從記憶的攫掌裏，托生出來」，昇起、托起、飛昇、托生——光的方向（升起或照耀）亦是李渝對於處於困厄底層的人物在得到救贖時精神狀態的具象描述，在一連串超現實、內在意境的手法中，李渝讓軍官自我釋放，「每時每分他仍舊在等待著，等待的只不再是釋放的消息，而是夜，月的照耀，和總不令人失望的接踵而來的愛人的腳步聲」。〔註 87〕小說的最後，李渝在結尾處以雙股形式交錯敘述，一邊是悠揚的音樂宛如婚禮進行曲，「她答應了，在最後一刻到來時，將以身相許，共度未來」，另一邊卻是爲了答謝軍官忠貞侍衛一生，「最高當局特別召令全國最優秀的號手前來，是爲行刑隊的一部分」，〔註 88〕軍官被處以死刑。這篇小說讓一生從事情治工作、侍衛在總裁身邊的高級軍官，最後也死於「情治」中，可說是李渝筆下最具嘲諷性的書寫。最後的雙股敘述，同時交融愛／恨、以身相許／以身相殉的正反情節，抒情中夾帶暴力，一往情深的愛戀描述卻隱含白色恐怖的斑斑血跡。借用李渝的文字來形容，「月光具有溶解的能力」，充滿嘲諷性、隱寓性的政治書寫，最後被月光溶解、渡引，變成一則超現實的愛情神話，軍官亦在「月光」的隱喻中釋放自我。

從《溫州街的故事》〈她穿著一件水紅色的衣服〉裡描寫黎明前的景況「青白的天底低懸著昨夜的月」、「從記憶的深淵昇入無限盡的金光和煦的空間」，〔註89〕到《應答的鄉岸》中〈無岸之河〉、〈江行初雪〉，一路延展到《金絲猿的故事》與《夏日踟躇》中的〈號手〉、〈踟躇之谷〉，光、月光、金色的光、

〔註 87〕李渝，〈號手〉，《夏日踟躇》，頁 41。
〔註 88〕李渝，〈號手〉，《夏日踟躇》，頁 41～42。
〔註 89〕李渝，〈她穿了一件水紅色的衣服〉，《溫州街的故事》頁 76、83。類似的情節非常多，描述白色恐怖的〈夜煦〉，罹患黃昏恐慌症、失憶症的「我」，進入黑夜中卻因恐慌症反而看見了奇異光亮，「月亮堂堂地照著，照得你一身透明溶入透明地周圍成爲青白的光體」（《溫州街的故事》頁 28），最後，經由「我」的想像，匪諜案裡受害的女伶與音樂家落腳在面對黑龍江與西伯利亞只有一水之隔的小鎮，在十月到四月的傍晚，總能看見「西方的天際送過來一片美麗的北極光，像伯利恆城上的那顆星子，照亮了每處地方」（《溫州街的故事》頁 35），白色恐怖的故事結束在小鎮裡的太平歲月，年輕人「我」亦告別自己的影子與恐慌症。

金絲猿的靈光，這些經常出現在小說結尾的景象，已構成李渝小說中自我書寫的一組重要意象，甚至是救贖的象徵——不論對象是將軍、政治受難者、歷史加害者還是小說家自身。〔註90〕

在2010年發表於雜誌的小說〈待鶴〉中，一如李渝擅長的多重渡引觀點、疏離的現代性風格以及深受「物」與「歷史」斷裂性的吸引，這篇小說透過十個段落交織古今、現實與傳說，從紐約的研究室出發，前往世界盡頭一個東方的神祕古國，小說中甚至寫患病的教授（小說家自況）徘徊於心理治療所、行為科學研究中心、甚至當過修士的治療師之間，療癒的過程彷彿是尤里西斯的生命之旅，並發現每個人都是孤寂、茫然、荒瘠的。小說的最後一章〈鶴至〉，寫尋鶴／金絲猿歸來——「那就是夜鶯——還是金絲猿？」「有人來訪」。小說家繪卷編目，完成尋鶴探險研究的所有工作，李渝繼續以捲軸上的散點方式書寫，寫每一個片段光影：

> 台北的夏日。夾道的木棉。梭櫚展葉成扇成傘，搖曳出一整座的夏影。
>
> 溫州街的木屋。櫛比的青瓦。瓦上的陽光。水圳從木麻黃的根底淙淙流過。
>
> 天庭的野草。貼牆的相思。後門的菩提樹。夏日第一朵花——是側門邊的灌木芙蓉罷。〔註91〕

小說家隨著撫卷、書寫與記憶的構圖，已回到溫州街的景框裡，拜訪的人依

〔註90〕 參看李渝晚近的書寫，李渝在2007年寫下一篇名為〈交腳菩薩〉的散文，亦是以「光」懷念逝去的郭松棻：「世界上，再也沒有人，能比松棻更了解日光、月光、陽光，清晨的光，黃昏的光，夜晚的光，春天的光，秋天的光，水上的光，花瓣上的光，葉影中的光，瞳仁裡的光，髮間的光，和其他各處各種各樣的光了。　沒有了松棻在身邊，一個人的日子怎麼過怎麼過？不眠的黑暗裡，我問自己；一種恐懼緊緊抓攫過來，時間和空間威脅過來。　我想起展覽室裡的交腳菩薩——是的，在不眠的夜，如你猜測，我想起了二樓展覽室裡的交腳菩薩。　我會再看見他麼？……　不要緊的，菩薩安慰，不要緊的，妳會好的，會好的，好好的，什麼都沒有發生，一件事都沒有發生，不曾發生過。　收拾起破碎的世界，一塊塊，一片片，小心翼翼，把它們再拼黏成原來的形狀吧。菩薩菩薩，請務必讓這一天到來。否則——就讓松棻回來回來回來。」見《聯合報》，2007年7月3日。李渝的救贖都是以肉身之殘缺殉亡，才能悟得靈魂之光，借用王德威的話來說，此一救贖亦見「惘惘的威脅」。

〔註91〕 李渝，〈待鶴〉，《印刻文學生活誌》第6卷第11期（2010年7月），頁58。

約前來，李渝在最後揭示「待鶴」──「鶴至」，不是別人，正是郭松棻。「很多任性，浪費，很多懷疑，惶懼，很多的錯失，懊悔，遺憾，歉疚，很多很多的混亂，愚蠢，荒唐，都不用去擔心去追究去嘗試挽救了──你可以原諒你自己，讓一切由傳奇來承擔罷，明天會是個好天的」，〔註92〕在這一篇晚近的小說文本中，可以看到李渝對於這個主題：尋找救贖、追尋金絲猿／鶴／靈物／精神靈光／精神救贖的經營，並且，自我書寫成分濃厚，無疑是小說家的心靈自傳。

第五節　小　結

　　透過《金絲猿的故事》小說結構，可以發現李渝總結出來的是：將軍的敗戰與殘缺愛情的背後，癥結都是背叛，多重渡引觀點運用在小說情節的連貫時，將一個又一個將軍的鉅史與私情作翻轉，在現代主義符號的多重義涵、歧異離題且刻意疏離的敘述風格中，戰爭、愛情、背叛與記憶詭祕的縮合，帶讀者回神，才發現小說家早已輕舟過萬重山地悄然渡引到後現代、乃至新歷史主義的虛構想像中。

　　〈她穿了一件水紅色的衣服〉──女音樂家曾經與提琴師私奔、政治家在遇見女音樂家時，背叛妻子，與女音樂家維持祕情；〈夜煦〉──女伶為了左傾的政治理念，以愛情為掩護，離開過氣的大官；〈無岸之河〉──延續〈夜煦〉的女伶以及《金絲猿的故事》之原型，將軍二夫人與將軍本人都有過屍體被人肢解的神祕傳聞；〈號手〉──愛情完全變成虛指、隱喻，軍官最後死於自己全心奉獻的政治與情治戰爭，直指政治與愛情都是一種想像與虛構；〈踟躕之谷〉──愛情被轉化為對青春同性的曖昧想像與孺慕，「畫人像在神交……建立的是最親密的身體關係」，〔註93〕用繪畫捕捉青春、身體的線條，這既是〈踟躕之谷〉中將軍與人互動、建立關係的方式，亦是將軍的自我認知；然而，不論是身體或青春，對將軍而言其實都充滿了虛幻與不可得的哀傷，意喻著奉獻一生的將軍就算沒有被敵人暗算、被自己人背叛，終究還是逃不過時間的背叛。至於《金絲猿的故事》「梔子花」中，愛情與戰爭更是多次拿來對比，進行一場對位式複調敘述：

　　寂寞沉悶的戰後時期，熱情被儲藏和沉積，醞釀著，經過戰爭的人

〔註92〕李渝，〈待鶴〉，《印刻文學生活誌》第 6 卷第 11 期，頁 59。
〔註93〕李渝，〈踟躕之谷〉，《夏日踟躕》，頁 96。

> 等待著另一場戰爭，不曾經過戰爭的人等待著一件欲死欲活的愛情。〔註94〕

> 人類不過大致分為兩類，或善於鬥爭或善於愛情。善於鬥爭的無法處理愛情。善於愛情的無法從事鬥爭。誰要打算兩者俱有而兼得，鐵定會出事。世界上所有的傻瓜笨蛋輸家敗者烈士，莫非都是掙扎在二者之間的第三種人。〔註95〕

直到最後謎面揭曉，第五軍 C 將軍臨陣變節、緊接而來夫人不告而別，兩股分流的情節線索自此絞出敘事全貌，愛情與戰爭變成了彼此的變奏。

　　綜觀李渝筆下的將軍，幾乎都來自情治單位、主持過幾場歷史密謀，掌握軍、政大權的人物，這些將軍、軍官的工作性質，使他們極其熟悉何謂背叛，然而將軍身上背負的罪惡，亦因為背叛而起，例如策動他人背叛，背叛他人進行密謀，而每一場背叛的背後，必有死亡監禁，李渝往往以無數生命流盪在「河」上的景象，來描述將軍職責所在與內在情感的波動。此外，當將軍失去戰場，轉而涉入情場或是回到家庭時，才發現另一回合的人生背叛已經悄然出現，夫人與續弦的相繼背叛，在多重渡引的觀點下呈現歧義，她們究竟是為了愛情而背叛、還是為了政治理想加入歷史戰場，而且通常不在將軍所在的這一邊，抑或兩者兼有，戰爭與愛情的本質，都是以「愛」之名。所以將軍的愛情與戰爭，個人祕情與政治密謀，都是孤絕、殘忍，只能一個人秘密為之，不足為外人道，因此將軍必然孤獨。李渝筆下涉入政治的人物，都有不明的恐慌症，懼怕黑暗，耳朵總是聽見雙聲複調在不同時空中交會而來，悶在軍毯裡的洗牌聲，在將軍聽來便像是聽見城市空襲時遠遠傳來的轟炸聲；當將軍離開眾人歡宴的房間時，隔牆的笑聲，就變成潮水拍擊船身的聲音，甚至看見幻覺，手，數以萬計的手在水中。

　　李渝在多篇小說中，對將軍若隱若現的恐慌症、內心浮動不安的莫名騷動，都呈現無緣由地來、無緣由而去的狀態。直到《金絲猿的故事》，層層撥遮，才看見將軍內心一層層的戰爭、不同的戰場，在歷經不得不、如胸口被擊中一槍的痛苦──背叛他人後，在面對眼前身影模糊、但是行跡可疑，卻無法確定到底是朝聖鄉民還是敵人暴民時，將軍受到埋伏，發動反擊，將敵人全數殲滅，但是又遭受另一波暗算，戰爭連著戰爭，背叛連著背叛，終於

〔註94〕李渝，《金絲猿的故事》，頁 61。
〔註95〕李渝，《金絲猿的故事》，頁 62。

連將軍都發現一切「無名」，認知過程的憂鬱——對政治、歷史與愛情皆是如此，李渝筆下的背叛都是無法說清原因，糾葛太多超出個人的因素，每個涉身其中的人，最後不過是悲劇人物。如同王德威發現、李渝亦贊同的看法，她和郭松棻的書寫中，其實都沒有壞人，所有的背叛與被背叛，都是不可解，如果連歷史與政治本身都是不可解，那些當下的背叛，也就更無法言說了。因此，李渝不從敵人的罪惡來解釋歷史，而《金絲猿的故事》最終因為有了這一層悲憫與原諒，小說中的將軍得到救贖，李渝面向歷史的視角，也從溫州街對歷史始終有「惘惘的威脅」的阿玉，變成中年罹患黃昏恐慌症的政治犯或旁觀者「她」（將軍的情婦、續弦），最後成為《金絲猿的故事》中隨著父親（的骨灰）一同釋放自己的「馬懷寧」。〔註96〕

　　綜上所述，以《金絲猿的故事》作為李渝「將軍書寫」的整體觀照，可得出下面的結構圖示：

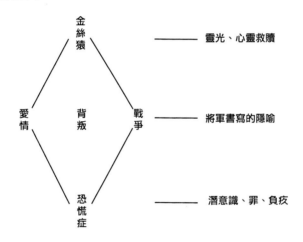

李渝筆下的將軍、統領兵政大權的政治人物，都是一輩子陷入戰爭狀態、在政治和歷史上負罪的悲劇人物，以愛情作為隱喻，戀人之間忠誠與背叛的情節，毋寧是將軍內在戰爭狀態的延長，讓將軍在被迫的背叛與孤絕中，罹患黃昏恐慌症，「與虛無面對面」、「與自己內在的恐怖寂靜面對面」。〔註97〕如

〔註96〕　然而救贖不在此岸在彼岸，而且將軍以魂魄、以骨灰的形式完成自我懺悔，是否還是暗示了此生的罪與抑鬱終究不可解。這種在死後出現的救贖，正是意味著救贖的「未完成」，甚至是來不及、已經沒有機會完成的結果。
〔註97〕　此處乃徵引克莉斯蒂娃於〈哀傷症：莒哈斯〉文中對第二次世界大戰的恐怖影響以及莒哈斯寫作風格的敘述，參見克莉斯蒂娃（Julia Kristeva）著、林惠玲譯《黑太陽：抑鬱症與憂鬱》（台北：遠流，2008 年），頁 241。

此隱微的寫作，〔註 98〕無疑與李渝溫州街的成長經歷有關，失意政客、失敗將軍、以及白色恐怖下被監禁甚至執行槍決的大學教師、年輕學生等知識分子，加上留美時期與郭松棻一起參與保釣，被列入黑名單、視為「匪諜」的政治遭遇，使李渝的小說隱含政治意喻和政治迫害的氛圍，小說家遂以抒情作為渡引，實則呈現個人的政治理念與獨特史觀。

〔註 98〕 「隱微寫作」，參見利奧・施特勞斯著《寫作與迫害的技藝》第一章，收入賀照田主編《西方現代性的曲折與展開》（吉林：吉林人民出版社，2002 年），頁 211～225。文中提到，「迫害對文學的影響，恰恰就在於他迫使所有持有異見的作者都發展出一種特殊的寫作技巧」、「所有關於重要事情的真理都是特別以隱微的方式呈現出來的。這種文學不是面向所有的讀者，而只是針對那些聰明的、值得信賴的讀者的。它有著私人溝通的所有優勢，同時避免了私人交流最大的缺陷——作者得面對死刑」。所謂「迫害」，文中進一步指出「社會放逐」亦是一種溫和的迫害，因此，雖然李渝多數與將軍書寫有關的作品都寫於解嚴以後，但是，早年經歷白色恐怖的旁觀經驗、一度被指為「共匪」的海外「黑名單」身分，使得李渝的小說幾乎都是呈現「隱微寫作」的風格，不論是以愛情主題、抒情主體作為書寫歷史與政治的隱喻，還是利用「多重渡引觀點」達到旨趣曖昧不明的效果。

第六章　符號化的將軍
——八〇年代後民國將軍形象的轉變

　　「將軍書寫」的創作動機與風格可以很不相同：有的作品被寫成戰爭的歷史見證，有的作品直接對將軍人物的功過做政治批判，也有的作品旨在探索 1949 年以後兩岸分隔下外省人的處境、以及當年六十萬的渡海青年大兵在轉眼變成老兵後，如何面對時局變遷的人生課題，同時以將軍爲首凸顯問題的普遍性與複雜性——即使將軍亦難逃時代悲劇、而將軍的悲劇張力更甚其他。但所有這些小說形式的「將軍書寫」，最後都指向同一個現象：「將軍」符號化、象徵性取代前一個世代「將軍書寫」歷史意義的過程。

　　將軍符號化的過程，在前一章李渝的「將軍書寫」中，可看到小說家以現代主義的隱喻、多重渡引技巧，試圖重構將軍生命中糾纏不已的政治與歷史符碼，編碼的過程中加入懺悔的意涵，讓符號化的將軍代替歷史的將軍以鶴姿、金絲猿的靈光重現歷史行列，得到救贖。本章擬繼續探討八〇年代以後「民國將軍」形象的轉變，以及當世代交棒、第一代軍中作家退場，由眷村長大的第二代或是戰後新世代接棒以後，小說中的「將軍書寫」將會呈現什麼樣的意義與改變。八〇年代「將軍書寫」的內容多數離不開老、病、死等主題，顯然「民國將軍」的世代早已遠去不可尋，將軍的軀體肉身更是已到了迫近臨終的狀態。歷史如何定位將軍、將軍又是如何面對歷史的即將「蓋棺論定」，亦是八〇年代以後「將軍書寫」普遍存在的共相。

　　緣此，本章擬透過「小說主題」與「符號象徵」兩個部分將文本做出區隔，第一節「回家」主要討論蘇偉貞的「將軍書寫」小說：〈生涯〉、〈高處〉、〈長年〉；第二節以後是以將軍文本中的符號象徵，論述將軍人物亦脫離歷史

進入虛構指涉的過程，本節討論的小說文本有：第二節「最終所『在』——雕像、紀念碑」，論述黃凡〈將軍之淚〉與張大春〈將軍碑〉，第三節「歷史的將軍與虛構的將軍」分析林文義〈將軍之夜〉和郭松棻的〈今夜星光燦爛〉。

第一節　回　家

　　從 1949 年的渡海遷臺，到 1979 年的美麗島事件掀起台灣的民族主義精神，在台將軍、第一代軍中作家／外省作家，竟在復國無望／家鄉遠望的狀態下，悠悠過完三十個年頭，三十年足以讓當年遷臺的少壯青年全部年過半百，更可讓當年名駒相伴馳騁沙場的英雄少年，轉瞬間變成白髮耆老。世代交替下，由眷村長大的第二代觀看他／她們的軍人父輩，這些戰後成長的作家已不把重心放在將軍的歷史上，甚至不願重蹈上一輩的命運、落入歷史的陷阱再被「綁架」一次，因此，小說家們開始在個人微小的敘事關懷中——讓他／她們的將領軍官父親「回家」。

　　本節即以蘇偉貞（1954～）三篇以將軍為主體的小說，論述退役「回家」的將軍如何面對長年征戰竟而陌生疏離的妻子、兒女，此外，並非所有的將軍都有家可回，無「家」可回的將軍，最後是落腳榮民之家成為最孤獨的老兵。

一、將軍的「家後」：蘇偉貞〈高處〉、〈生涯〉

　　蘇偉貞的小說〈高處〉（1981）與〈生涯〉（1984）是以女性角度、將軍的家眷視角，描述兩位將軍退役回家／在家的景況。

　　羅蘭・巴爾特在〈作品作為意志〉一文中，提到「家宅」對進入老年時刻的「隱退」產生重要的意義，一個自給自足、可以安居的處所，才可讓老人、退隱者展開新的生活，而非對過往生活的「持續」，文中他甚至提到家宅的物件、擺設對退隱者的影響。種種家俱物件中，床——「它在某種意義上是（退隱的）鄰近式的理型，因為人可以在其上工作、吃飯、睡覺」。〔註 1〕〈高處〉描述一個退役將軍在妻子過世後決意一個人住在十樓頂加蓋處過日子，在整篇小說的情節敘述中將軍從未離開頂樓，他喜歡在那俯瞰四周，有

〔註 1〕　參見羅蘭・巴爾特（Roland Barthes）著、李幼蒸譯，《小說的準備》（北京：中國人民大學出版社，2010 年），頁 348。

種校閱部隊的感覺,最後甚至拿了躺椅——對行軍床的依賴——仰面就睡,三餐便等住在八樓的兒子一家看看是誰送飯上來陪將軍用餐。怕將軍日子過得太沉悶的兒子,找父親下棋解悶,中將父親卻覺得自己是在「翻的、半開的、全開的、將、士、象的窮打一陣」、「在這上面過什麼乾癮」,將軍不屑「用一種有形的動作去化解一份無形的心境」,〔註2〕有形的動作、無形的心境,小說家筆下看似敘寫棋盤、生活瑣碎的事,其實暗喻著將軍的處境:操槍練兵的復國演練行動,不正是以此有形、重複的動作窮打一陣,化解「打回大陸」終究無解的無形心境,一種「解鄉愁」的乾癮。

　　將軍錯過了孩子們的成長、妻子的年華青春,直到半年前老妻過世整理遺物,赫然發現一雙妻自出嫁後再沒機會穿的舞鞋再沒踏進的舞池,「痛心她嫁的是他,以前日子太緊,現在太鬆——都沒好好勻分」。將軍自問:

> 後悔嗎?他王某人又幾曾後悔過?祇是——將軍老矣。星星已經升
> 了滿天,沒世的太陽,孤坐的老兵,世界上,此時此刻多了一個看
> 星星的人,少了一個軍人,也許——端雲能活回來,拚了七老八十
> 該帶她去跳跳舞什麼的,他真怕她去時還帶著這心願。〔註3〕

一段淡泊乾淨的敘述,字裡行間盡是對將軍百感交集的人生隱喻。星星升滿天,從師長到妻子說的「還準備你當軍長呢」,少將、中將、乃至上將,都是一顆顆星星掛上去,直到升了頂頭,軍人一生所求不正是如此——星星掛滿天,「星星升了滿天」夫復何求的將軍孤坐後才發現,意象一反轉,竟是沒世的太陽、垂垂朽矣的老兵,將軍嘴裡不說,心裡卻認了妻子的苦與想念:陪她看真的星星,少個將軍或將軍少顆星都好。小說最後結束在將軍自我更深的扣問,愧欠最多的會不會其實是自己的人生,「如果要死,該選擇什麼樣的死法?至少——不會是獨坐在這裡死去,太冷。」〔註4〕高不勝寒、將軍心境的最高處,仍是一義反轉,象徵即可全然不同的伏筆。脫離了反共敘述、鄉愁懷舊或是沉重的歷史框架,將軍形象已變得乾淨、簡練與灑脫,然而,在著重個人生活情調的小敘述裡,卻綿裡藏針的扎進情感深處,將軍躲過砲戰,卻逃不了「家後」早已密密縫織的情網,藏進身後事,「他真怕她去時還帶著這心願」——給將軍重重、沉沉而且無聲的一擊。

〔註2〕　蘇偉貞,〈高處〉,《陪他一段》(台北:洪範,1983年),頁27。
〔註3〕　蘇偉貞,〈高處〉,《陪他一段》,頁27～28。
〔註4〕　蘇偉貞,〈高處〉,《陪他一段》,頁28。

〈生涯〉則是主要以女兒的角度敘寫將軍，小說後半段則穿插將軍的視角反觀自己的女兒。故事開始，胡將軍退休兩年多以後決定再娶，結束十年的鰥夫生涯，繼任的將軍夫人也有過一段婚姻，在軍人丈夫死後仍選擇軍人作爲再嫁的對象，「我習慣侍候軍人了，我覺得很好，不必在金錢和人格上爲他們擔心！」〔註5〕胡將軍的女兒安幗則是「我是不嫁軍人的」態度，呈現二代軍眷的不同。因此，小說的主軸是將軍再娶後，「生涯」規劃的其實是怎麼幫女兒安幗相親，而且做父親的希望女兒嫁軍人，爲的還是人格問題，一如續弦所追求的女性安全感。本來是信誓旦旦不嫁軍人的女兒，在意外窺知父親正張羅自己的相親時，小說轉而經營女兒心境的轉變，「她父親的生涯當中有她的一份。她現在知道了」、「日子好像眞的很好，她不必爲反對而反對。軍旅生涯不也是份生涯。任何人都一樣」，〔註6〕爲了滿足父親，女兒決定見見對方也不是什麼壞事。小說停在三人餐桌上的各懷心思，凸顯的卻是將軍之家、三個與「將軍」有關的人，原來一生的祈願是既渺小又卑微，不過就是求一份心安與對彼此的不愧欠。

這兩篇小說的「將軍書寫」無涉戰場、也無關乎歷史上赫赫有名不可一世的人物。只是，回歸家庭的將軍往往都有急待修補的夫妻關係、父子／父女關係，彷彿人倫正是將軍的罩門。〈生涯〉裡的胡將軍「縱然有萬千戰場雄壯經歷，難堪的是無法在女兒面前說一句感情度稍夠的話」，〔註7〕情感正是將軍的「難言」之痛；〈高處〉的王中將獨居高處，看住在底下八樓的兒子上班，兒子一家熱熱鬧鬧的，「他卻沒底的覺得空，尤其他們的一切他從沒趕上」，〔註8〕這兩篇「將軍書寫」的小說，重複表現相同的主題，即將軍的「回家」之路在退役後逐漸顯現荊棘，看似嚴謹有成的家庭背後，卻早是夫妻離散、兒女疏離的窘況。〈生涯〉對胡將軍的父女關係這麼描述：「他承認和安幗相處的時間不多，所以經常有點不太瞭解女兒的心理」，小說敘述者歸結道「基本上，做父親不能從孩子成年以後才開始做，他雖然關心安幗，但是遲了點嗎」、「要他帶兵他會，親子關係這學問從來沒唸過，就柔不下來，像一把年歲徒長的老骨頭，彎不下來。」〔註9〕將軍不僅對家庭關係的領悟來得

〔註5〕 蘇偉貞，〈生涯〉，《離家出走》（台北：洪範，1987年），頁140。
〔註6〕 蘇偉貞，〈生涯〉，《離家出走》，頁149。
〔註7〕 蘇偉貞，〈生涯〉，《離家出走》，頁146。
〔註8〕 蘇偉貞，〈高處〉，《陪他一段》，頁26。
〔註9〕 蘇偉貞，〈生涯〉，《離家出走》，頁143。

太遲,連想要有所彌補時也是太遲,太遲——遂成爲退役將軍一生的遺憾。

至於下一代的態度,蘇偉貞反而展現了眷村女性的柔軟與諒解。以〈生涯〉爲例,將軍女兒態度的轉變是來自於家庭價值與軍中女性家眷的角色認同上,安幗在家庭的飯桌上聽王阿姨細碎說著市場上的見聞,因而觸動長期以來代替母親持家後反而對家更爲渴望的部份,「許久以來,餐桌上才有了點家的味道」、「覺得王阿姨比任何女人都像家庭主婦,並不因爲她嫁了軍人而稍減她那份意味,她母親當年似乎也是這樣」,〔註10〕從不認同傳統軍人、不嫁給軍人的明確表態,到回歸家庭的暗自翻轉,安幗的看似「像父親一樣」其實骨子裡卻是「像母親一樣」認同軍人本色與軍眷角色,種種從質疑到認同的過程,是回歸家庭——將軍與女兒「回家」吃飯,亦是下一代向軍眷生涯歸隊——嫁給軍人,像母親一樣。

八○年代,黨政軍建立的國族論述被強調台灣主體的新價值取代,社會急遽轉型,連眷村也開始面臨拆除整建,〔註11〕〈高處〉裡王中將的家不再是低矮颱風天就淹水漏雨的眷村,十樓頂加蓋的「高處」更是暗示眷村的家早已拆除「重建」爲高樓新居,在家園、故土想像皆面臨崩解/重組的時刻,小說家於此刻書寫回家/回歸,不難看出個人軍眷背景、甚至一度具有軍職身分的影響。蘇偉貞不僅有個中校退役的父親,自身更是政戰學校畢業曾經

〔註10〕 蘇偉貞,〈生涯〉,《離家出走》,頁148。

〔註11〕 眷村的拆除整建工程,一直是眷村文學中相當重要的事件與主題,八○年代後成長於眷村的第二代移民作家如袁瓊瓊、朱天文、朱天心、愛亞、張啓疆、苦苓、張大春等,皆曾以「眷村」獨特的構建方式、活動空間作爲小說重要的意象/對象,書寫他們的童年、父輩鄉愁乃至自我成長時期的困頓封閉與逃離。蘇偉貞在1990年甚至以眷村的大火、轟然毀棄,描述眷村裡走過大難重生的獨立新女性。八○年代是眷村文化躍然紙上,卻又註定隨著第一代移民與建築體的老壞逐漸走向歷史,梅家玲對眷村兒女的困境如此寫道:「老一輩的將士們征衫早卸,壯志銷磨,新一代眷村兒女則長大成人,走向現代都會。他(她)們被哺育以父長輩的戰爭記憶與鄉愁想像,在封閉無私的眷區生活中凝塑共同的家園情感;而時移勢易,當反共不再,復國不再;當日睹村中故舊一再地死生聚散、曾依憑成長的眷舍又先後拆遷改建;當竹籬外台灣優先、本土認同凌駕了大中國(虛幻)的精神召喚時,他們,又該如何爲一己定位?」正因眷村是一個「似戰不戰、非軍非民」的隔絕所在,一旦拆遷除去「光復」、「陸光」、「婦聯」的標記,那些終於落腳「台灣鄉土」的移民,遭遇的卻是「撫今追昔後的恨別傷逝,更是對『家國』觀念的一再重新定義」。參見梅家玲〈八、九○年代眷村小說(家)的家國想像與書寫政治〉,收入氏著《性別、還是家國?——五○與八、九○年代台灣小說論》(台北:麥田,2004年),頁160～164。

任職國軍，因此，〈生涯〉裡安嶇反映的是：因作家自身獨特的雙重視角——軍人子弟與軍職身分，因而最終能認同父輩的軍旅生涯、回歸軍隊（國）／眷村（家）價值。

二、將軍的「榮家」／家：蘇偉貞〈長年〉

在《陪他一段》中還收入另一篇以將軍爲主題的小說〈長年〉（1982），和前面兩篇不同的是，沒有「家後」孑然一身的將軍退役後只能落腳在榮民之家，和一群同樣沒家的老軍人在「榮家裏」安身立命。小說透過退役將軍「唐先生」的視角，跟著他一日的行程環顧「榮家裏」：四人一房的寢室、老人活動下棋看電視的中山堂以及看管病人的醫護大樓，唐先生一日的行程全在二棟樓之間，一邊是「榮家裏」、一邊是「醫護大樓」，說穿了二邊全是簡單的四人房與四張床，寢室／病房、老／病、生／死，彷如兩幢緊鄰的大樓，人的來處與歸處再明顯簡單不過，昔日整個營的兵力抗匪、今時整個「榮家裏」一起抗老，抗老的辦法更是單純，不是失眠就是睡，白日醒醒睡睡之間就一起到中山堂作伴打瞌睡，老變成唯一的存在。

至於夜晚，上校退役被強制住進醫護大樓的老宋說，生病的人呻吟起來的聲音像鬧營／鬧鬼，唐先生說那是想家的聲音，而在老宋一句「唐老，我昨天夢到老家了」，點出〈長年〉裡軍人無法明說的心事：夢回老「家」竟是最折磨人的事，「活活在那兒逼人難過」。〔註12〕小說以意識流的筆調，描寫這一天唐先生陪參訪團參觀「榮家裏」，並從寢室穿過長廊走到醫護大樓探望老宋四次，情節敘述中同時不斷重複著「門」——進／出、開／關等動作，細究之，〈長年〉裡出現與「門」有關的意象或動作竟高達十七處之多，小說細膩描繪唐先生與老宋二人開門、關門、進門、走到門邊、送到門口、跨出大門等動作，在進／出、開／關之間呈現空間與時間的更替。微妙的是，唐先生看起來不斷走動，其實他的活動範圍不過都是在「榮家裏」二棟樓之間，而如此多的門、一個個敞開房門的串門，正暗合著榮民之家、醫護病院的特殊空間。說到底，不論是無法離開病床的老宋、或是「不想」離開「榮家裏」的唐先生，從軍一輩子，從軍營到榮家裏、醫療大樓，其實都是「一個門」就說完的生活，不論開或關，都是封閉的形態。

小說最精采的一段，是唐先生幾回進出老宋房間的描寫：

〔註12〕蘇偉貞，〈長年〉，《陪他一段》，頁172。

　　「你休息吧。」唐先生站起，走到門邊。

　　「唐老，我昨天夢到老家了！」

　　唐先生外跨一步，背著一會兒，隨手帶上門。

　　「門不要關。」老宋也背著身子。

　　……

　　「睡啊，睡啊，」外面陽光那麼亮，幸好有條長廊。

　　「門不要關。」老宋說。〔註13〕

　　另一回去看老宋，是：

　　「去看看老宋吧！」唐先生躺著迷迷糊糊的翻了個身。

　　「門不要開！」老宋說。

　　「可千萬別怕！」唐先生心裏想。

　　老孫進屋隨手把燈開了：「唐將軍今天可真累倒了？一躺就一下午。」

　　「把燈關掉。」好刺眼的一道光，唐先生喃喃翻了個身，悠悠乎像

　　走了長路，一直想醒。〔註14〕

唐先生的「可千萬別怕」，總結〈長年〉裡老兵之怕：怕老、怕失眠、怕寂寞、怕夢回老家，更怕在「榮家裏」遇見大陸一別後生死不知的故友，參訪團裡出現一個老宋的故舊，喜的是三十年後還能異地相逢、悲的卻是眼前不堪的情境——躺在床上養病、等死。因此，當唐先生遇見參訪團裡出現軍中部屬時，明明心裡閃現了舊日的光輝：

　　五十一軍嗎？哼。一個戰役打下共匪三個師、對抗了十三晝夜，不

　　是五十一軍是誰？口氣不小——

　　「打過共匪？」不也在這裏安身立命嗎？〔註15〕

將軍最後卻淡淡回應「我很小就離家了」，以淡漠和否認終結過往的戰功彪炳光輝記憶，將軍最大的感嘆是，在此地安身立命，就算打過幾次勝利都是一個笑話。小說從一開始就點出將軍晚年的尷尬：「唐先生剛搬來時，吳老曾感慨地說：『將軍也要老啊？』一個將軍，日子更老」、「一個退職將軍比

〔註13〕　蘇偉貞，〈長年〉，《陪他一段》，頁174。
〔註14〕　蘇偉貞，〈長年〉，《陪他一段》，頁186。
〔註15〕　蘇偉貞，〈長年〉，《陪他一段》，頁181。

在任上時，還讓人更多顧忌」、「英雄末路噢！」、「有爲有守，將它一個軍，那多樂噢？」「將它一個軍？眞是神來之話」，〔註16〕不論是嘆息、不解緣由或是暗自嘲諷，將軍到哪都像他身上的衣服行頭「到底不一樣」，老兵的末路無人聞問，英雄的末路卻是不堪聞問。然而，更弔詭的是，唐先生在「榮家裏」好歹仍是將軍，偶爾出現的作家參訪團，尚且能彰顯其將軍的身分與意義（衣服不能皺、「可不能讓外面人把咱們給看扁了？以爲都是一群老不死！」〔註17〕），眞的離開「榮家裏」到了「外面」，就什麼身分也沒有了。

小說最後結束在「關門」一事上。唐先生在這一天結束前最後一次往老宋房裡走去，一個睡不著、一個卻是睡過頭，兩人話搭得索然無味，唐先生起身離去前隨手幫老宋關燈，老宋卻說「不要關！」唐先生心想，正好給自己留個燈免得一路摸黑回去。小說裡總是重複老宋的「不要關（門、燈）」——怕熱鬧沒自己的分，在將軍的意識裡則變成「門不要開」——以關門阻隔外面的世界／「您那時在老五十一軍當師長對吧？」〔註18〕的指認。將軍臨去前，過廊風灌進屋內，老宋說：

「幫忙把門帶上。」

「不要。」他暗暗回著。不是害怕外面熱鬧沒分嗎？

「砰」地一聲太大，把他自己也嚇一跳。

眞是風太大了。〔註19〕

如果有鏡頭一路跟著唐先生，那麼，此刻門被關上、站在門外的將軍，不正是陷入來時長廊一片漆黑、熱鬧沒分的狀態。唐先生看起來事事不關己、處處旁觀他人的生命棋局，其實亦被囚禁在「將軍」的過往、以及現在身處「榮家裏」與歷史榮耀「熱鬧沒分」的處境，既要抗老、還要對抗回憶，而最難對付的正是小說點題的部份——榮／家裏，將軍具有「榮」民身分，卻是沒有「家後」的老兵，這樣的將軍一旦脫離歷史走入現實人生其實是更孤獨的老兵。

蘇偉貞的小說塑造了八○年代退役將軍「回家」後的兩種形象，一是從眷村女性的諒解與寬容，接納將軍父親的戎馬生涯、「改建」眷村長期無父的狀

〔註16〕蘇偉貞，〈長年〉，《陪他一段》，頁164。
〔註17〕蘇偉貞，〈長年〉，《陪他一段》，頁165。
〔註18〕蘇偉貞，〈長年〉，《陪他一段》，頁181。
〔註19〕蘇偉貞，〈長年〉，《陪他一段》，頁187～188。

態;另一方面卻又同時以冷峻森然之筆描繪將軍無家可歸、孑然一生的淒涼晚景。〈高處〉王將軍臨高望下俯瞰四周的校閱部隊,是城市裡的房子、車子,〈長年〉的將軍卻是從巡視部隊變成榮民之家裡從寢室到病房的「探視」,後者尤其以肉身對抗老、死,才發現真正的敵人不在匪區在醫療大樓,殘酷的時空讓打勝仗都變成一場笑話,門裡門外,「一臺老不死」、「少費點力氣去活」、「不會好了……你來收屍吧」,小說家讓將軍在晚年面臨孤單無力回天的頹唐,夢回「老家」(「可千萬別怕!」)與現實的無「家」可回,毋寧是將軍征戰一生、保家衛國的最大諷刺。

第二節 最終所「在」——雕像、紀念碑

八〇年代最為特殊的「將軍書寫」,是黃凡(1950～)與張大春(1957～)利用現代主義意識流(後者更加入後設技巧),徹底顛覆傳統真實與虛構、歷史與小說的二元對立,重塑將軍「形象」。1983 年黃凡的〈將軍之淚〉得到第八屆《聯合報》中篇小說首獎,1986 年張大春的〈將軍碑〉則是第九屆《中國時報》小說首獎,兩人的作品如同莊宜文對兩大報文學獎的觀察,是「典範作品的產生推動了議題的潮流,刺激了文壇的顛覆風潮」,[註20] 從將軍角色的選擇與表現手法來看,更具有典範的繼承意義。

兩篇小說的將軍都走過抗日剿共的歷史戰場,從戰場回來的將軍卻面臨歷史定位的窘況,〈將軍之淚〉中的戴漢民將軍是「戴兵團的地位,軍事史上尚未確定」,[註21] 〈將軍碑〉則是安排將軍表面上不再說話,骨子裡卻決定「翻修他對歷史的解釋」;兩篇小說同時穿插多重時序,強調歷史並非線性發展,而是在闡述中完成——不論是將軍副官／老管家的敘述、還是小說家隱身敘述聲音背後的詮釋方式;如同後設小說之擅於挑戰開場與結束的「邊界」[註22],兩篇小說從結果來看,即可發現描述對象——將軍的「存

〔註20〕莊宜文,〈重組的文學星空——從文學獎談新世代小說家的崛起〉,第二屆「青年文學會議」,行政院文建會主辦(1998 年),頁 243。

〔註21〕黃凡,〈將軍之淚〉,《黃凡集》(台北:前衛,1992 年),頁 223。

〔註22〕關於「邊界」,帕特里莎·渥厄(Patricia Wangh)在《後設小說——自我意識小說的理論與實踐》中說道:「現代主義的文本由突然進入『媒介中的特殊事物』(in mediasres)而開始,又以『萬事無終局』的感受而告結束,只有生活在流動。後設小說則往往以對於開場的隨意性本質的討論,關於邊界的討論而開始。就像格雷厄姆·格林(Graham Greene)的《事情的結局》(The

在」、「在場」形態很詭異，在黃凡〈將軍之淚〉中副官馬冀回憶裡的將軍
——其實是一個歷史的雕像，歷史的塵埃變成將軍之「淚」並由副官親手抹
去，至於張大春的〈將軍碑〉，將軍根本是一個附著在碑體、從墳裡爬出的
歷史鬼魅幽靈，以一個無實體的幻影形態捲入自身的悼亡中。這兩篇小說異
曲同工地選擇以將軍這樣一個在歷史上、政治上風光一時甚至有過權威／威
權象徵的「形象」，逐一消融其歷史身分、肉身形體、精神意志，然後重構出
雕像、碑體——物的狀態。如同陳榮彬在〈戰後臺灣小說中「將軍書寫」初
探〉對兩篇小說的論述：「這兩篇作品可以說是臺灣後現代小說的先河——呈
現出的不再是歷史中沉淪的戰爭英雄，而是英雄的徹底消逝。」〔註23〕

以下，本節將分別論述兩篇小說文本的敘述策略如何瓦解了將軍的形
象、英雄特徵，以及變成被供在紀念館中展示的雕像、山上高大的紀念碑
——安靜無言、質疑與顛覆歷史敘述的象徵符號。

一、雕像：黃凡〈將軍之淚〉

在黃凡創作〈將軍之淚〉（1983）前，已在 1979 年以第一篇對外發表的
小說〈賴索〉奪得《中國時報》文學獎小說首獎，之後又以〈如何測量水溝
的寬度〉（1986）正式以後現代寫作之姿引領風潮，「在八○年代新興的文學
劉，如新政治小說的崛起、都市文學的繁盛、後現代文學的萌發中，黃凡或
開風氣之先，或獨樹一幟，或統領風騷，總是扮演一個引人注目的角色」，
〔註24〕 同樣開創後現代、後設小說寫作的林燿德以為：「台灣小說家中，出
生於一九五○年後的變革者，自黃凡以降已在八○年代形成了新的『型態形
成場』，他們為一度流行不輟的模擬論打開一道道缺口，開拓出小說的新共

End of the Affairs 1951）中所說的：『一個故事沒有開頭或是結尾：人們可以
隨意地選擇經驗的某一刻，由此回顧或是從此前瞻。』後設小說常常以挑選
一個結局來收場。或者可以用一個關於『結尾是不可能的』符號來告終。」
由開頭與結局設定出來的邊界、構架（frame）、事物的順序是後設小說相當
重要的操作元素。參見帕特里莎・渥厄（Patricia Wangh）著、錢競、劉雁濱
譯，《後設小說——自我意識小說的理論與實踐》（台北：駱駝出版社，1995
年），頁 33。

〔註23〕 陳榮彬，〈戰後臺灣小說中「將軍書寫」初探〉，《台灣文學研究集刊》第 11
期（2012 年 2 月），頁 80。

〔註24〕 參見朱雙一〈台灣社會運作的省思——黃凡作品論〉，收入《黃凡集》（台北：
前衛，1992 年），頁 267。

振、新場域」，〔註25〕雖然黃凡在九○年代之後一度封筆，但是黃凡現象已成為八○年代台灣小說重要的里程碑，〔註26〕影響同期戰後世代小說家、以及六○年代中期以後出生的小說新手，同時使鄉土文學、美麗島事件後興起的政治小說進入「懷疑論式」階段，在統、獨爭議中另闢蹊徑。〔註27〕

〈賴索〉在《中國時報》文學獎嶄露頭角時，評審之一白先勇當時即直指本篇小說的書寫策略乃「現代的」、「時空交錯意識流技巧」，〔註28〕〈將軍之淚〉一篇可說是此類風格的延續，打破時序進行的方式，呈現副官馬冀在時空錯置中回憶、重現將軍的歷史。

小說開始於馬冀已在會場而且他「到得太早了」，以至於先聽到會議前年輕人在一角抽菸時說的話：「會議……一群老傢伙……報導……。」〔註29〕這三個關鍵詞，幾乎含括了小說前半段的重點：一場名為「抗日史料研究討論會第五次會議」、一群老將軍（葛將軍、許將軍、易將軍）、會議論文與報導則象徵歷史的主流敘述。小說從開始就暗示將軍歷史與主流歷史的扞格：「戴兵團的地位，軍事史上尚未確定」、「那是軍事史家的事」，〔註30〕國防政策與經費預算、「抗日英雄館」出自缺乏抗日體驗的年輕藝術家手筆，在在說明抗日遠矣，英雄已進入歷史的陳列階段。

因此，小說處處描述馬冀的「不合時宜」，以凸顯戴將軍代表的抗日歷史、乃至馬冀的個人記憶被「邊緣化」的情形，例如會議場上響起的小提琴軍樂過於娘娘腔，馬冀的意識鎖鏈被打斷，他心裡響起的是記憶裡曠野的回聲、時代的怒吼：「雨幕中傳出一陣洪亮的歌聲，那是司令官的聲音，立刻

〔註25〕林燿德，〈慾望方程式──論陳裕盛的小說創作〉，《期待的視野》（台北：幼獅文化，1993 年），頁 83〜84。

〔註26〕趙遐秋、呂正惠主編的《台灣新文學思潮史綱》論道：「總的來講，由於 80 年代中期黃凡小說創作的蛻變，也由於張大春、蔡源煌對『黃凡蛻變』所提出的理論性陳述，台灣的『後現代小說』就此誕生。黃凡到九○年代以後逐漸淡出，最後終於完全退出台灣文壇。但他所引發的『端緒』，卻由蔡源煌和張大春繼續加以發揚。」參見趙遐秋、呂正惠主編《台灣新文學思潮史綱》（台北：人間，2002 年）第八章「世紀末期台灣後現代思潮種種面向」（呂正惠），頁 345。

〔註27〕黃凡與政治小說的關聯、以及對後現代小說發展的影響，相關論述參見王國安《台灣後現代小說的發展──以黃凡、平路、張大春與林燿德的創作為觀察文本》（台北：秀威資訊科技股份有限公司，2012 年 7 月）。

〔註28〕白先勇，〈邊緣人──賴索〉，收入黃凡《賴索》（台北：聯合文學，2006 年）。

〔註29〕黃凡，〈將軍之淚〉，《黃凡集》，頁 222。

〔註30〕黃凡，〈將軍之淚〉，《黃凡集》（台北：前衛，1992 年），頁 223。

整個隊伍跟著唱了起來。——我們是英勇的陸軍，長官部屬一條心，爲了國家，爲了民族，我們離鄉背井……——」今日的絲弦奏出的軍樂彷若靡靡之音，與過去由將軍帶領整個隊伍奮力齊唱的景況早是不可同日而語，而「時代的怒吼」竟不知在何時已不敵「熱門音樂」，「爺爺，你把電唱機關小一點好不好？」從另一個房間傳來倩玉的聲音，「我明天要考試。」〔註31〕從軍樂到熱門音樂，層層跌宕的意識中，馬冀屢屢被今昔交錯之感轉移了注意力，從會議轉到抗日戰爭，隨後又被孫女倩玉的聲音打斷，進入退役後與妻子一同撫養孫女長大的時日。如同馬冀自言：「很抱歉，我實在無法專心在美國人的演說上。我知道開會很重要，在司令部和補給學校也是會議不斷。不過我有溜出會場的癖好。」〔註32〕整篇小說跟著會議的進程同時展開情節敘述，馬冀則不斷「溜出」當下，潛入兩股交錯的內在意識：一是與戴漢民將軍戎馬征戰的歲月、一是自己與妻兒孫女的個人回憶。

　　偶爾公與私的記憶被混和，在現實與回憶交界的縫隙中，馬冀甚至在會議上打盹做了一場「不合時宜」的夢。夢中，他帶著太太與孫女倩玉上了戰場，一幕幕慘酷的肉搏戰與被肢解的屍體在眼前展開，夢中馬冀發現可怕的不是戰場——那是馬冀熟悉的意識裡去過多次的場景，是妻子孫女對戰爭、馬冀的過去的無動於衷，「好像觀賞著玩具兵的表演」，〔註33〕馬冀的夢是戰爭史與將軍「慶城之圍」的重要象徵，整個會議乃至軍史電視都記錄「慶城之圍」是將軍一生最榮耀的戰役，但是只有馬冀知道，將軍堅守到最後一秒鐘的氣節、受勳的第二天立即飛回戰區、抗拒政治說客、始終知道「戰爭並沒結束」、甚至預見更殘酷的內戰即將爆發的種種將軍本色，卻是無人聞問。從慶城之圍到收復桑市，夢中的殘酷景象原來就是來自桑市裡發生的徹底屠殺，軍人期望血債血還的戰爭意圖，到了將軍的臉上是「交織著痛苦、仇恨和悲憫」。無數血淚成爲歷史與會議論文上的統計數字，「萬千死者的魅影」在沈克仁博士的「南京大屠殺眞象」論文中「默默地列隊通過」。〔註34〕夢的最後畫面，落在一處樹蔭下的行軍床，軍官坐在床沿擦拭漂亮乾淨的馬靴，馬冀欲上前問路，軍官一抬頭，馬冀竟發現那人正是自己。夢境消失，醒來後的馬冀發現之前演講的葛將軍已經下台、「此時講話的是位很老很老

〔註31〕黃凡，〈將軍之淚〉，《黃凡集》，頁226。
〔註32〕黃凡，〈將軍之淚〉，《黃凡集》，頁228。
〔註33〕黃凡，〈將軍之淚〉，《黃凡集》，頁233。
〔註34〕黃凡，〈將軍之淚〉，《黃凡集》，頁235。

的退役將領」，〔註35〕下台、年老，說明戰爭已遠，將軍不是下台就是年老退役。

會議裡的夢困擾著馬冀，其實正是爲紀念館中將軍塑像留下的「淚」作伏筆。結束超現實的夢境後小說敘述轉入馬冀的自省：「我已經打完了自己的那一份戰爭，在安詳與和平中靜度餘生。」〔註36〕出現在馬冀夢中後代沒有表情的臉、與冰冷的歷史記載構成疊影，眞正書寫戰爭、詮釋歷史的人沒有參與過戰爭，連編寫軍樂的作曲家、設計抗戰紀念館的藝術家、時下流行的電視劇外行的編劇家，也都是沒有戰爭體驗的年輕人。馬冀在夢中其實也被「靜度餘生的自己」觀看，將軍則是在字字珠璣的歷史書中出現一次，「他的名字夾在十四位將領之中，而且是在文章後的附註裏，如同塑像館內隱藏在牆裏的燈光，在牆角所形成的這一片陰影」、「他在陰影的臉，默默地顯露出一種痛苦的、深思的表情。啊！他的眼神專注地朝遠方凝視著，好像他仍置身於戰場指揮車上，瞧著撤退中的兵團」，〔註37〕打完戰爭、與將軍一同被主流歷史邊緣化的馬冀，時空轉變下成爲觀看紀念館的「將軍」，和紀念館購票入場的遊客、歷史學家、年輕後代不同的是，當所有的人看見的是塑像上的歷史塵埃，馬冀卻是看見將軍之「淚」──撤退前站在艦艇上遙望國土，眼眶蘊滿淚水說「我們還要回來」。

如同陳榮彬的論述，黃凡〈將軍之淚〉與白先勇的〈國葬〉確實在將軍形象與敘述角色的選擇上有些相似，兩篇小說中的將軍都已經辭世，也都從副官的角度描述將軍，文本中的將軍都有對父輩歷史冷漠的「不肖子」。〔註38〕然而，相隔十多年，時代轉變、作家世代亦不同，比較兩篇小說更能凸顯將軍主題在小說中「典範」遞移的現象。白先勇的〈國葬〉中，小說家、敘述者與副官角色都帶有「遺老遺少」的特質，呈現老驥伏櫪、壯心未已的英雄末路以及對過去時代的悼亡；〈將軍之淚〉出現的戰役雖然多數是虛構，但是不乏民國史幾場殘酷戰役、屠殺現場的影子，和〈國葬〉不同的是，小說家側重歷史無法掌握的將軍內在情感，尤其面對殺伐時流露的悲憫、憂鬱，將軍必須去面對更凶惡、死傷更多的戰鬥，殺伐中更有捨我其誰的不忍，

〔註35〕黃凡，〈將軍之淚〉，《黃凡集》，頁233。
〔註36〕黃凡，〈將軍之淚〉，《黃凡集》，頁233。
〔註37〕黃凡，〈將軍之淚〉，《黃凡集》，頁242～243。
〔註38〕陳榮彬，〈戰後臺灣小說中「將軍書寫」初探〉，《台灣文學研究集刊》第 11 期，頁72。

和過去的英雄形象相較，黃凡在質疑歷史書寫能掌握幾分真相的同時，亦點出未經戰爭的年輕世代，不論是對戰爭冷漠以對、還是熱情想像，都無法取代「在場」的歷史見證經驗，這是避免不了的世代隔閡，更是歷史本然的侷限〔註39〕。質言之，〈國葬〉以將軍個人的歷史為核心，放大到整個舊時代的關懷；〈將軍之淚〉則是從大時代、歷史大敘述的角度描寫將軍個人的隱沒消失、在紀念館蒙塵的結果，尤其是經歷七○年代對鄉土意識、國族內容與台灣主體性的討論後，黃凡〈將軍之淚〉毋寧是更側重在「將軍」被供奉、陳列、隔絕於現實之外、以及世代差異的意圖，後代不僅冷漠，甚至已經開始嘲笑將軍的歷史（例如電視劇把將軍身邊的副官描繪成小丑）。哀悼將軍這樣一號人物之悲劇的同時，將軍已死──不僅是肉身的殞滅，更是歷史對將軍的關注程度。黃凡〈將軍之淚〉以「淚」為喻，最後連將軍之「淚」也不過是紀念館管理員疏於照顧的痕跡──一抹塵埃，可見英雄淚已從不可輕彈變成不如「揩掉」，之後張大春繼之而起，把將軍形象徹底顛覆從歷史「連根刨起」，更是同一脈絡發展下來必然的結果。

二、紀念碑：張大春〈將軍碑〉

張大春的〈將軍碑〉(1986)，以中國時報第九屆小說首獎出現於文壇後，引發的眾多討論可歸納為以下幾個面向：一、魔幻寫實的技法、對歷史重新編寫的意圖，反映了解嚴（1987）前後台灣普遍存在的騷動不安、眾聲喧嘩的氛圍〔註40〕；二、利用後現代小說的特質，質疑長期以來的黨國神聖歷史敘述的觀點，〔註41〕表面上是對鄉土文學強調「歷史真實」的質疑，實際上

〔註39〕 此時期對歷史產生的質疑、歷史的侷限性，和新歷史主義強調沒有真的歷史、歷史的不可復返已相當接近。海登・懷特的「元歷史」概念即明確定義：「人不可能去找到原生態『歷史』，因為那是業已逝去不可能重現和復原的，而只能找到關於歷史的敘述，或僅僅找到被闡釋和編織過的『歷史』。」關於海登・懷特的「元歷史」論述，參見王岳川，《後殖民主義與新歷史主義文論》（濟南：山東教育出版社，1999年），頁203。

〔註40〕 參見王德威，〈里程碑下的沉思──當代台灣小說的神話性與歷史感〉，《眾聲喧嘩》（台北：遠流，1988年）、王德威〈典律的生成──小說爾雅三十年〉，《如何現代，怎樣文學》（台北：麥田，1998年）；周英雄，〈八○年代台灣小說家之主體意識〉，《當代》第18期（1993年8月）。

〔註41〕 參見陳建忠，〈歷史敘事與想像（不）共同體：論兩岸「新歷史小說」的敘事策略與批判話語〉，收入《台灣文學與跨文化流動：東亞現代中文文學國際學報》第3期（台灣號）（2007年4月），頁345～363。

是要顛覆戰後長期爲國民黨掌控的歷史敘述權；〔註 42〕三、小說主題、技巧
與意象的經營，〔註 43〕尤其集中於「碑」的象徵。〔註 44〕整篇小說的主題，
猶如齊邦媛的觀察：

> 表面上看來，這是個以時間錯謬爲主題的小說。這位將軍用數十年
> 的殘餘歲月，重複一些豪壯的姿勢，檢閱一個早已不存在的軍隊，
> 打一些早歸塵土的戰爭，是件可悲又復可笑的事。實際上，它寫的
> 是人類與時間搏鬥的努力，所有曾在一生有些作爲的人都必興此
> 嘆，豈止將軍，肉身殞滅既不可免，立碑留傳在以前的時代是很大
> 的安慰。
>
> 碑是紀功德的。將軍也知道「這是什麼年月！」，已不是個立碑頌德
> 的時代，但是，也不知有多少年了，他總是想著自己墓前的碑，尤
> 其想確知後人會在碑上刻什麼讚辭。〔註 45〕

將軍之嘆，不僅是曾參與寫下的豪壯歷史與光輝戰爭，更嘆今後時光可預見
的肉身殞滅和不可見的立碑留傳。因此，張大春利用魔幻寫實的方式，讓將
軍在時間軸線上幾番穿越生死目睹自己的葬禮，甚至以神來之筆讓將軍改寫
過去的歷史以「驅魔」——將軍獨子、戰後出生的老來子免於成爲「某個無
名火線上冤死的孤魂野鬼，或者是所有冤孽的總合和菁華」，〔註 46〕自己則免
於冥冥中加諸身上的因果報應。

　　將軍的幾度穿越，最終必須面對的還是歷史的評判，更荒謬的是，評判
員不是別人，正是將軍武鎮東的社會學教授兒子武維陽，一個從己身冤孽總
合蹦出來的不肖子，竟是最後爲將軍立碑作傳、蓋棺論定的歷史裁判。因此
將軍只好把一切病癥歸因於「大理石紀念碑」上，小說一開頭便用三段的篇
幅說明將軍的異常與兒子武維揚脫不了干係，將軍仍能開口說話時，他說話

〔註 42〕胡金倫，《政治、歷史與謊言：張大春小說初探（1976～2000）》（政治大學中
　　　　文所碩士論文，2002 年 6 月），頁 131。

〔註 43〕參見尼洛、齊邦媛、劉紹銘時報文學獎評審意見，收入《將軍碑》（台北：時
　　　　報文化，1986 年），頁 35～39；季季編《七十五年短篇小說選》（台北：爾雅，
　　　　1999 年五印）張大春〈將軍碑〉評介文字，頁 287～292。

〔註 44〕周英雄，〈從兩個碑石看兩個社會：〈將軍碑〉與〈小鮑莊〉現代意義〉，《當
　　　　代》第 37 期（1989 年 5 月）頁 136～142；齊邦媛，〈爲又一個謬誤的時代立
　　　　碑——讀張大春的〈將軍碑〉，收入《霧漸漸散的時候》，頁 325～327。

〔註 45〕齊邦媛，〈爲又一個謬誤的時代立碑——讀張大春的〈將軍碑〉，《霧漸漸散
　　　　的時候》，頁 325～326。

〔註 46〕張大春，〈將軍碑〉，《張大春集》（台北：前衛，1992 年），頁 136。

的目地與內容，就是爲了替兒子在來往賓客面前作辯解——撒謊、虛報維揚在淡泊園探視將軍的次數與逗留的時日，小說描述將軍開始神遊後，第一次的顛倒時空、不正常事件，就是對著七十二位賓客說：「你們要是眞心看得起我武鎭東，就把山上那塊碑給卸了！我可擔不住那麼些好辭兒！」這是一次預知死亡紀事的安排，將軍早已閱讀過碑上由傳記作家撰寫擬稿、兒子演講宣讀的紀事，於是，小說形成了一個微妙的「邊界」——「開始」時將軍因爲抗議紀念碑引發父子戰爭，兒子起身離開眾人圍繞的壽宴，將軍從此打定主意不再說話；小說的「結束」是將軍「挺起腦袋朝紀念碑撞去」、「劈開一切蚓擾纏崇的矛盾——他第一次相信、也從此解脫的東西」：父子矛盾、歷史冤孽，或父子冤孽、歷史矛盾。

小說的開始與結束把將軍「碑」兜在中間，成爲一個關鍵意象，將軍三次帶領他人進入自己的歷史空間，都是爲了對碑體的文章產生直接或間接的影響。第一次，將軍引領七十二人基金會聘來的傳記作家石琦，把石琦從花了一整天想了解的「民國十五年十一月北伐軍克復九江的情形」帶到南昌的「琺瑯工廠的地下室」，窺知驚人的情報：「共產黨即將在上海發動一次群眾暴動」，〔註47〕最後石琦果然見識到血淋淋的畫面，將軍說，暴民已經正法了，卻讓傳記作家「又驚又疑」地離開。將軍第一次的歷史「編修工作」，並未得到歷史見證人（回憶錄、傳記作家）的支持。第二次帶領老管家重返古戰場，以「取消」維揚在將軍過世後取得的歷史敘述權，然而，在這一場「民國二十一年一月二十日」五十名「日本青年保衛社」成員燒毀毛巾工廠、燒死兩名中國工人的歷史現場，將軍因爲急於否認自己在這一場大歷史中曖昧的私人角色——活活打死日本和尚引發報仇行動、畏懼和尚靈魂變成維揚的一部分、以及衝進火場救出的人竟是中盤鴉片商後來甚至變成自己的岳父，將軍露出馬腳：將軍「不在」這場歷史，如何帶回現場「見證」的管家？這場得到見證人的歷史，卻正是將軍多年來極力隱藏的痛，不願承認如此「歷史正確」的自己曾與買賣鴉片、被共軍俘虜的岳父牽扯上關係。第三次帶領武維揚踏上黃土高原目睹他的第二十軍團重創日本「北支那方面軍」，然後在兒子的連聲催促中，「爸！到底還要打多久——」、「我眞的趕時間，爸！」、「那是您的歷史，爸」、「而且都過去了，爸」，歷史爲何、誰是見證人，到此皆不重要，唯一確定的是歷史詮釋權在誰手中，武維揚最終得到立傳的權

〔註47〕張大春，〈將軍碑〉，《張大春集》，頁 133。

力，寫下有沒有人相信都無關緊要的將軍歷史。這是將軍最大的悲哀，參與過的歷史不被承認，就算體悟到：「在內戰外患頻仍的年月裏，沒有什麼人、什麼事是純粹的。榮耀與罪惡、功勛與殺孽、權勢與愛情、恩與仇、生與死……全是可以攪和成一體的稀泥。」〔註48〕卻仍要被兒子從中挑起「矛盾」，被定義成矛盾的父子關係，以及逼死妻子的惡名。

　　將軍每一次的進出戰場，即是一次歷史書寫的抽換改寫，如同王德威所言，「我們的作家不再僅汲汲於表現歷史『大江東去』式的統攝超然力量，或是『一以貫之』式的內爍道統。他們毋寧更關切歷史是如何『編寫』成的，歷史的各種『說法』如何互相質疑對話」，〔註49〕對話的方式既是相互質疑，將軍的體悟「全是可以攪和成一體的稀泥」，原是為了戳破歷史被編寫得善惡絕對、恩仇立判的狀態，然而這也讓將軍陷入另一個混沌狀態，以致於最終喪失編寫歷史的權力後，只能以肉身／亡魂撞向石碑，讓一切以轟然巨響、將軍解脫成一種「無所不在」的狀態。從後設小說的「邊界」來看，這個故事可以再進行一次預知死亡紀事，可以將「結束」變成「開始」，「由此回顧或是從此前瞻」，〔註50〕將軍依然飄蕩、繼續修改回憶。

　　由後設方式解讀〈將軍碑〉，將凸顯出將軍一死再死的反覆循環。如果每一個「死」的對立面是「活」，那麼將軍毋寧是處於「死」與「活」的縫隙，成為一個無法指涉、無法命名的「幽靈」狀態，並且不斷歷經歷史碑體的建構與解構過程。關於「幽靈」，雅克·德里達說：

　　　一旦人們不再區分精神和幽靈時，前者就會以肉身的形式存在，作
　　　為精神，它就會在幽靈中將自己肉身化。……那幽靈乃是一種自相
　　　矛盾的結合體，是正在形成的肉體，是精神的某種現象和肉身的形
　　　式。它寧願成為某種難以命名的「東西」：既不是靈魂，也不是肉體，
　　　同時又亦此亦彼。因為正是肉身和現象性方能使精神以幽靈的形式
　　　顯形，但它卻又在顯形中，在那亡魂出現或那幽靈回來的時候消失
　　　無蹤。在其本身作為死人重現的顯形中，有某個東西消失了，死去
　　　了。那精神，那幽靈並不是同一個東西。我們必須強調這個差異；
　　　但是就它們又有共同之處而言，人們並不知道那共同之處是什麼，

〔註48〕張大春，〈將軍碑〉，《張大春集》，頁136～137。

〔註49〕王德威，〈里程碑下的沉思——當代台灣小說的神話性與歷史感〉，《眾聲喧嘩：三○與八○年代的中國小說》（台北：遠流，1988年），頁271。

〔註50〕格雷厄姆·格林，《事情的結局》。參見本章註釋22。

　　　它在眼下是什麼。它恰好就是人們所不知道的某個東西，並且人們
　　　也不知道它是否真的是某個東西，它是不是真的存在，是不是真的
　　　有一個相應的名字和一個對應的本質。人們並不知道：這並非由於
　　　無知，而是因為這個非物體，這個非存在的存在，這個存在於彼處
　　　的缺席者或亡靈已不再屬於知識的範圍，至少是不再屬於人們認為
　　　他可以以知識的稱名去認識它的範圍。〔註51〕

在此，德里達以莎士比亞的戲劇《哈姆雷特》第一幕第一場為比喻，說明一
種存在於文學、語義學、本體論、心理學和哲學的「幽靈」狀態，人們無法
確知其存在、無法目睹其顯形，卻又可以清楚知道感受到此幽靈正在「注視」
著我們、並且產生影響力。回到〈將軍碑〉的分析，將軍能穿透時間、周遊
過去與未來、預知死亡紀事／碑體文字、重返古戰場、翻修歷史解釋、現身
為七十歲的將軍形體作畫落款並同時與兒子、傳記家在旁一起觀看自己，「將
軍」已經超越夢境（〈將軍之淚〉中馬冀於夢中觀看自己）、物質的存在（淚
——將軍雕像上的塵埃、歷史灰燼），甚至超過鬼魂的指涉，種種後設虛構、
魔幻寫實技巧，呈現的是一個如同德里達所言「既不是靈魂，也不是肉體，
同時又亦此亦彼」，以「幽靈」的形式顯形，彰顯人們無法以存在／不存在去
掌握「它」，不落入具體指涉，沒有相應的名字與相應的本質，「將軍」才可
以用「無所不在」的方式完成「無所在」（軍權、威權、戒嚴、偉人時代的終
結）。拆解、重組、再解構「將軍」的後設過程，已然形成將軍——幽靈——
歷史的對應結果，如同張大春自述其與歷史的關係：

　　　歷史是不斷改變的東西，每一代人觀察歷史時，都在決定、詮釋歷
　　　史，對於功過是非自然有不一樣的評價。也就是說，同樣的史料在
　　　不同時代的人心目中有不同的意義。寫歷史小說就是在塑造一個類
　　　似歷史情境的假相。然後重塑歷史敘述，有歷史感的讀者就可以設
　　　想自己相信歷史小說的敘述。〔註52〕

歷史最終如同德里達話語中的「幽靈」，亦即小說家自言「塑造一個類似歷史
情境的假相」，〔註53〕而且必須超越真／假、歷史／虛構、有形／無形的界線，

〔註51〕雅克・德里達（Jacques Derrida）著、何一譯，《馬克思的幽靈》（北京：中國
　　　人民大學出版社，1999年），頁11。

〔註52〕參見李玫英〈張大春：目無餘子的虛無小子〉，《自由青年》第80卷第4期（1988
　　　年10月），頁49～50。

〔註53〕張大春將「歷史」進一步解釋成語言問題，詹宏志則以為其根本將語言視為

從而得到穿越二元對立的自由。

　　從「將軍書寫」的脈絡來看，正因爲過往的歷史學家、傳記作者、小說家已經在歷史或政治（通常兩者兼有）的舞台確立將軍如「碑」體一般難以撼動的地位，加上戒嚴時期形成特殊的歷史封閉性、絕對性與神聖化，因而能塑造出將軍一頭撞上（自己的）碑體時石破天驚的力度，形成「將軍書寫」的重要轉折。從黃凡的〈將軍之淚〉以較近於寫實的型態嘗試後設的書寫，到張大春的〈將軍碑〉以典範之繼承與開展的姿態，直接瓦解將軍的形體與歷史有形的價值，質疑、批判歷史之外，更隱喻著將軍的消亡正是歷史「幽靈」出現的契機，它將不斷注視著我們、給我們一種「惘惘然」的威脅，提醒我們「將軍」的歷史「幽靈」可能在各地不同時空不斷出現，因此，後現代的除魅工程──反本質、去中心、解構主體便得一直持續下去。

第三節　歷史的將軍與虛構的將軍

　　劉亮雅在一篇綜論解嚴後台灣小說發展的文章中提到，後現代從八○年代中期引入台灣後很長一段時間引領風騷，之後又與九○年代的後殖民產生關連，「彼此角力或合作，時而產生中間混雜地帶」，〔註 54〕更重要的是，1987年的解嚴，使許多作家投入歷史記憶的書寫，其中主題包括二二八、白色恐怖、原住民、多重殖民等。〔註 55〕後殖民議題牽扯出來的族群身分、政治屬性，更是直接涉及小說家面對歷史記憶時書寫主體的建構。

　　從族群身分、政治屬性乃至對歷史書寫主體的反思，加以八、九○年代後小說敘事的多音交響眾聲喧嘩現象，再回到「將軍書寫」的主題時，值得思考的是：解嚴是否對此類題材、情節內容有所影響？這些創作「將軍書寫」

　　「靈物崇拜」，此外，詹宏志提到：「語言又是每個人自有不同意義──在張大春眼中，語言不僅不能溝通，簡直就是圍牆，每個人都活在自己的語言監獄裡。評論家王德威根本是把〈將軍碑〉當做台灣文學里程碑來看待的，他最早指出〈將軍碑〉的特色不是『歷史』，而是『反歷史』。」參見詹宏志〈幾種語言監獄──讀張大春的《四喜憂國》〉，收入氏著《閱讀的反叛》（台北：遠流，1990 年），頁 71。

〔註 54〕劉亮雅，〈後現代與後殖民──論解嚴以來的臺灣小說〉，收入陳建忠、應鳳凰、邱貴芬、張誦聖、劉亮雅合著《台灣小說史論》（台北：麥田，2007 年），頁 317。

〔註 55〕劉亮雅，〈後現代與後殖民──論解嚴以來的臺灣小說〉，《台灣小說史論》，頁 318～319。

的小說家以各種獨特方式豐富將軍作為一個符號的內涵時,其背後的反思主
體呈現的又是何意識型態?歸根究柢,對「將軍書寫」而言人物的歷史性、
主題的獨特性,皆與時代變貌、文化機制息息相關,這也使得「將軍書寫」
在八〇年代以後不僅得以走出歷史的迷障與侷限,更與歷史形成相互牽引、充
滿張力的對話關係。

　　準此,本節將繼續討論二篇寫於八、九〇年代以二二八事件為背景的「將
軍書寫」小說,其一是林文義(1953〜)的〈將軍之夜〉(1988),本篇作品
出現在解嚴後的隔年一月,以迂迴敘事影射二二八事件中人稱「高雄屠夫」
的彭孟緝將軍,挑戰國府的禁忌;另一篇是郭松棻(1938〜2005)的〈今夜
星光燦爛〉(1997),二二八事件於 1995 年得到平反,〔註56〕相關史料逐漸解
禁出土,其中備受爭議的人物陳儀將軍是郭松棻書寫與想像的對象,小說家
以悲憫、女性(母性)陰柔的力量,嘗試演繹一場歷史悲劇的過程,並透過
精鍊純粹的現代主義象徵手法,讓情節環繞「鏡子」虛實掩映與對應,最後
「重生」出一個嶄新、與歷史無關的「將軍」。

　　這兩篇小說的共通是,主角都是將軍、也是歷史有所本的人物——彭孟
緝與陳儀,兩位小說家書寫時都刻意與對象保持若即若離的關係,展示了虛
構與紀實在小說內在交融與衝突的痕跡,後者,尤其更徵顯出小說家對於這
一段歷史、將軍人物的好奇,如同海登‧懷特在〈作為文學虛構的歷史文本〉
中呈顯的對比:歷史追求具體事物而不對「可能性」感興趣,小說則反之追
求一切的「可能性」,〔註57〕兩位小說家對於二二八事件中的屠夫彭孟緝將
軍,以及最後被蔣介石假借二二八名義執行槍決的陳儀將軍,毋寧是多了更
多小說家的好奇、對「可能性」的追尋。

一、暗夜的鬼:林文義〈將軍之夜〉

　　1987 年林文義開始寫海外異議份子的故事,陳芳明(〈鮭魚的故鄉〉)、許

〔註56〕「「二二八」三個字曾經在台灣公共領域消失四十年,台灣民眾開始討論二二
　　　　八事件是從 1987 年 7 月 1 日蔣經國宣布解除台灣地區戒嚴之後。……國民黨
　　　　政府在 1991 年成立「二二八事件研究小組」展開調查。1995 年 2 月 28 日,
　　　　臺北市「二二八和平公園」之和平紀念碑落成。」參見黃秀端〈政治權力與
　　　　集體記憶的競逐——從報紙之報導來看對二二八的詮釋〉,《臺灣民主季刊》
　　　　第 5 卷第 4 期(2008 年 12 月),頁 130。
〔註57〕海登‧懷特,〈作為文學虛構的歷史文本〉,《新歷史主義與文學批評》,頁 178。

信良（〈返鄉之日〉）、葉島蕾（〈風雪的底層〉）等人都曾被寫入故事中，二年後（1990 年）小說以《鮭魚的故鄉》為名出版，問世一個月即因「挑撥人民與政府感情」遭查禁長達二十年。

　　〈將軍之夜〉即收錄在《鮭魚的故鄉》中，較為特別的是，本篇小說並非海外台灣人的故事，而是汲取彭孟緝的歷史形象描繪威權、暴虐殘殺的將軍之暮年。小說從將軍不知所蹤、以及將軍居住的房子開始破題：「將軍離開的時候，似乎無聲無息的，像一陣風，在這個人間裏突然消失了，沒有人可以明確的說出將軍的去處。」〔註 58〕依照小說家的設計，文本共分三段，第一段先寫房子的主人不見、房子的風水不好、煞氣太重，房子雖然戒備森嚴但是路過知道將軍底細的人，都會對著大門厭惡的吐口水，房子裏精心安置了一個精緻的佛堂，將軍日日念佛膜拜，只是到了夜裡公館裏便會傳出將軍淒厲的夢魘聲，將軍甚至對著暗夜開槍，當侍官衝進去時發現將軍如一隻「巨大的壁虎，攀爬在牆上」。〔註 59〕第二段點出將軍的惡夢，窗外的月光椰影變成歷史的鬼魂從一九四七年的三月幻變而來，臨海的房子、潮溼的空氣以及「港市屠夫」的稱號，逐漸呈現人物底本彭孟緝的形象。在小說情節的逐步進逼中，透過西藏流亡喇嘛與將軍的對話：「你，可有懺悔之心？」將軍卻以為「那是亂世啊，老子不消滅他們，他們就會要了老子的命⋯⋯」。〔註 60〕由於彭孟緝手中染有不少大學生的鮮血，在這篇小說中將軍甚至把當年大陸淪陷的原因歸咎於知識分子、年輕的大學生，將每一次的逮捕行動合理化。第三段回顧將軍一生的片段畫面：從港市屠殺到將軍請調國外後大使館外的抗議，將軍即使面對第二代的質疑，直到晚年始終是不認錯、不懺悔，最後終於敵不過惡夢裏鬼魂的侵入進逼，離開港區的房子搬遷到距離萬里之外的島群，小說家刻意讓空間越來越破碎，從內地到島嶼再到島群，凸顯將軍退無可退的窘境。

　　林文義曾自言第一本小說集《鮭魚的故鄉》是「流於過度的意識形態而多少失去文學美質」以及「趨於使命感的宣教意義大於文學形式」，因此在沉緬於政治訴求、透過文學為台灣民主運動發聲的意圖下，〈將軍之夜〉多了歷史控訴少了文學縱深，和其之後寫作小說《革命家的夜間生活》的體悟相較，

〔註 58〕林文義，〈將軍之夜〉，《鮭魚的故鄉》（台北：自立晚報，1990 年），頁 17。
〔註 59〕林文義，〈將軍之夜〉，《鮭魚的故鄉》，頁 20。
〔註 60〕林文義，〈將軍之夜〉，《鮭魚的故鄉》，頁 24。

「以文學的思考、理想的信仰去關懷台灣的反對運動，主要是想尋求一份真實的瞭解，瞭解之後卻是巨大的折傷。文學與政治，本來就是一種若即若離、忽明忽暗的對立，明知如此，還是懷抱著一份體恤之心，但終究是黯然告別。」〔註61〕前後十二年的時空差異，小說家顯然更多了一層對生命的包容與敦厚。不過，回到〈將軍之夜〉的創作時空，在解嚴前後政治氛圍仍然曖昧不明的情況下，這篇作品首次以直接、毫不隱晦的態度描繪將軍的暴虐獨裁與威權，〔註62〕雖然終究逃不過被查禁的命運，但是，也凸顯將軍形象隨著戒嚴結束失去國族神話與軍國威權的雙重保護後，開始進入歷史解密階段，將軍不再是遙不可及的人物了。

二、鏡照重生：郭松棻〈今夜星光燦爛〉

在論述郭松棻的「將軍書寫」〈今夜星光燦爛〉之前，得先梳理兩個問題：一是郭松棻所「在」的世代；二是這一篇小說將軍與陳儀的關係、歷史與小說的關聯，這兩點亦是目前論者分析郭松棻的小說藝術聚焦之所在。

〔註61〕林文義：〈動靜幽然──文學與生命對話〉，《幸福在他方》（台北：印刻文學，2006年）。

〔註62〕1979年葉言都的〈高卡檔案〉，描寫一個曾經參與「高卡」滅族計畫的將軍在晚年把閱讀「機密文件」當做休閒嗜好，在檢閱檔案時咀嚼自己當年驚天動地的大事業──海馬計畫──利用生男藥劑造成高卡族男多女少種族產生失衡變態進而全族滅亡，這篇小說被選入《六十八年短篇小說選》時，作品評介寫道：「一個長遠的政治陰謀加上人底愚昧和科技的噩夢：再加上一份份冰冷、枯燥的檔案，混和而成葉言都這篇形式怪異的小說。」（參見季季編《六十八年短篇小說選》，頁390）小說以「檔案」形式作為主要內容，每個公文檔案之間則穿插將軍的故事，包含將軍與秘書的密戀，秘書最後因為獲知海馬計畫無法接受兩人是「劊子手」的事實，在勸阻將軍未果的情況下自殺／意外身亡（或是他殺？）。故事中的將軍雖然未殺一人、不若彭孟緝雙手沾滿鮮血，但是滅族計畫卻使將軍成為整個國家／我國侵略他族的前鋒將領，背後隱含的依然是屠殺侵略的殘暴行為。這篇小說因為大量的生物實驗、虛構的地理生態以及建構未來科技世界的想像而被歸為科幻類，姚一葦則以為「海馬計畫」象徵西方帝國主義的侵略手段，如果將「海馬計畫」視為一個象徵，所有借助優勢軍事力量與政治權力侵略他人的屠殺行為都是一種「海馬計畫」，那麼葉言都的〈高卡檔案〉可說是以迂迴、充滿暗喻的手法，甚至將政治意圖隱藏在科幻想像中，書寫了一個威權、視人命如草芥之將軍屠夫形像。由此窺斑見豹，可知戒嚴時期對於這類敏感的題材與人物只能以隱喻的手法表現，直言不諱的表露還得到解嚴後才有可能。

（一）世代問題與歷史書寫

關於郭松棻的生命歷程與書寫，目前已有多本論文（包含已經出版專書）論之甚詳，有：黃小民《郭松棻小說研究》〔註 63〕、吳靜宜《文學的寂寞單音：郭松棻小說研究》〔註 64〕、簡義明《書寫郭松棻：一個沒有位置和定義的寫作者》〔註 65〕、黃啓峰《河流裏的月印：郭松棻與李渝小說研究》〔註 66〕、魏偉莉《異鄉與夢土：郭松棻思想與文學研究》〔註 67〕等，在單篇論文部分，黃錦樹〈詩、歷史病體與母性〉則是以問題意識的方式分析郭松棻論文與小說的書寫年代及其與台灣小說世代的關聯。〔註 68〕郭松棻的台大時期與「現代文學」白先勇、王文興、歐陽子等人同班，根據簡義明的採訪，《現代文學》創刊號出現卡夫卡主題應該還與郭松棻當年在文星書店買到卡夫卡小說有關，〔註 69〕雖然與白先勇等人在「現代文學」初期關係密切（幫忙找贊助公司籌錢），但是除了在台大畢業那年爲《現代文學》寫〈沙特存在主義的自我毀滅〉（第 9 期）以外，郭松棻與現代派小說家並無往來，甚至 1974 年發表於香港《抖擻》創刊號的文章〈談談台灣的文學〉中，還直接批判六、七○年代台灣文壇軍中作家與學院派作家創作內容的貧乏蒼白。〔註 70〕從 1967 年郭

〔註 63〕 黃小民，《郭松棻小說研究》（文化大學中文所碩士論文，2004 年）。

〔註 64〕 吳靜宜，《文學的寂寞單音：郭松棻小說研究》（中山大學中吳所碩士論文，2005 年）。

〔註 65〕 簡義明，《書寫郭松棻：一個沒有位置和定義的寫作者》（清大中文所博士論文，2006 年）。其中「附錄：郭松棻訪談」亦是目前對郭松棻的採訪中最爲詳盡的一篇。

〔註 66〕 黃啓峰，《河流裏的月印：郭松棻與李渝小說研究》（台北：秀威資訊科技，2008 年）。

〔註 67〕 魏偉莉，《異鄉與夢土：郭松棻思想與文學研究》（台南：臺南市立圖書館，2010 年），書末並附錄「郭松棻生平及著作繫年」、「郭松棻評論年表」、「郭松棻創作年表」。

〔註 68〕 黃錦樹，〈詩、歷史病體與母性〉，參見氏著《文與魂與體：論現代中國性》（台北：麥田，2006 年），頁 249～287。

〔註 69〕 簡義明，〈郭松棻訪談〉，收入郭松棻逝世後由李渝整理遺稿《驚婚》（台北：印刻文學，2012 年），頁 192。

〔註 70〕 對學院派西化、對西方現代主義的誤解，文中說到：「現代主義崇尚個人意識流片面活動的捕捉，摒棄歷史、社會的大動態的刻劃，……現代派常自喻這種觀察世界的手法是，以片段看整體，以刹那悟永恆，從一粒砂看全世界。」參見〈談談台灣的文學〉，收入陳映眞總編輯《左翼傳統的復歸：鄉土文學論戰三十年》（台北：人間，2008 年），頁 20。當時他所批判的對象不乏《現代文學》小說家群，例如王文興、林懷民、七等生等人；然而，到了 2004 年簡義明的採訪中，郭松棻已有明顯轉向，不只他的小說創作被王德威譽爲「最

松菜進入柏克萊大學並投入保釣運動後整個人生轉向，直到 1982 年以前郭松菜的評論與政治活動，大抵建構在對中國民族的認同與左翼思考，這亦使他的身分一度是「郭匪松菜」，〔註 71〕直到 1983 年開始在《文季》上發表〈青石的守望〉等作品後，黃錦樹提問道：「郭松菜四十六歲的中年轉向、回到（對改造世界幾乎一點幫助也沒有的——但更能撫慰人心的）文學，而且其文學語言又和他之前的論述語言幾乎是南轅北轍，徹底的抒情細膩，甚至近乎唯美。是以文學來見證他的幻滅，還是深化他的思考？」〔註 72〕回到郭松菜的世代問題上，他在六○年代時不屬於現代派小說家，〔註 73〕八○年代在文壇以小說家姿態出現／回歸時，台灣小說界正如火如荼進行後現代拼貼、戲弄與都會化的過程，他憂鬱的創作主體完全異於當時活躍文壇的戰後小說家世代，此外，身為本土畫家受過日本教育的郭雪湖之子，小說屢屢描繪故鄉記憶、終戰前後的台北迪化街、後車站、圓環、淡水，他卻和以台灣經驗為書寫對象的本土作家有相當大的差距，套用簡義明的說法，這是個「沒有位置和定義」無法歸類的作家。獨特如斯的身世流離與國族情懷，無法歸類的世代或族群標記，使他的「將軍書寫」不若其他作家較易辨識指認將軍的形象與符號象徵，〈今夜星光燦爛〉裡流盪的歷史底蘊（陳儀與民國史）、胡蘭成《今生今世》的文字聲腔、〔註 74〕以及個人生命狀態與情結的投射和隱密連

具現代主義『骨感』美學的能手」（參見王德威〈冷酷意境裡的火種〉，收入郭松菜《奔跑的母親》，頁 5），訪談中問及對台灣文壇的評價，郭松菜以為最好的小說家是七等生，並自言八○年代階段自己並不為真正體會七等生的文學價值（參見簡義明，〈郭松菜訪談〉，《驚婚》，頁 225）。

〔註 71〕魏偉莉，《異鄉與夢土：郭松菜思想與文學研究》，頁 141。

〔註 72〕黃錦樹，〈詩、歷史病體與母性〉，《文與魂與體：論現代中國性》，頁 254。

〔註 73〕嚴格說來，在 1983 年以前郭松菜只在 1958 年（21 歲）發表過一篇小說，刊登於台大的校園刊物上，如其自敘「我真正的寫作大概是四十三歲、四十四歲左右才開始」（參見簡義明，〈郭松菜訪談〉，《驚婚》，頁 229），郭松菜的「小說家」出現得較晚，但是一旦以小說姿態現身其創作主體即非常明確，幾乎與時下潮流（無論是國外的文學理論或文學風潮）、書寫地域（美國生活與台灣情境）無關。時空彷彿只存在於小說家內部世界的構造，就其外部世界而言，因隔絕與疏離（甚至是憂鬱症產生的絕裂）形成獨特的凝結狀態。

〔註 74〕郭松菜自剖：「在寫這篇（〈今夜星光燦爛〉）的時候，手邊胡蘭成的《今生今世》有兩本，因為第一本已經被我翻爛了，書裂成好幾個部分。我迷他迷了好幾年，大概是九○年代初期寫到〈今夜星光燦爛〉這期間，尤其是有段時間又患了失眠，當時只看得下這本書，朱天文的《花憶前身》裡有說到這段經驗（頁六十三），是沒錯的。」參見簡義明，〈郭松菜訪談〉，《驚婚》，頁 232。

結，使得〈今夜星光燦爛〉的將軍雖胎生於陳儀，卻奪胎裂變爲歷史上難以指認的將軍，小說家是否眞有平反的意圖，已超出文本所能承擔。

　　圍繞〈今夜星光燦爛〉的另一個重要背景與論者聚焦之所在，即是陳儀的歷史形象和郭松棻的歷史書寫。〈今夜星光燦爛〉刊出時，南方朔〈廢墟中的陳儀：評郭松棻〈今夜星光燦爛〉〉一文，〔註75〕明確點出小說文本的歷史嘗試以及創造出一個不同於大家期待的陳儀形象，不過這種說法在 2003 年小說家接受採訪時即遭到否認。〔註76〕黃錦樹在〈詩、歷史病體與母性〉一文揭露《陳儀生平及被害內幕》爲郭松棻寫陳儀的底本後，〔註77〕之後評論〈今夜星光燦爛〉者亦多取本書作爲互讀，並援引新歷史主義作爲理論依據，爲〈今夜星光燦爛〉的論述增添歷史語境。〔註78〕

　　郭松棻的〈今夜星光燦爛〉可說是「將軍書寫」在歷史紀實與小說虛構中「糾結」最深、卻又姿態最爲疏離的文本。小說以想像敘述參與歷史的建構，反觀歷史之於小說，歷史事件也是小說文本的棋子、一種符號的運用，增添小說的故事與敘述張力，質言之，小說體現了歷史事件從紀實／眞實向文學／想像「位移」的過程。新歷史主義的策略側重於「邊緣化」，如同學者的觀察：

> 研究者熱衷於文化症候的研究，喜歡對諸如旅行、札記、宮廷布置、教會諭示、女性手冊、衣飾、建築乃至宮廷、政府建立的權力中心、權威展示的儀典、最高權力者的傳記軼事感興趣，並想透過這些權力者的表象去窺探權力運作的內在軌跡。這種將歷史帶進文學，又將文學意識歷史化的活動，是由歷史到權力、由權威到詩人和文本的中心位移。〔註79〕

〔註75〕南方朔，〈廢墟中的陳儀：評郭松棻〈今夜星光燦爛〉〉，《中外文學》第 25 卷第 10 期（1997 年 3 月），頁 80～84。

〔註76〕參見廖玉蕙〈生命裡的暫時停格──小說家郭松棻、李渝訪談錄〉，《聯合文學》225 期，2002 年 11 月。

〔註77〕在簡義明〈郭松棻訪談〉一文已詳細黃錦樹論文、發現《陳儀生平及被害內幕》的始末，同時亦有郭松棻對此事的看法，此即不再贅述，參見《驚婚》頁 234～235。

〔註78〕眾多論述中尤以劉雪眞〈在歷史的想像中重生──以「新歷史主義」觀點解讀郭松棻〈今夜星光燦爛〉〉（《南榮學報》第 9 期，1996 年 4 月）一文、以及黃啓峰《河流裏的月印：郭松棻與李渝小說研究》，詳細比對了兩種文本，形成不僅分析郭松棻小說亦兼論陳儀歷史定位的論述。

〔註79〕參見王岳川《後殖民主義與新歷史主義文論》第 13 章〈海登‧懷特：元歷史

藉由最高權力者的傳記、軼事，與歷史敘述的參照，最後得以窺知權力運作的內在軌跡，以此爲喻，與書寫內容合謀交織出一個前所未見的敘述策略，此或可提供一思考脈絡：郭松棻的〈今夜星光燦爛〉乃借取陳儀這號人物所蘊含的政治、歷史、國族圖像等符號，向文學的內在義涵、文本的中心「位移」，最終其實是書寫主體的返身自我，至於歷史不過是自我反思的一部分而非全部。黃錦樹曾說：「我懷疑郭松棻試圖藉由陳儀這個很可能被不公平對待的歷史人物來自我總結，並且爲自己之前不斷糾結困鎖的歷史的哲學思考找到一條詩的超越之路。」〔註80〕對照郭松棻描述書寫時期的困境：失眠、憂鬱，以及好友劉大任的說法：「一九九七年第一次中風前，他連續多月耗盡心力。最後，〈今夜星光燦爛〉完稿，他人也垮了。」〔註81〕論者的臆測應能成立，失眠乃至中風，這絕非僅是書寫一個歷史故事即造成的後果，而是進入生命底層的憂鬱與掙扎，在意識的迷宮心靈的迴路中尋找出路，至於學者所言「詩的超越之路」，釋放了心靈，卻未能直接轉化爲身體的康莊之路。

緣此，在說明書寫主體的複雜、不可歸類導致「將軍書寫」無法透過小說家的政治傾向與意識型態直接掌握，以及歷史文本對理解本篇小說的將軍義涵有所侷限後，本節擬以「鏡子」──符號分析的方式，爬梳〈今夜星光燦爛〉呈現的將軍形象與文本核心，並探究整個「將軍書寫」從五○年代的側重紀實強調歷史見證發展到世紀末逐漸向符號性靠攏位移，在此脈絡下〈今夜星光燦爛〉的意義爲何。

（二）鏡像與小說結構

郭松棻〈今夜星光燦爛〉原來的書寫結構共分成四大段、二十三個小節，在以「鏡子」爲象徵的觀察中，則將原結構打散，完全以「鏡子」的作用、特質以及前後相關情節作爲分類的標準，在此原則下整篇〈今夜星光燦爛〉可梳理出九種鏡像，以下，爲了方便敘述，先列出鏡子、鏡像與小說情節的結構圖表，然後再作分述。〔註82〕

理論〉，頁 209。

〔註80〕黃錦樹，〈詩、歷史病體與母性〉，《文與魂與體：論現代中國性》，頁 256。

〔註81〕劉大任，〈回憶松棻二、三事〉，收入氏著《晚晴》（台北：印刻文學，2007年），頁 114。

〔註82〕頁碼部分，所據版本爲郭松棻《奔跑的母親》（台北：麥田，2002 年）。

〈今夜星光燦爛〉鏡子意象與小說結構圖表

段	頁碼	鏡　　子	情　　節
1	226	幽居斗室之「長鏡」：鏡子在那個角落隨時隨地重複著他自己	・九江戰場、浙江省主席、成為孫傳芳的死囚。獲釋後感霸圖未成，繼而擔任北伐軍十九軍軍長。
2	231	鏡子：想打探他的身世、軍旅	・二十四歲，日本軍官學校；三十一歲，從此介身民國軍事；五十七歲，收義子，五年後義子謀反，將其捉殺於福州市西門外；五十八歲，山中七日，作客療養；六十歲，行政院秘書長；六十五歲，上將任浙江主席，兼任全省保安司令。
3	233	妻子的銅鏡：（伏筆）	・妻子家書，兵火漫及家園，磨鏡人難找，準備將那枚銅鏡與燥粉同入陶甕，埋於花園牆角。 ・妻子家書：「男人家出門讀書仕宦……都說是為了天下太平，可我看是打仗打出了興頭。」
4	236	天鏡/術士的銅鏡：冷冷映照顯形	・一場民國的大逃亡即將揭幕。 ・在湯生面前訴說夢土、一幅美麗的畫卷。 ・「廳堂裡兵氣已脫，世間的恩恩怨怨，功名成敗都成窗外泡影。」 ・「天若厭戰，有朝一日總可遂願，還鄉閉門讀書。」 ・「他突然看見自己正與眾人在不同的時空，咀嚼同一枚苦果。一代代人都這樣，只囿於歷史的迴旋中，休想走出這循環的迷宮。」 ・夢胎已然熟透在腹中。
5	245	鏡子的祕密： 它不再重現你自己	・「他在鏡裡鏤刻自己理想的輪廓。」 ・「他決定向鏡裡投生。」 ・「他孕育夢中的自己。」 ・端詳鏡中自己神祕的胎動、耐心等候自己的誕生。
6	246	鏡子的背叛： 想不到鏡子會跟他吵起架來	・「只要他一分心，整片鏡子就混濁發黑。再也無法從中窺見那塊夢土。」 ・「每當他不相信這面鏡子，他就變得快快不樂。」

			・「他不想追憶自己的前生。他唯一的希翼只是鏡中那個全新的形象。然而,這次夢見的是自己的妻子。」 ・「鏡子已不接受他的意旨。」 ・「現在,那影子又模糊來到鏡中……經過幾天的端詳,終於悟得那原是自己家鄉的景色。」 ・「他竟然毫不自覺,這一向苦心經營的那幅鏡中圖其實處處都有妻子和女兒的影子,也有自己對故鄉和母親的追憶。」
7	249	術士的銅鏡: 照若鏡天 蕭若窺淵	【回憶】 ・山中別業的日蝕,將人間帶回最初的混沌。 ・彼隱此顯、你去我來、本是同源同宗,一物諸相。由一面小小的鏡子揭露了千古難窺的真相。 ・山中主人臨別贈銅鏡,預祝在行政院秘書長的新職上一展抱負。 ―――――――――― 【現在】 ・窗外的動靜就像當年山中的日蝕。 ・「全神貫注於鏡中的莫非只是幻景。」 ・無中生有莫非是一種入魔。 ・「那樣日日夜夜與影子的糾纏不休,有時也讓鏡子裡的那人投出了可疑的微笑。」 ・他知道自己病了,病得不輕。 ・「唯有如此,那影子才會越來越成形,越來越具脈搏。」
8	253	鏡中影子: 鏡中誕生的人	・他能看見滿室的瑞光,身輕如雲,心淨如水。 ・新的世界已經夠大,「而且還不斷被鏡子的映照在拓張,直到無法觸摸到它的週邊。」 ・妻子信中的花園,是不時出現鏡中的圖景。 ・榮辱、勝敗、賞罰不再牽動他。 ・「鏡中那人的形象有些超乎自己的意料,顯得太過完美了。有點屬於永恆的事物,與凡俗的自己幾乎完全不相稱。」

9	257	鏡中構織完成的光與影	・「妻子的影子不期來到眼前。」
			・軍人的風險在耽溺私情。
		日蝕／銅鏡	・「他有意眷戀。他現在有資格眷戀。」
			・「他將自己帶回三十年前那片明媚的後窗。」
			・「休論世上升浮事,且聞尊前現在身」。
			・妻子最後一封書信,提到破鏡重圓的故事,「將來不知要以什麼信物來尋覓你的蹤跡?」
			・臨刑,「從他的胸前及時走出來他們看不見的一個人——那就是他的那個鏡中人走出了鏡子。」

　　整體來看,〈今夜星光燦爛〉運用了兩組鏡子的意象。一是將軍平日在斗室日夜面對的長鏡——結構圖之 1、2、5、6、8 段,另一則是銅鏡——結構圖之 3、4、7 段。兩個鏡子的作用、材質呈顯的鏡像皆不同,前者主要展現將軍的實體與虛像(包含回憶、幻想、與幻境);後者則又分為兩種,一是術士的銅鏡／天鏡,象徵歷史鑑鏡,另一是妻子的銅鏡。

　　首先,將軍平日面對的鏡子隨著情節開展出現生命、意志力,利用起承轉合來說明,前面兩段可視為鏡像的「起」與「承」,小說家利用鏡子的重複自己、探問自己,描繪將軍一生戎馬的經歷,尤其是顯赫的戰功和足以影響半壁江山的政治軍事實力。第五段的鏡像開始出現轉折,鏡子不再是重現將軍、「複製鏡外的浮光和掠影」,而是另一個嶄新的影子／將軍已然出現鏡中,投生、孕育、神祕胎動與絞痛——暗示這個鏡子具有母性生育的力量,將軍在新的母體孕生的過程。第六段延續「影子將軍」的誕生,但是稍有不同的是,這面鏡子在背叛中展現將軍內在的潛意識、影子將軍的意志力,小說至此讓將軍的軍人本色——拒絕所有回憶、家思與鄉愁——開始鬆動,將軍透過鏡子看見家鄉的景色,點明將軍的重生／「影子將軍」的誕生並非一個全新、陌生的經驗過程,而是家鄉夢土的回歸。到了第八段以後,新的將軍、新世界已構築完成,「山中別業、一次部隊迷離的盤桓、妻子信中縷述親手在後院闢植的那座花園,都是不時出現在鏡中的圖景」,如同烏托邦的地點讓將軍回頭「喜見自己在這小房間的簡單起居」,[註83] 並且一連用近於胡蘭成《今生今世》的敘述聲腔 [註84] 描繪世界來到面前「當下即有一種驚喜、一種歡

〔註83〕郭松棻,〈今夜星光燦爛〉,《奔跑的母親》,頁 254。
〔註84〕胡蘭成,《今生今世》(台北:三三書坊,1990 年)。

暢、一種傾心相與、一種友誼」、「即便晤中面對無語，也自有一番相得於心」，〔註85〕將軍與影子一夜傾心相晤，甚至覺得鏡中的形象超過意料、過於完美。

　　如果說在第一組鏡像的描繪中，小說家的文字聲腔隨著將軍的思鄉回歸、晤見本心乃至放下一生榮辱功過而越見謙沖簡靜；那麼，第二組鏡像就是逆反著寫，從簡靜婉約到肅若窺淵，隨著術士幻化手中的銅鏡，射天入鏡、窺探世道國運，一路驚懾險惡。

　　從第三段埋下的伏筆——妻子的埋於花園牆角的銅鏡，隨之而來就是家書，「天道悠悠」、「人世速盡」、「日月麗於天、江河喨於地」、「蕩蕩如天，唯生民塗炭」，〔註86〕妻子的書信宛如另一頁「韶華勝極」、「漁樵閑話」〔註87〕。在第四段的「天鏡」冷冷映照顯形，開始進入將軍遇害／與歷史陳儀最接近的片段——將軍與姪兒對談一夜的國事歷史天下兵氣，最後將軍幡然領悟到：「他突然看見自己正與眾人在不同的時空，咀嚼同一枚苦果。一代代人都這樣，只困於歷史的迴旋中，休想走出這循環的迷宮。」〔註88〕這面「天鏡」照見民國大逃亡即將到來、「人間喧亂，天地玄黃，親朋聚而又散」〔註89〕，將軍已經做好面對大決戰。第七段，小說家描述十年前的山中別業原來還有一場日蝕景觀，術士將「天」／天下江山全部收入銅鏡，鏡子閃耀異光，刺探天機也試探每個人的心機，當術士將銅鏡舉高時，小說家用了大量身體、聲音感官的描述呈現「精血流失、生命難返」的可畏，鏡子則像「狂風呼哮，穿谷越嶺而來，豁豁的聲音又好像是對人間的一番訓誡」，〔註90〕在最大的異景險象／顯像後，得到最大的頓悟，亦即「彼隱此顯、你去我來」、「本是同源同宗，一物諸相而已」，〔註91〕這樣的描述對應民國史毋寧拉開歷史的時空視界，暗喻中國幾千年來分分合合的國族聚合離散，常人困於因襲而不察，民間就是生靈塗炭。這一段鬼魅巫幻的故事情節結束在將軍率七名親信（剛親手料理了義子親信的逆謀）下山赴重慶履新，主人的臨別贈銅鏡才揭露前面妻子家書裡念茲在茲埋下的銅鏡，原是將軍的新天下——行政院秘書長一職。這面術士的銅鏡，一分爲二：一是女性家書裡的牽掛，戰亂中破鏡重圓

〔註85〕郭松棻，〈今夜星光燦爛〉，《奔跑的母親》，頁255。
〔註86〕郭松棻，〈今夜星光燦爛〉，《奔跑的母親》，頁233。
〔註87〕二者皆爲胡蘭成《今生今世》內的篇章名。
〔註88〕郭松棻，〈今夜星光燦爛〉，《奔跑的母親》，頁242。
〔註89〕郭松棻，〈今夜星光燦爛〉，《奔跑的母親》，頁236。
〔註90〕郭松棻，〈今夜星光燦爛〉，《奔跑的母親》，頁250。
〔註91〕郭松棻，〈今夜星光燦爛〉，《奔跑的母親》，頁250。

的期盼；一是照見將軍過去的天下志業與今日斗室中的肉身顯影，於是將軍在這面銅鏡前陷入迷亂分裂、屢屢扣問生命的底線，風暴、妄爲、幻景入魔、靈魂出竅、「好像一隻蛾蟲吐出了最後的生命之絲，將繭口縫合，而自身帶著來世飛翔的夢躲進無意識的黑暗狀態。這整個由毛蟲變成蛹的過程就是處於欲仙欲死的一場情感演習」，〔註92〕種種情態讀來教人心驚，小說家用文字觸及展演意識的臨界點，彷彿再跨出一步、輕刺一聲，主體就會崩然毀棄世界瞬間塌陷。此樣態頗能以茱莉亞・克莉斯蒂娃筆下描繪的杜斯妥也夫斯基作對照，根據論者分析杜斯妥也夫斯基是一種分離留下來的原始心理印記，她寫道：

> 杜斯妥也夫斯基小說的主角們，彷彿受到和受苦一樣早熟的超我所影響，這使人聯想到佛洛依德是爲「死亡驅力所培養的」憂鬱超我的作用：其驅力轉向自己的空間，不轉成性欲驅力，而以受苦情緒的印記呈現。不在內，也不在外，在兩者間，在自我／他者分離的臨界，甚至還在自我／他者分離可能形成之前。〔註93〕

呈現的情況是，不論小說書寫主體或是文本中的主角，都深受此「『死亡驅力所培養的』憂鬱」影響，具有「早熟的超我」與傾向認同受苦，〈奔跑的母親〉中的「我」／《驚婚》裡的「亞樹」與「倚虹」／小說家「郭松棻」，生命中都有一個長期缺席的父親，生命中無法彌縫的裂隙空白，無可逃避／不斷奔跑／逃無可逃的死亡驅力或由此而生。因此，小說家以己身的困繭書寫將軍的蹇厄，以書寫的「入魔」熨貼將軍的影子，如同小說文本中將軍發現只有割下身上的肉形銷骨毀，才能將影子餵養出脈搏。

　　小說至此，「銅鏡」意象業已歷經「多重渡引」〔註94〕，從妻子的眷戀（第3段）、化身爲歷史的借鏡（第4段）、最後是生命的「照妖／天鏡」《紅樓夢》裡的風月寶鑑（第7段）。

　　最後一段的鏡像，是之前所有鏡像的歸結。首先，當妻子的影子不期來到眼前時，將軍以影子跟隨，終於回到三十年前妻子栽植照顧的花園小窗，並且體悟：

> 對一個軍人，沒有比耽溺私情能惹出更大的風險，沒有比陷入夢鄉

〔註92〕郭松棻，〈今夜星光燦爛〉，《奔跑的母親》，頁251～252。

〔註93〕茱莉亞・克莉斯蒂娃（Julia Kristeva），《黑太陽：抑鬱症與憂鬱》（台北：遠流，2008年）「杜斯妥也夫斯基，苦難書寫與寬恕」，頁192。

〔註94〕採乃借用小說家之妻李渝的小說用詞。

　　帶來更爲可悲的屈辱。軍人不類常人。他志願給予自己的一生以峭

　　壁的垂懸，他的生活不同於一般渴望的那種可以舒躺的平闊。〔註95〕

軍人不類常人，將軍就是更異於常人，回家歸鄉的路，對將軍而言尤其困難。
得任性、耽溺才行，否則，就是人之將死才有眷戀的資格。之後，將軍離開
幽居斗室、與鏡中人分別（而不告別），押赴刑場的路途上，妻子的破鏡／銅
鏡出現，之後伴隨的是家書（妻子的家書都是在銅鏡後出場），信裡纏綿幽歡：
「我和你已是浮雲蔽日遊子難返」、「故鄉原就是桃花柳絮的江城」、「山河如
此浩蕩，縱有百般不如意，也不必這樣大動干戈，非得將人置於死地不可」、
「到關頭，無需過份認眞。生於亂世，無任何緣由可言，亦無任何公理可爭，
唯自求心安而已，身正不怕影兒斜」、「大亂難定，爲天下所有人家的好男兒
惋惜」。將軍之妻在小說中從未現身，卻是以家書「說法」，以佛偈道破所有
迷障，接引將軍之魂與影與肉身。將軍在受死的瞬間，身體的熱流讓他重新
感受了一次襁褓嬰兒的體溫、「那小東西可可兒久尿了他一身」，〔註96〕將肉
身還諸天地歷史的將軍，以「鏡中人」的幻影形象回家，而且終能卸下一身
的官銜──當個父親。

　　羅蘭巴特在「隱喻的存在領域」中把隱喻具象爲迷園的空間概念，「鏡子
迷園」正是「想與對象接觸而不能接觸」，〔註97〕至於迷園／迷宮，則是主體
身在其中，「轉動，迂迴，不可能脫離的空間，但在其內部設法發現一種解脫
之道。」〔註98〕如同前述，整個〈今夜星光燦爛〉的書寫，可說是創造了一
重重「不可能脫離的空間」，然後再設法尋求解脫。將軍陷入戰爭與和平的兩
難、國族與家庭的抉擇兩端，陳儀陷入國共意識型態的兩難、政治與歷史敘
述的框架，小說家自身亦曾有過國族統一的夢、右派左翼的擺盪，至於整個
救贖活動，都是藉由鏡子的意象與隱喻完成。

　　至將軍形象部分，小說家最後把將軍置於一個家的想像上，利用鏡像呈
顯將軍的不在──家書裡缺席的丈夫、強調不要記憶時自我的匱缺，傅柯對
鏡像與自身的關係如此描述道：

　　我相信在虛構地點與這些截然不同的基地，即這些差異地點之間，

〔註95〕郭松棻，〈今夜星光燦爛〉，《奔跑的母親》，頁 258。
〔註96〕郭松棻，〈今夜星光燦爛〉，《奔跑的母親》，頁 276。
〔註97〕羅蘭・巴爾特（Roland Barthes）著、李幼蒸譯，《小說的準備》（北京：中國
　　　　人民大學出版社，2010 年），〈迷園的隱喻〉，頁 184。
〔註98〕羅蘭・巴爾特：〈迷園的隱喻〉，《小說的準備》，頁 179。

可能有某種混合的、交匯的經驗，可作爲一面鏡子。總之，這片鏡子由於是個無地點的地方，故爲一個虛構地點。在此鏡面中，我看到了不存在於其中的自我，處在那打開表層的、不眞實的虛像空間中；我就在那兒，那兒卻又非我之所在，是一種讓我看見自己的能力，使我能在自己缺席之處，看見自身：這是一種鏡子的虛構地點。但就此鏡子確實存在於現實中而言，又是一個差異地點，它運用了某種對我所處位置的抵制。從鏡子的角度，我發現了我於我所在之處的缺席，因爲我在那兒看到了自己。從這個凝視起，就如它朝我而來，從一個虛像空間的狀態，亦即從鏡面之彼端，我因之回到自我本身；我再度地開始凝視我自己，並且在我所在之處重構自我。

〔註99〕

鏡像提供的虛構地點，映現將軍所在地、故鄉的圖景是一個虛構、不存在的地點，將軍的影子穿梭其中，在在是對「不存在於其中的自我」之想像，最後，將軍唯有凝視每一個圖景的自我，啓動自己的內在視界，進而肯定軍人的生命對家鄉的渴望以及對記憶的需求，將軍才得以重回己身、得到精神重生。小說家透過鏡像重構將軍的價值，歷史的銅鏡照見將軍復國大業平定天下大夢的幻生幻滅，最後只有在既眞實又虛構的鏡像中錨定於家庭──回家／影子跟隨妻子流盪於花園小窗／進入烏托邦，將軍才得以脫去歷史魔化的形象，去魔成人。將軍在槍決後從鏡中走出另一個影子，腹中熟透的「夢胎」，以及用肉身之死換得「夢胎」的歸向「夢土」，指向玄秘不可解的歸處。將軍最後被解構重塑的過程，再也和歷史無關，而是走入小說虛構的最深處、現代主義最嶙峋充滿詩意的一面。

第四節　小　結

本章所討論的「將軍書寫」小說主要是蘇偉貞的〈生涯〉、〈高處〉、〈長年〉，黃凡的〈將軍之淚〉與張大春的〈將軍碑〉，以及林文義的〈將軍之夜〉和郭松棻的〈今夜星光燦爛〉，這幾篇小說的將軍背景或有不同：蘇偉貞的將軍活動幾乎在台灣，和眷村的生活型態較爲接近，林文義的將軍是二二八

〔註99〕參見傅柯〈不同空間的正文與上下文（脈絡）〉，夏鑄九、王志弘編譯《空間的文化形式與社會理論讀本》（台北：明文書局，1999年再版），頁403。

事件裡代表獨裁威權體制的將軍，至於其他幾篇的將軍——黃凡的〈將軍之淚〉、張大春的〈將軍碑〉、郭松棻的〈今夜星光燦爛〉都走過北伐、抗日與剿共的階段，並在歷史鉅史與個人私史對立中進入曖昧模糊的邊緣鏡框，歷史鏡照的將軍，在八○年代面臨敘述上的挑戰，不論是造神運動、或是魔化將軍都過於刻板單一，無法呈現將軍人物的歷史衝突、外在與內在的斷裂差異，因此，後設的語彙、現代主義的意識流、乃至後現代的拼貼、反諷、內心獨白、雙重聲音或多音敘述等全部出籠，〔註100〕把將軍解構了又再重構。歷經鄉土文學論戰、美麗島事件、解嚴以及進入後現代思潮的八○年代，誠如葉石濤所言：「八○年代的台灣文學已經擺脫了意識型態的念咒，過去老一代作家牽掛的那些歷史傷痕和載道精神，在他們的作品中已不再是主導反而是累贅了，因此他們不為任何人或任何事物而寫作，寫作並沒有固定的目的。」〔註101〕可以說，這些將軍形象最後呈現出來的結果，即使從歷史而來，歷史也變成一個遠景底色，小說不必然與歷史真實相關。歷史不過是啟動想像的驅動力，小說虛構敘述一旦展開，也就擺脫歷史的侷限毋須再對真實有所回應。最後，將軍從歷史脫胎而走向虛構、符號化的結果。

〔註100〕劉亮雅具體陳述由後現代與後殖民角力、混雜成就出來的獨特美學是：「這個時期的小說除了吸納、延續現代主義及寫實主義，又特別強調後設小說、私小說、反諷、諧擬、內心獨白、雙重聲音或多音敘述、真實與虛構的混雜、魔幻寫實、夾議夾敘、文類揉雜、表演性、拼貼。」參見劉亮雅，〈後現代與後殖民——論解嚴以來的臺灣小說〉，《台灣小說史論》，頁 326～327。

〔註101〕葉石濤，《展望台灣文學》（台北：九歌，1994 年），頁 46。

第七章　結　論

　　探討戰後台灣小說「將軍書寫」的發展與涉及面向，可以發現不論是主題或人物的經營，都與 1949 年以後國民政府遷臺、六十萬大軍隨之來臺密切關連，歷史的將軍──經歷過北伐、抗戰、剿共甚至是渡海來臺擔負「安內」接管工作的「民國將軍」──成為小說將軍的底本，使得台灣小說中的「將軍書寫」從五○年代開始便與歷史、政治過從甚密。

　　首先，寫作「將軍書寫」的小說家對於政治或歷史，往往都有個人獨特的見解與理念。如同司馬桑敦於《野馬傳》自序中所言：「我一路南逃，一路想著這場歷史的災難，想著為什麼我們失敗……歷史巨流中每個人的反省，對於一個歷史的答案，卻未必毫無所補。」國共歷史的糾葛、民族的集體悲劇，使得小說家在最混亂與黑暗時，仍選擇挺身以個人書寫面對民國歷史、政治的浪潮，甚至不惜犧牲青春歲月，在五、六○年代創作「將軍書寫」的小說家如司馬桑敦與柏楊，便是具有相同的生命特質與人生經歷。兩人都曾經坐過牢，是歷史下的犧牲者，一生與報紙編輯、以筆桿革命有關，不論在哪一個時代裡都是「格格不入」的作家，唯其不入、不隨俗，才能保持生命的清明自覺。稍晚的作家王文興，雖然因為現代主義、象徵式的書寫，使其躲過五、六○年代嚴峻的文藝政策和思想箝制，但是他卻根本「生錯了地方」〔註1〕，表現個人和整個社會的決裂，探究王文興涉及軍旅題材的小說〈草原底盛夏〉和〈龍天樓〉，尤其可以發現小說家對「集體意識」的抵抗。其次，從小說主題來看，第二章討論的「將軍書寫」主題，從司馬桑敦〈山洪暴發的

─────────────────────
〔註1〕　呂正惠語，參見〈王文興的悲劇──生錯了地方，還是受錯了教育〉，《文星》
　　　　102 期(1986 年 12 月)，頁 113～117。

時候〉、王文興的〈龍天樓〉到柏楊的《異域》,皆聚焦在敗戰之將的書寫上,凸顯「民國將軍」戰敗渡海遷臺後,面臨的種種生活處境。司馬桑敦的〈山洪暴發的時候〉,彷如一頁將軍秘史,揭露其英雄面具下不為人知的懦弱與無助,出現於五○年代的反共文藝潮流下,「山洪暴發」衝破當時為了挽救國軍形象甚至不惜挪借歷史達到造神運動的假象(「太原五百完人」的神話就是一例),王文興的《龍天樓》更是以一群將官在戰爭中受辱、肉身模糊的形象,戳破來台將軍籠罩在政治與權力光暈下的英雄面目。至於柏楊的《異域》,則是藉由戰敗將軍的種種形象,寫下既「反共,又反台灣當權者的『孤軍』血戰史」,〔註2〕「域外將軍」反應了當時的國民黨政府在未追究戰敗責任、同時積極投入整軍復國的情況下,部分將軍逍遙於「歷史審判」的特殊歷史,例如,當年的雲南一役,究竟有多少將官是聞風敗逃、最後卻以抗匪英雄之姿苟活於世?歷史無法追究、考證當時域外戰場的種種細節,柏楊卻透過採訪與報導,寫出「異域」中犧牲的無名英雄與海外將軍優渥生活的對照。

　　論文的第三章到第五章,以三章的篇幅進入作家個人「將軍書寫」的討論,論述對象有朱西甯、白先勇和李渝,這三位小說家的共通點為:透過小說創作持續關注將軍議題、人物典範,「將軍書寫」在其小說歷程上具有重要的地位,甚至是與個人生命處境的連結,種種別有用心,論述上不得不採以獨立章節的方式處理。從作家的身分與背景來看,朱西甯代表五○年代活躍文壇的軍中作家群,其寫作時程從五○年代延伸到世紀末,每個時期都有不同的風格呈現,然而,其對「將軍書寫」著意甚深,主要原因就是在建立一個儒將斯文的禮樂典範,這亦使朱西甯的「將軍書寫」呈現一個基於歷史、將軍人物皆有所本,但是最終關懷遠遠超過歷史面向、寫實意圖的特殊情況。白先勇,身為將門之後,是六○年代現代主義小說家的代表,但是,他在面對將軍、父親與家族記憶時,尤其顯得處處刻意迴避,尤其是迴避歷史指涉,呈現欲將家族記憶、個人書寫獨立於歷史敘述之外的意圖。因此,他既是最有「資格」書寫將軍的作家,卻也是與「將軍」之間充滿矛盾、衝突與張力的作家。李渝出現台灣文壇的時間與郭松棻相差不遠,兩人從八○年代現身台灣文壇,李渝和「將軍書寫」相關的作品非常多,彼此互涉、形成獨特的互文關係,將軍對小說家而言,不再是歷史指涉,而是主體對歷史的反思,雖然

〔註2〕　呂正惠,〈解析《異域》神話〉,《戰後台灣文學經驗》(台北:新地出版社,1992年),頁293。

不少作品皆涉及政治層面，但是依然維持一個小說家觀察政治、反思政治的客觀態度，唯一不同的是，後期的書寫中「將軍」走出歷史後，彷彿有了一個與作家生命休戚與共的存在樣態，小說家與她筆下的將軍（們）共同走過二二八苦澀惘然的青春，經歷海外時期生命主體認同與分裂的狀態，最終在精神的追尋之旅上，共同尋求懺悔與救贖的靈光。

　　論文第六章進入八〇年代的將軍書寫，經歷過鄉土文學論戰以台灣意識為主體的論述抬頭，政治解嚴後不少官方主導的大敘述受到前所未有的多重挑戰，「將軍書寫」不再是軍人、將軍之後或是有獨特歷史因緣的人所書寫的題材，解嚴的同時，將軍不再具有上個世代封閉體系下留下的神性與魔性的遺跡，或者說，八〇年代小說家刻意誇張將軍歷史意義的同時，亦是一種顛覆與重塑。

　　回頭觀看「將軍」人物，齊邦媛在《霧漸漸散的時候》「眷村文學——鄉愁的繼承與捨棄」一小節「父親取『象』的蛻變」中提到，「在所有的正常社會裡，男孩子的自我認同多來自父親。眷村子弟的父親是軍人，更適於做英雄崇拜的認同」、「這個浪漫的形象，一九四九年之後，在台灣遭到了相當的改變。數十萬軍人失去了戰場，又沒有可供解甲歸田的故居」，最後，取而代之的不再是「由將軍和英雄代表軍人典型」，而是「中下級軍官和士兵漸成文學作品中軍人形象的代表人物」。所以，民國裡的一代將軍形象，註定要面臨如同張大春〈將軍碑〉所預言的，在時空遞移下不論是將軍甚至是小說作者都將接受後來論者的逐一檢視甚至是拆解，乃至將軍形象終於全面崩解潰散。朱西甯《八二三注》的將軍／偉人形象亦為一例，小說中的頭號將軍（蔣介石）在 1976 年出現於《八二三注》後，歷經幾次論述——反共、反蔣與反戰接力上陣（張大春〈將軍碑〉最後一擊，此殘碑終於應聲倒塌），終於被顛覆，沒了權勢威望、英雄角色。此外，將軍不論得勢與否，任憑他在戰場如何英勇、且政治正確，最終敵不過天年之數，白先勇的〈遊園驚夢〉、〈思舊賦〉、〈梁父吟〉、〈國葬〉便是一個個「民國將軍」如何終場下台的各式預言／預演。因此，八〇年代之後的「將軍書寫」幾乎都聚焦在將軍退役、老年、臨終的主題上，似乎小說界已經準備好為「民國將軍」送終，迎接下一個世代對將軍的新詮釋。

　　將軍此一人物終於從歷史脫胎換骨，走入小說虛構世界，從新歷史主義的觀點來看，正是：

> 它（文學）也不是僅僅摹仿現實的存在，而是一個更大的符號象徵
> 系統。通過這個象徵系統，某一特定歷史時刻的事件才會具有觀念
> 層面的意義，文化才能顯現出它與自身存在條件之間的關係。文學
> 對歷史的闡釋和在歷史中闡釋文學，說明文學與歷史具有某種互動
> 關係，文學並不被動地反映歷史事實，而是通過對這個複雜的文本
> 化世界的闡釋，參與歷史意義創造的過程，甚至參與對政治話語、
> 權力運作和等級秩序的重新審理。〔註3〕

這亦凸顯「將軍主題」在台灣小說的特殊性，「將軍書寫」——同時牽涉歷史、政治與文學面向，交錯於歷史紀實與小說虛構須臾變化的光譜之間，同時，又涉及小說家、書寫主體的國族身分與意識型態，此外，不同的世代被置入小說史、文學思潮的譜系時，建構出來的書寫成果，就更錯綜複雜，也讓將軍人物——歷史將軍或是小說對象；將軍主題——戰爭、軍旅生活、父子結構；和將軍書寫涉及的小說類型——反共書寫、外省移民、眷村書寫等，呈現熱鬧、多音交響的樣態。因此，能否「座落於台灣不同位置觀點的創作的最大交集處」，審視「從不同族群、性別、性取向、階級觀察出發點的創作」〔註4〕，就成為「將軍書寫」必須面對的更大挑戰。

最後，本論文所嘗試建立的「將軍書寫」問題意識與研究意圖，乃希望藉由「將軍書寫」的重要作品、典範代表，建構「將軍書寫」的發展脈絡與研究方向，在歷史敘述與小說文本之間，為將軍題材找到一個安頓的方法、論述的策略，同時在顧及小說家研究與文本分析的情況下，儘量呈現「將軍書寫」的多種面向與小說文本衍生的思考。

當前，兩岸政治氣氛已非過去的情景，當年的國仇家恨是不共戴天，如今卻是飛機早已直航，兩岸天空的交流更是密切頻繁。新聞裡不時出現台灣將軍「移民」大陸繪聲繪影的傳聞，與對岸攜手高唱「兩岸黃埔一家親」更是時有耳聞，大家公開在網路世界留言、暢所欲言，兩岸軍歌甚至可以混聲同唱，這豈是當年〈龍天樓〉裡的將官可以想見的情景（至於還在從事「匪諜運動」的，恐怕更是「通匪」多過於偵查「敵」情）。民國已過了百年，這些「民國將軍」已然走入歷史，或許，也是可以蓋棺論定的時候了。

〔註3〕 王岳川，《後殖民主義與新歷史主義文論》（濟南：山東教育出版社，1999年）第十一章「蒙特洛斯：歷史與文本」，頁182～183。
〔註4〕 邱貴芬，《後殖民及其外》（台北：麥田，2003年），頁74。

參考書目

一、小說部分

1. 王文興,《龍天樓》,台北:大林出版,1969 年。
2. 王文興,《小說十五篇》,台北:洪範,1992 年 7 印。
3. 王光逖(司馬桑敦),《山洪暴發的時候》,台北:愛眉文藝,1970 年。
4. 白先勇,《寂寞十七歲》,台北:允晨文化,2000 年。
5. 白先勇,《臺北人》,台北:爾雅,2000 年 2 版。
6. 白先勇,《孽子》,台北:允晨文化,2000 年。
7. 白先勇,《紐約客》,台北:爾雅,2007 年 2 印。
8. 朱西甯,《奔向太陽》,陸軍出版社,1971 年。
9. 朱西甯,《海燕》,台北:中國文化學院出版部,1980 年。
10. 朱西甯,《將軍令》,台北:三三書坊,1980 年。
11. 朱西甯,《八二三注》,台北:印刻文學,2003 年。
12. 朱西甯,《破曉時分》,台北:印刻文學,2003 年。
13. 朱西甯,《華太平家傳》,台北:聯合文學,2002 年。
14. 朱西甯,《現在幾點鐘:朱西甯短篇小說精選》,台北:麥田,2004 年。
15. 李渝,《溫州街的故事》,台北:洪範,1991 年。
16. 李渝,《應答的鄉岸》,台北:洪範,1999 年。
17. 李渝,《金絲猿的故事》,台北:聯合文學,2000 年。
18. 李渝,《夏日踟躕》,台北:麥田,2002 年。
19. 李渝,《金絲猿的故事》,台北:聯合文學,2012 年 2 版。
20. 李渝,《九重葛與美少年》,台北:印刻文學,2013 年。

21. 東年，〈酒吧〉，《中外文學》第 6 卷第 3 期，1977 年 8 月。

22. 林文義，《鮭魚的故鄉》，台北：自立晚報，1990 年。

23. 柏楊，《異域》，台北：遠流，2000 年。

24. 奚淞，〈封神榜裡的哪吒〉，《現代文學》第 44 期，1971 年 9 月。

25. 張大春，《張大春集》，台北：前衛，1992 年。

26. 郭松棻，《郭松棻集》，台北：前衛，1993 年。

27. 郭松棻，《奔跑的母親》，台北：麥田，2002 年。

28. 黃凡，《黃凡集》，台北：前衛，1992 年。

29. 蘇偉貞，《陪他一段》，台北：洪範，1983 年。

二、中文專著

1. 《跨世紀的流離——白先勇的文學與藝術國際學術研討會論文集》，台北：印刻文學，2009 年。

2. 丁雯靜、唐一寧，《最後島嶼紀實——台灣防衛戰 1950～1955》，台北：時周文化，2012 年。

3. 三三集刊，《戰太平》，台北：三三書坊，1981 年。

4. 公孫嬿，《倚砲集》，台北：遠東圖書公司，1957 年。

5. 王晉民，《白先勇傳》，台北：幼獅文化，1994 年。

6. 王德威，《眾聲喧嘩——三〇與八〇年代的中國小說》，台北：遠流，1988 年。

7. 王德威，《從劉鶚到王禎和：中國現代寫實小說散論》，台北：時報文化，1990 年。

8. 王德威，《小說中國——晚清到當代的中文小說》，台北：麥田，1993 年。

9. 白先勇等著，《現代文學資料彙編》，台北：現文出版社，1991 年。

10. 白先勇，《現文因緣》，台北：現文出版社，1991 年。

11. 白先勇，《明星咖啡館》，台北：皇冠，1984 年。

12. 白先勇，《驀然回首》，台北：爾雅，1990 年。

13. 白先勇，《第六隻手指》，台北：爾雅，1995 年。

14. 白先勇，《父親與民國——白先勇將軍身影集》，台北：時報文化，2012 年。

15. 白先勇，《止痛療傷：白崇禧將軍與二二八》，台北：時報文化，2014 年。

16. 古繼堂，《台灣小說發展史》，台北：文史哲，1989。

17. 呂正惠，《文學經典與文化認同》，台北：九歌，1995 年。

18. 王國安，《台灣後現代小說的發展——以黃凡、平路、張大春與林燿德的創作為觀察文本》，台北：秀威資訊，2012 年。

19. 王德威，《小說中國——晚清到當代的中文小說》，台北：麥田，1993 年。

20. 王德威，《如何現代，怎樣文學？：十九、二十世紀中文小說論》，台北：麥田，1998。

21. 王德威，《眾聲喧嘩：三〇與八〇年代的中國小說》，台北：遠流，1988 年。

22. 王德威等著，《紀念朱西甯先生文學研討會論文集》，台北：聯合文學，2003 年。

23. 王德威編，《臺灣：從文學中看歷史》，台北：麥田，2005 年。

24. 古繼堂，《台灣小說發展史》，台北：文史哲，1989。

25. 朱天文、朱天心、朱天衣著，《三姊妹》，台北：皇冠，1996 年 2 版。

26. 朱立立，《台灣現代派小說研究》，台北：人間，2011 年。

27. 江寶釵，《白先勇與台灣當代文學史的構成》，台北：駱駝出版社，2004 年。

28. 艾思明，《名將孫立人》，台北：群倫出版社，1988 年 2 版。

29. 何寄澎主編，《文化、認同、社會變遷——戰後五十年台灣文學國際學術研討會論文集》，台北：行政院文化建設委員會出版，2000 年。

30. 呂正惠，《小說與社會》，台北：聯經，1995 年。

31. 呂正惠，《文學經典與文化認同》，台北：九歌，1995 年。

32. 呂正惠，《戰後台灣文學經驗》，台北：新地，1992 年。

33. 呂正惠、趙遐秋，《台灣新文學思潮史綱》，台北：人間出版社，2002 年。

34. 李有成、紀元文編，《生命書寫》，台北：中研院歐美所，2011 年。

35. 李渝，《族群意識與卓越精神：李渝美術評論文集》，台北：雄獅，2001 年。

36. 李瑞騰，《情愛掙扎：柏楊小說論析》，台北：漢光文化公司，1994 年。

37. 李瑞騰編，《抗戰文學概說》，台北：文訊雜誌社，1987 年。

38. 李奭學，《三看白先勇》，台北：允晨文化，2008 年。

39. 李歐梵，《現代性的追求：李歐梵文化評論精選集》，台北：麥田，1996 年。

40. 李歐梵，《鐵屋中的吶喊》，長沙：嶽麓書社，1999 年版。

41. 李歐梵，《蒼涼與世故：張愛玲的啟示》，香港：牛津大學出版社，2006 年。

42. 周勵，《回望故土——尋找與解讀司馬桑敦》，台北：傳記文學，2009 年。

43. 林鎮山，《離散‧家國‧敘述：當代台灣小說論述》，台北：前衛，2006年。

44. 林燿德主編，《當代台灣文學評論大系‧文學現象卷》，台北：正中書局，1993年。

45. 柯慶明，《中國文學的美感》，台北：麥田，2000年。

46. 柯慶明，《台灣現代文學的視野》，台北：麥田，2006年。

47. 柯慶明等，《白先勇研究精選》，台北：天下遠見，2008年。

48. 周蕾，《婦女與中國現代性》，台北：麥田，1995年。

49. 季季編，《七十五年短篇小說選》，台北：爾雅，1999年。

50. 東海大學中文系編，《戰後初期台灣文學與思潮論文集》，台北：文津，2005年。

51. 林幸謙，《生命情結的反思》，台北：麥田，1994年。

52. 林燿德，《期待的視野》，台北：幼獅文化，1993年。

53. 邱貴芬，《仲介台灣‧女人》，台北：元尊文化，1997年。

54. 邱貴芬，《後殖民及其外》，台北：麥田，2003年。

55. 金仲達，《張學良評傳》，台北：傳記文學，1989年。

56. 亮軒編，《七十四年短篇小說選》，台北：爾雅，1986年。

57. 施淑，《兩岸文學論集》，台北：新地出版社，1996年。

58. 柏楊口述、周碧瑟執筆《柏楊回憶錄》，台北：遠流，1996年。

59. 柏楊日編委會，《歷史走廊》，台北：太川出版社，1993年。

60. 柯青華，《隱地看小說》，台北：爾雅，1981年。

61. 柯慶明，《中國文學的美感》，台北：麥田，2005年。

62. 柯慶明，《台灣現代文學的視野》，台北：麥田，2006年。

63. 范銘如，《眾裏尋她——台灣女性小說縱論》，台北：麥田，2002年。

64. 唐捐，《台灣軍旅文選》，台北：二魚文化，2006年。

65. 夏志清著，劉紹銘等譯，《中國現代小說史》，香港：友聯出版社，1989年。

66. 張大春，《張大春的文學意見》，台北：遠流，1992年。

67. 張伍，《雪泥印痕：我的父親張恨水》，北京：團結出版社，2006年。

68. 張京媛編，《後殖民理論與文化批評》，北京，北京大學，1993年。

69. 張素貞，《細讀現代小說》，台北：東大圖書股份有限公司，1986年。

70. 張誦聖，《文學場域的變遷》，台北：聯合文學，2001年。

71. 張寶琴、邵玉銘、亞弦主編，《四十年來中國文學》，台北：聯合文學，

1997 年。

72. 梅家玲，《性別，還是家國？——五○與八、九○年代台灣小說論》，台北：麥田，2004 年。

73. 梅家玲，《從少年中國到少年臺灣：二十世紀中文小說的青春想像與國族論述》，台北：麥田，2012 年。

74. 陳予歡，《天子門生——黃埔一期全記錄》，台北：知兵堂出版，2012 年。

75. 陳芳明，《左翼台灣——殖民地文學運動史論》，台北：麥田，1998 年。

76. 陳芳明，《危樓夜讀》，台北：聯合文學，1996 年。

77. 陳芳明，《後殖民台灣：文學史論及其周邊》，台北：麥田，2002 年。

78. 陳芳明，《殖民地摩登：現代性與台灣史觀》，台北：麥田，2004 年。

79. 陳建忠、應鳳凰、邱貴芬、張誦聖、劉亮雅合著，《台灣小說史論》，台北：麥田，2007 年。

80. 陳建忠編選，《台灣現當代作家研究資料彙編・24 朱西甯》，台南市：臺灣文學館，2012 年。

81. 陳義芝主編，《台灣現代小說史綜論》，台北：聯經，1998 年。

82. 陳映真，《左翼傳統的復歸：鄉土文學論戰三十年》，台北：人間，2008 年。

83. 彭瑞金，《台灣新文學運動 40 年》，高雄：春暉出版社，1997 年。

84. 彭懷恩，《台灣政治發展（1949～2009）》，台北：風雲論壇，2009 年。

85. 游勝冠，《台灣文學本土論的興起與發展》，台北：前衛，1996 年。

86. 葉石濤，《台灣文學史綱》，台北：文學界雜誌社，1987 年。

87. 黃金麟，《戰爭、身體、現代性》，台北：聯經，2009 年。

88. 黃啓峰，《河流裡的月印——郭松棻與李渝小說綜論》，台北：秀威資訊，2008 年。

89. 黃錦樹，《文與魂與體：論現代中國性》，台北：麥田，2006 年。

90. 黃錦樹，《謊言或眞理的技藝：當代中文小說論集》，台北，麥田，2003 年。

91. 楊照，《文學、社會與歷史想像——戰後文學史散論》，台北：聯合文學，1995 年。

92. 楊照，《文學的原像》，台北：聯合文學，1994 年。

93. 楊照，《夢與灰燼——戰後文學史散論二集》，台北：聯合文學，1998 年。

94. 楊澤主編，《從四○年代到九○年代：兩岸三邊華文小說研討會論文集》，台北：時報文化，2012 年。

95. 詹宏志，《閱讀的反叛》，台北：遠流，1990 年。

96. 廖炳惠編著,《關鍵詞 200》,台北:麥田,2003 年。

97. 齊邦媛,《霧漸漸散的時候》,台北:九歌,1998 年。

98. 劉心皇編著《當代中國新文學大系‧史料與索引》,台北:天視出版,1981 年。

99. 劉亮雅,《後現代與後殖民:解嚴以來台灣小說專論》,台北:麥田,2006 年。

100. 劉俊,《悲憫情懷:白先勇評傳》,台北:爾雅,1995 年。

101. 劉俊:《情與美:白先勇傳》,台北:時報文化,2007 年。

102. 劉大任,《破滅的神話》,台北:洪範,1992 年。

103. 劉大任,《我的中國》,台北:皇冠,2000 年。

104. 劉大任,《空望》,台北:印刻文學,2003 年。

105. 歐陽子,《王謝堂前的燕子》,台北:爾雅,1976 年。

106. 蔡源煌,《從浪漫主義到後現代主義》台北:雅典出版社,1998 年。

107. 鄭明娳主編,《當代臺灣政治文學論》,台北:時報文化,1994 年。

108. 鄭穎,《鬱的容顏》,台北:印刻文學,2008 年。

109. 黎活仁主編,《柏楊的思想與文學》,台北:遠流,2000 年。

110. 魏偉莉,《異鄉與夢土:郭松棻思想與文學研究》,台南:南市圖,2010 年。

三、外文譯著

1. 巴赫金著、白春仁譯,《巴赫金全集第三卷》,石家庄:河北教育出版社,2009 年。

2. 加斯東‧巴舍拉(Gaston‧Bachelard)著、龔卓軍、王靜慧譯,《空間詩學》,台北:張老師文化,2003 年。

3. 包亞明主編,《現代性與空間的生產》第二輯《都市與文化——列斐伏爾專輯:空間的生產》,上海:上海教育出版,2003 年。

4. 史書美(Shu-mei Shih)著、何恬譯,《現代的誘惑:書寫半殖民地中國的現代主義(1917～1937)》,南京市:江蘇人民,2007 年。

5. 米克‧巴爾(Mieke Bal)著、譚君強譯《敘述學:敘事理論導論(第二版)》,北京:中國社會科學出版社,2005 年。

6. 米歇爾‧傅柯(Michel Foucault)著、洪維信譯,《外邊思維》,台北:行人,2003 年。

7. 米歇爾‧福柯(Michel Foucault)著、錢翰譯,《必須保衛社會》,上海:上海人民出版社,2010 年。

8. 帕特里莎・渥厄（Patricia Wangh）著、錢競、劉雁濱譯，《後設小說——自我意識小說的理論與實踐》，台北：駱駝出版社，1995 年。

9. 林肯．布魯斯（BruceLincoln）著、晏可佳譯，《死亡、戰爭與獻祭》，上海市：上海人民出版社，2002 年。

10. 阿岡本（Giorgio *Agamben*）著、薛熙平譯，《例外狀態》，台北：麥田，2012 年。

11. 班雅明（Walter Benjamin）著、許綺玲譯，《迎向靈光消逝的年代》，台北：台灣攝影工作室，1998 年。

12. 班雅明（Walter Benjamin）著、張旭東譯，《發達資本主義時代的抒情詩人》，台北：城邦文化，2002 年。

13. 班雅明（Walter Benjamin）著、林志明譯，《說故事的人》，台北：台灣攝影，1998 年。

14. 班雅明（Walter Benjamin）著、蘇仲樂.李茂增譯，《寫作與救贖——本雅明文選》，上海：東方出版中心，2009 年。

15. 茱莉亞・克莉斯蒂娃（Julia Kristeva）著、吳錫德譯，《思考之危境：克莉斯蒂娃訪談錄》，台北：麥田，2005 年。

16. 茱莉亞・克莉斯蒂娃（Julia Kristeva）著、彭仁郁譯，《恐怖的力量》，台北：桂冠，2003 年。

17. 茱莉亞・克莉斯蒂娃（Julia Kristeva）著、林惠玲譯，《黑太陽：抑鬱症與憂鬱》台北：遠流，2008 年。

18. 馬泰・卡林內斯庫（Matei Calinescu）著、顧愛彬、李瑞華譯，《現代性的五副面孔》，北京：商務印書館，2004。

19. 理查・桑內特（Richard Sennett）著、黃煜文譯，《肉體與石頭》，台北：麥田，2003 年。

20. 理查德・沃林（Richard Wolin）著、吳永立、張亮譯，《瓦爾特・班雅明：救贖美學》，江蘇：江蘇人民出版社，2008 年。

21. 傑哈・簡奈特（Gerard Genette）著、廖素珊、楊恩祖等譯，《辭格Ⅲ》，台北：時報文化，2003 年。

22. 喬安娜・伯克（Joanna Bourk）著、孫寧譯，《面對面的殺戮》，南京市：江蘇人民，2005 年。

23. 費修珊（Shoshana Felman）、勞德瑞著、劉裘蒂譯，《見證的危機：文學・歷史與心理分析》，台北：麥田，1997 年。

24. 雅克・德里達（Jacques Derrida）著、何一譯，《馬克思的幽靈》，北京：中國人民大學出版社，1999 年。

25. 羅蘭・巴特（Roland Barthes）著、汪耀進，武佩榮譯，《戀人絮語——一本解構主義的文本》，台北：桂冠，1994 年。

26. 羅蘭・巴爾特（Roland Barthes）著、李幼蒸譯，《小說的準備》，北京：中國人民大學出版社，2010 年。

27. 蘇珊・桑塔格（Susan Sontag）著、陳耀成譯，《旁觀他人之痛苦》，台北市：麥田，2001 年。

28. 王岳川，《後殖民主義與新歷史主義文論》，濟南：山東教育出版社，1999年。

29. 賀照田主編，《西方現代性的曲折與展開》，吉林：吉林人民出版社，2002年。

30. 夏鑄九、王志弘編譯，《空間的文化形式與社會理論讀本》，台北：明文書局，1999 年再版。

四、期刊論文

1. 〈《八二三注》後記〉，《幼獅文藝》第 276 期，1976 年 12 月。

2. 〈莫將成敗論英雄——齊邦媛 vs.白先勇談父親與歷史〉，《印刻文學生活誌》2012 年 5 月號。

3. 〈鄉的方向——李渝和編輯部對談〉，《印刻文學生活誌》第 6 卷第 11 期，2010 年 7 月。

4. 王德威，〈叫父親，太沈重？——父權論述與現代中國小說戲劇〉，《聯合文學》12 卷 10 期。

5. 朱偉誠，〈父親中國・母親（怪胎）臺灣？白先勇同志的家庭羅曼史與國族想像〉，《中外文學》30 卷 2 期，2001 年 7 月。

6. 吳東權，〈雨中花解語花花自飄零——悼念公孫嬿先生〉，《文訊》267 期 2008 年 1 月。

7. 呂正惠，〈王文興的悲劇——生錯了地方，還是受錯了教育〉，《文星》102 期，1986 年 12 月。

8. 呂正惠，〈臺北人「傳奇」〉，《文星》104 期，1987 年 2 月。

9. 宋雅姿，〈鄉在文字中——專訪李渝〉，《文訊》2011 年 7 月。

10. 李桂芳，〈終戰後的胎變——從女性、歷史想像與國族記憶閱讀郭松棻〉，《水筆仔》第 3 期，1997 年 9 月。

11. 李渝，〈漢奸和共匪的情史——多情漢子汪精衛和楊虎城〉，《明報月刊》461 期，2004 年 5 月。

12. 李渝，〈美人和野獸——張學良的幽禁／悠靜生活〉，《明報月刊》462 期 2004 年 6 月。

13. 李渝，〈父與女——抑鬱的陳布雷與叛逆的陳璉〉，《明報月刊》463 期，2004 年 7 月。

14. 李渝,〈在莽林裡搭建烏托邦——中國才子瞿秋白〉,《明報月刊》465 期, 2004 年 9 月。

15. 李歐梵,〈回望文學少年——白先勇與現代文學創作〉,《中外文學》第 30 卷第 2 期。

16. 周英雄,〈八○年代台灣小說家之主體意識〉,《當代》第 18 期(1993 年 8 月。

17. 林文義,〈陌路與望鄉——認識郭松棻〉,《印刻文學生活誌》第 11 期, 2005 年 7 月。

18. 林怡君,〈李渝的生命關懷探析——以小說中的軍官為核心〉,第八屆「生命實踐學術研討會」論文,華梵大學,2009 年 11 月。

19. 南方朔,〈廢墟中的陳儀:評郭松棻〈今夜星光燦爛〉〉,《中外文學》,第 25 卷第 10 期,1997 年 3 月。

20. 柯慶明,〈台灣「現代主義」小說序論〉,《臺灣文學研究集刊》創刊號 2006 年 2 月。

21. 夏志清,〈白先勇論(上)〉,《現代文學》第 39 期,1969 年 12 月。

22. 張瀛太,〈從「行為演出」到「心理演出」——朱西甯 60～70 年代(早、中期)小說的情節經營〉,《彰化師大國文學誌第十九期》,2009 年 12 月。

23. 張瀛太,〈從「傳統的現代」到「現代的民族化」——論《華太平家傳與朱西甯小說創作美學的轉變〉,《海峽兩岸現當代文學論集》。

24. 張瀛太,〈從敘事視角之運用看朱西甯小說的寫作技巧〉,《人文社會學報》第 5 期,2009 年 3 月。

25. 梅家玲,〈白先勇小說的少年論述臺灣想像——從《臺北人》到《孽子》〉, 《中外文學》第 30 卷第 2 期。

26. 莊宜文,〈重組的文學星空——從文學獎談新世代小說家的崛起〉,第二屆「青年文學會議」,行政院文建會主辦,1998 年。

27. 陳建忠,〈歷史敘事與想像(不)共同體:論兩岸「新歷史小說」的敘事策略與批判話語〉,《台灣文學與跨文化流動:東亞現代中文文學國際學報》第 3 期(台灣號),2007 年 4 月。

28. 陳義芝,〈借象徵的方式:王文興短篇小說人物分析〉,《淡江中文學報》第 21 期,2009 年 12 月。

29. 陳榮彬,〈戰後臺灣小說中「將軍書寫」初探〉,《臺灣文學研究集刊》第 11 期,2012 年 2 月。

30. 曾若涵,〈將軍之死——白先勇〈國葬〉中的國族符碼〉,《臺北大學中文學報》,第 12 期,2012 年 9 月。

31. 覃怡輝,〈李彌部隊退入緬甸期間(1950～1954)所引起的幾項國際事件〉,《人文及社會科學集刊》第 14 卷第 4 期,2002 年 12 月。

32. 須文蔚，〈報導文學在台灣，1949～1994〉，《新聞學研究》第 51 集，1995 年 7 月。

33. 黃秀端，〈政治權力與集體記憶的競逐——從報紙之報導來看對二二八的詮釋〉，《臺灣民主季刊》第 5 卷第 4 期，2008 年 12 月。

34. 黃錦樹，〈窗、框與他方——論郭松棻的域外寫作〉，《台灣文學研究學報》第十五期，2012 年 10 月。

35. 黃錦樹，〈論台灣文學現代主義世代：戰後世代、轉向、本土現代主義的起源〉，成大台文系主編，《跨領域的台灣文學研究研討會論文集》，台南：國家台灣文學館，2006。

36. 楊錦郁，〈把心靈的痛楚變成文字——在洛杉磯和白先勇對話〉，《幼獅文藝》第 64 卷 4 期。

37. 葉德宣，〈從家庭受勳到警局問訊——《孽子》中父系國／家的身體規訓地景〉，《中外文學》第 30 卷第 2 期，2001 年 7 月。

38. 廖玉蕙，〈生命裡的暫時停格——小說家郭松棻、李渝訪談錄〉，《聯合文學》225 期，2002 年 11 月。

39. 舞鶴，〈不為何為誰而寫——在紐約訪談郭松棻〉，《印刻文學生活誌》第 11 期，2005 年 7 月。

40. 劉叔慧，〈荒涼美感的重現——試比較張愛玲與白先勇的小說世界〉，《台灣文學觀察雜誌》，第 7 期，1993 年 6 月。

41. 劉雪真，〈在歷史的想像中重生——以「新歷史主義」觀點解讀郭松棻〈今夜星光燦爛〉〉，《南榮學報》第 9 期，1996 年 4 月。

42. 蔣宜芳，〈聽「永遠的臺北人」說《臺北人》、《孽子》的故事〉，《中國文史哲研究通訊》第 13 卷第 2 期。

43. 饒博榮（Steven L. Riep），〈〈龍天樓〉情文兼茂，不是敗筆——王文興對官方歷史與反共文學的批判（節譯）〉，《中外文學》第 30 卷第 6 期，2001 年 11 月。

五、學位論文

1. 王本立，《國共內戰在西北》，國立臺灣大學歷史學研究所博士論文，2006 年）。

2. 江衍宜，《「細述」衷情——朱西甯小說研究》，私立淡江大學中國文學研究所碩士論文，2001 年。

3. 江寶釵，《論《現代文學》女性小說家：從一個女性經驗的觀點出發》，台灣師範大學國文所博士論文，1994。

4. 吳靜宜，《文學的寂寞單音：郭松棻小說研究》，中山大學中吳所碩士論

文，2005 年。

5. 沈靜嵐，《當西風走過──六○年代《現代文學》派的考察與論述》，成功大學歷史語言研究所碩士論文，1995。

6. 侯作珍，《自由主義傳統與台灣現代主義文學的崛起》，中國文化大學中國文學系博士論文，2003。

7. 胡金倫，《政治、歷史與謊言：張大春小說初探（1976〜2000）》，政治大學中文所碩士論文，2002 年。

8. 張瀛太，《朱西甯小說研究》，國立臺灣大學中國文學研究所博士論文，2001 年。

9. 陳惠齡，《台灣當代小說的烏托邦書寫》，高雄師範大學博士論文，2005 年。

10. 陳聖文，《國共戰爭中的閻錫山（1945〜1949）》，國立中正大學歷史研究所碩士論文，2012 年。

11. 黃小民，《郭松棻小說研究》，文化大學中文所碩士論文，2004 年。

12. 楊昌賓，《王文興與國共內戰：論《龍天樓》》，國立中央大學中國文學系碩士論文，2012 年。

13. 楊翠，《鄉土與記憶──七○年代以來台灣女性小說的時間意識與空間語境》，台灣大學歷史學研究所博士論文，2003 年。

14. 董淑玲，《白先勇、歐陽子、王文興小說觀念之形成與實踐》，高雄師範大學國文研究所博士論文，2002 年。

15. 鄭千慈，《崩解的自我：現代主義、畸零人與戰後台灣鄉土小說》，淡江大學中文所碩士論文，2005 年。

六、報刊文章

1. 葉石濤，〈六○年代作家的流浪與放逐〉，《民眾日報》，1986 年 11 月 2 日。

2. 符中立，〈張愛玲與張學良〉，《中國時報》2012 年 2 月 12 日。

七、網路資源

1. 張誦聖，〈游勝冠〈權力的在場與不在場：張誦聖論戰後移民作家〉一文之回應〉，「台灣文學研究工作室」，2001.11.8 上網。
   網址：
   http://ws.twl.ncku.edu.tw/index.html

2. 游勝冠，〈權力的在場與不在場：張誦聖論戰後移民作家〉，「台灣文學研究工作室」，2001.10.6 上網。
   網址：http://ws.twl.ncku.edu.tw/index.html

3. 宋澤萊，〈外省人的八二三砲戰小說與本省人的八二三砲戰小說〉，「台灣文學部落格」，20013.6.26 上網。

網址：http://140.119.61.161/blog/forum_detail.php?id=721